DAVID I

ÎN FAȚA LUI

Cum să te prețuie
cum să îți prețı

Pr. DAVID L. FONTES s-a născut în Oakland, California, în 1953. Pe 24 decembrie 1989 a fost botezat în Biserica Ortodoxă Antiohiană la Biserica Sfântul Athanasius din Sacramento, împreună cu soția și cu fiul său. Doi ani mai târziu a fost hirotonit preot în aceeași biserică.

Părintele Fontes a lucrat timp de 26 de ani în Departamentul de Servicii Sociale al Statului California. Și-a primit doctoratul în psihologie în 1998 și a devenit psiholog clinic cu licență în 2002. În prezent, părintele Fontes lucrează într-o clinică privată la Creekside Counseling Associates din Elk Grove și deține rolul de preot în cadrul Bisericii Înălțării Sfintei Cruci din Sacramento, California.

DAVID L. FONTES

ÎN FAȚA LUI DUMNEZEU

Cum să te prețuiești pe tine însuți și cum să îți prețuiești aproapele

Traducere din limba engleză de
Emilia Cristea

editura Sofia

București

Redactor: Anca Popescu

Traducerea a fost realizată după: David L. Fontes, Psy.D., *In the Eyes of Your Creator, Truly Valuing Yourself and Others,* Ancient Faith Publishing, Chesterton, Indiana, SUA, 2014.

Descrierea CIP a Bibliotecii Naționale a României
FONTES, DAVID L.
În fața lui Dumnezeu: cum să te prețuiești cu adevărat pe tine însuți și cum să îți prețuiești aproapele / David L. Fontes; trad. din lb. engleză de Emilia Cristea – București: Editura Sophia, 2016
ISBN 978-973-136-555-8

I. Cristea, Emilia (trad.)

159.9:28

Mulțumiri

Ideea acestei cărți a luat naștere în 1982. Îmi terminam studiile de masterat în consiliere și fusesem repartizat ca preot în prima mea biserică misionară din orășelul Colby, statul Kansas. Cugetam asupra felului în care studiile mele de psihologie m-ar putea ajuta – cât de puțin – în consilierea celor care îmi cereau sfatul în calitate de preot. Anii au trecut, iar apoi, în septembrie 2005, m-am apucat să scriu ceea ce avea să devină această carte. Am fost hirotonit preot creștin ortodox în jurisdicția antiohiană pe 11 iunie 1992 și am primit titlul de doctor în psihologie în 1998. Aceste experiențe mi-au oferit mai multe adevăruri pe care am putut să le încorporez în această carte.

Doresc să le mulțumesc tuturor prietenilor care, de-a lungul anilor, m-au încurajat să scriu o carte. Vreau să le mulțumesc în special celor doi prieteni ai mei – Arhiepiscopul Donald Hock, pastor al Bisericii Ortodoxe Antiohiene Sfânta Maria din Omaha, statul Nebraska, și Protopresbiterulului Constantine Pappademos, preot al Bisericii Ortodoxe Grecești Sfânta Ecaterina din Elk Grove, California – nu numai pentru că mi-au citit manuscrisul, ci și pentru că mi-au oferit părerea lor, ceea ce mi-a fost de mare ajutor.

De asemenea, vreau să îi mulțumesc lui Khouriya Maggie Hock din Omaha, directoarea Oficiilor căsătoriei și familiei din parohie din Dioceza creștină ortodoxă antiohiană din America de Nord. Este psihoterapeut autorizat cu legitimație și a fost unul dintre susținătorii mei cei mai entuziaști în scrierea acestei cărți: a și recenzat-o, printre altele. Aș dori să îi mulțumesc, de asemenea, doctorului în psihologie Alisa Wong, care mi-a fost colegă la Creekside Counseling Associates în Elk Grove. Este o creștină devotată care mi-a fost de mare ajutor în clarificarea anumitor aspecte din această carte.

Am apreciat în mod special părerile critice oferite de membrii propriei mele familii. Nora mea, Gabriela, a petrecut multe ore recitind cu minuțiozitate fiecare propoziție din manuscris ca să mă ajute să fac cartea mai ușor de înțeles. Am fost ajutat în mare măsură și de către fiul meu, Paul, care a analizat ideile pe care încercam să le transmit și îmi propunea modalități de a rescrie anumite pasaje cu mai multă claritate.

Aș vrea, de asemenea, să îi mulțumesc Dr. Richard Gervin, Profesor la Sacramento City College din California, pentru bunăvoința lui de a îmi citi cartea în detaliu, în ciuda constrângerilor de timp și de a-mi oferi sugestiile lui. Îi sunt foarte recunoscător pentru timpul pe care l-a petrecut recenzându-mi cartea.

În cele din urmă, doresc să îi mulțumesc îndeosebi soției mele, Alice, care mi-a fost editor încă din zilele studenției. De-a lungul anilor ea și-a petrecut multe, multe zile citindu-mi scrierile alături de mine ca să se asigure că am înțeles motivele pentru care îmi sugerase anumite schimbări și, în general, ca să îmi facă scrierile mai ușor de citit.

Doresc să le mulțumesc tuturor acestor persoane, ca și altor frați creștini, pentru încurajările și rugăciunile pe care mi le-au dedicat în timp ce scriam această carte. Sper că le-am onorat eforturile și că această carte vă va ajuta să conștientizați mai bine cine sunteți cu adevărat în ochii Creatorului.

Introducere

Am lucrat în consiliere încă din anul 1978, mai întâi doar ca preot, iar mai târziu atât ca preot, cât și ca psiholog clinician. De-a lungul acestor ani am descoperit că majoritatea oamenilor au tendința să participe la ședințe de consiliere pentru că se confruntă cu una din două probleme sau poate chiar cu amândouă. Prima problemă constă în faptul că nu sunt conștienți în adâncul ființei lor – în inima lor – de adevărata lor valoare înaintea Creatorului. A doua problemă cu care se confruntă deseori este felul în care le-ar putea cu adevărat oferi prețuire necondiționată celor din jur, mai cu seamă celor care le-au făcut rău în trecut și chiar și celor pe care îi consideră dușmani.

Atunci când spunem că iubim pe cineva încercăm, într-o anumită măsură, să comunicăm faptul că acea persoană deține o valoare și o importanță extraordinară pentru noi. Înseamnă mai mult decât să îți placă o anumită persoană. Poate vă amintiți că ați avut o jucărie specială sau un obiect pe care îl prețuiați în copilărie. Era vorba poate de o scoică pe care ați găsit-o pe plajă sau de un dar pe care l-ați primit de la o mătușă de ziua voastră sau orice alt obiect de mare însemnătate, cel puțin în ochii voștri de copil. Valoarea pe care o aveau acele obiecte pentru voi era dovedită prin cât de bine le îngrijeați și le protejați, uneori chiar ascunzându-le de ceilalți într-o cutie specială sub patul vostru. Pentru oricine altcineva acea jucărie sau acel obiect special părea să aibă puțină importanță, dar nu și pentru voi. Nu lăsați acele comori în mijlocul străzii, unde le-ar fi putut călca o mașină sau unde oamenii le-ar fi putut lua și arunca la gunoi. Dacă s-ar fi întâmplat să pierdeți unul dintre acele obiecte prețioase probabil că v-ați fi întristat și v-ați fi supărat din cale afară.

Am fost în Londra, în capitala Angliei, de câteva ori și, la fel ca majoritatea turiștilor, am vizitat Turnul Londrei ca să văd bijuteriile coroanei. Ar fi puțin să spunem că bijuteriile acelea erau bine îngrijite și protejate. Sunt ținute într-o vistierie uriașă prin care oamenii se pot plimba. Nu este trist că unii oameni prețuiesc pietrele șlefuite mai mult decât îi prețuiesc pe oamenii din jurul lor în viața de zi cu zi?

Iisus ne-a dovedit cât de valoroși suntem înaintea lui Dumnezeu întrupându-Se printre noi și dându-Și viața de bunăvoie pentru noi ca să îndepărteze obstacolul sau prăpastia duhovnicească, din cauza căreia nu puteam intra în comuniune deplină cu Dumnezeu-Tatăl. Adevărul este că suntem creația supremă a lui Dumnezeu, de cea mai mare valoare pentru El. Taina mântuirii noastre este faptul că am fost făcuți să devenim asemeni lui Dumnezeu Însuși prin lucrarea harului Lui în viața noastră – cu alte cuvinte, să devenim proprii Lui fii. Și totuși, auzim la știri în fiecare seară despre oameni care au fost devalorizați prin abuz verbal, fizic și psihologic, precum și prin război, mânie, sărăcie, distrugere și ucidere. Aceasta nu este lumea pe care Creatoul nostru a proiectat-o pentru noi.

Când se va sfârși această tragedie? Cred că se va apropia de sfârșit atunci când oamenii vor începe să înțeleagă cât de importanți sunt înaintea Creatorului lor, iar apoi, atunci când vor începe să exprime acea importanță față de toți cei pe care îi întâlnesc – începând de acasă, dar răspândind-o în întreaga lume. Problema noastră spirituală și psihologică pare să fie faptul că nu înțelegem pe deplin cât de valoroși suntem pentru Dumnezeu, cât de importanți suntem pentru El. Dacă am înțelege, ne-am comporta cu totul diferit. Oare îi tratăm pe toți cei pe care îi cunoaștem drept persoane extraordinar de valoroase pentru noi, chiar și pe cei care ne-au făcut rău sau care nu ne sunt dragi?

Există multe cărți de autoperfecționare care pun această problemă a valorii personale, deseori încercând să ne corecteze gândirea prin efort mental și prin puterea voinței. Am învățat în timpul procesului de consiliere că este foarte dificil să convingi pe cineva de un lucru de care el însuși nu este convins. Aceasta poate fi limitarea așa-numitei „atitudini pozitive", o mișcare provenind din mintea noastră sau din terapia cognitiv-comportamentală care încearcă să corecteze gândurile și comportamentele incorecte sau false folosind afirmații adevărate și corecte despre noi înșine sau despre alții. S-ar putea să ajungi la un oarecare succes folosind aceste afirmații, bazat pe propriul tău efort mintal, dar cât timp vor rezista gândurile tale nou-fondate? Un motiv pentru care această metodă ar putea să nu aibă rezultate permanente este faptul că depinde de puterea minții noastre raționale pentru a crea o schimbare de durată în modul nostru de gândire, în emoțiile și în comportamentul nostru.

Cu toate că voința noastră poate să joace și joacă, într-adevăr, un rol important în corectarea gândirii noastre neadaptate sau iraționale cu privire la noi înșine sau la alții, eu sunt de părere că trebuie să trecem de stadiul în care ne formăm păreri despre noi și să ajungem în cel în care *știm* despre noi, cu alte cuvinte, în stadiul în care ne cunoaștem eul adevărat sau autentic în Hristos. Acest lucru nu se întâmplă folosindu-ne numai mintea. Trebuie să pătrundem mai adânc, la ceea ce vine din inima noastră. Ne gândim sau ne formăm păreri cu precădere în minte, dar cunoașterea directă intuitivă provine din inimă.

Cunoașterea adevăratei tale valori înaintea Creatorului provine dintr-o revelație în relație cu Dumnezeu, o cunoaștere intuitivă duhovnicească directă prin puterea lucrării Sfântului Duh în lăuntrul tău. Nu cred că simpla încercare de a te convinge să crezi că ești valoros folosindu-te numai de minte va reuși până la urmă să te facă să crezi acest adevăr. Este necesar ca Dumnezeu să dea naștere acestei revelații în inima ta. Dumnezeu, prin puterea Sfântului Duh, este Cel Care te va convinge de valoarea ta și de valoarea fiecărei ființe umane. Prin cooperarea cu harul lui Dumnezeu, inima ta va începe apoi să convingă capul, locașul gândurilor tale conștiente, de adevărul referitor la tine însuți.

Un subiect preferat al terapeuților și al educatorilor este nevoia de a-ți clădi așa-numitul respect de sine. Cu alte cuvinte, ei vor să ne ajute pe noi și pe copiii noștri să înțelegem cât de valoroși suntem ca persoane – adică să ne înțelegem valoarea intrinsecă. Când îi aud pe acești experți folosind cuvântul *respect de sine,* capăt impresia că aceștia îl văd venind în cele din urmă dintr-un soi de efort propriu, separat de harul lui Dumnezeu. Sunt proiectate programe speciale prin care copiii și adulții își clădesc respectul de sine prin efort propriu și prin stăpânire de sine. Învățământul de stat încearcă să clădească respectul de sine al elevilor.

Problema efortului propriu este că vine împreună cu posibilitatea neîncrederii în sine, provenind deseori de la o minte schimbătoare. Îndoielile, asemenea convingerilor, se nasc din gândurile noastre, în timp ce credința și cunoașterea sunt concepute în inimile noastre. Cunoaștem cu inima sau, după cum un preot și-a sfătuit congregația: „Știi acest lucru în *cunoscătorul* tău [adică în inima ta]?" Dacă mai mulți oameni ar ști în cunoscătorul lor, în inima lor, cât sunt de valoroși cu adevărat înaintea lui Dumnezeu, cred că numărul dosarelor multor terapeuți ar scădea semnificativ.

Această carte este menită să vă ajute în trei domenii: mai întâi, în a înțelege cât de important este să știi cât de valoros ești înaintea Creatorului; în al doilea rând, în a învăța cum să ajungi la acea cunoaștere duhovnicească în inima ta; și în al treilea rând, în a învăța să îi prețuiești pe cei din jurul tău, începând cu cei din propria ta casă, cu aceeași valoare dumnezeiască de care Tatăl nostru ceresc dă dovadă în ceea ce ne privește.

Dacă ne prețuim trupurile cu grijă dumnezeiască, nu le vom agresa cu droguri sau cu un comportament nesănătos. Dacă vedem cu ochii noștri duhovnicești cât de valoroși suntem înaintea Creatorului, este mult mai probabil să vrem să evităm păcatul și corupția duhovnicească. Dacă ne tratăm partenerul de viață ca pe o persoană iubită și extrem de valoroasă pentru noi, atunci vom putea avea o căsnicie mai bună și mai trainică. Dacă le arătăm oamenilor din întreaga lume cât sunt de valoroși ca fii ai lui Dumnezeu, s-ar putea să vedem mai puțină suferință zadarnică în jurul nostru.

Cu alte cuvinte, să devalorizezi o ființă umană înseamnă să păcătuiești împotriva ei. Pe de altă parte, să prețuiești o ființă umană cu iubirea lui Dumnezeu înseamnă să o binecuvântezi, să îi validezi existența. Suntem chemați să facem acest lucru. Și totuși este greu să dăm ceea ce nu avem sau nu am cunoscut niciodată. Avem nevoie să cunoaștem în inimile noastre cât de valoroși suntem înaintea Tatălui nostru ceresc și apoi să ne amintim să ne prețuim aproapele în lumina acelei iubiri.

Să ne începem călătoria privind mai cu atenție la felul în care acest sentiment al valorii personale a părăsit inima omenirii dintru început. Cum este afectată omenirea din punct de vedere psihologic de Căderea din harul lui Dumnezeu?

PARTEA ÎNTÂI

Cum să te apreciezi cu adevărat pe tine însuți

CAPITOLUL ÎNTÂI

Ce înseamnă să te apreciezi cu adevărat pe tine însuţi?

Timp de secole, omenirea s-a întrebat ce anume aduce fericire unei fiinţe umane. În domeniul psihiatriei şi al psihologiei s-a discutat despre importanţa de a avea o părere bună despre sine pentru a putea fi fericit, şi totuşi Biserica Ortodoxă Creştină a etichetat părerea bună despre sine, de-a lungul timpului, drept un păcat provenind de la diavol. Cum împăcăm aceste două puncte de vedere care par diametral opuse unul faţă de celălalt?

Valoarea personală

Ştii în adâncul inimii tale că, în chiar această clipă, eşti valoros înaintea lui Dumnezeu? Când îi întrebi pe oameni dacă cred că sunt valoroşi, bănuiesc că o bună parte ar răspunde că da. Când îi întrebi apoi dacă *ştiu* în inima lor, şi nu doar în minte, cât de valoroşi sunt ca persoană, probabil îi vei auzi pe mai puţini dintre ei spunând da. Când îi întrebi dacă ştiu în inima lor cât de valoroşi sunt înaintea lui Dumnezeu, s-ar putea să primeşti încă şi mai puţine răspunsuri afirmative. Probabil că vei auzi: „Mi-ar plăcea să cred asta, dar nu sunt sigur."

Ai tendinţa să te întristezi sau să te mânii atunci când alţii te devalorizează în vreun fel? Când cuplurile vin la mine pentru consiliere, în cele mai multe cazuri ştiu ceva despre situaţia lor din clipa în care intră pe uşă. Şi anume că unul dintre ei, sau mai degrabă amândoi, s-au simţit de ceva timp *devalorizaţi* de către partenerul lor şi au venit pentru consiliere ca să rezolve această problemă.

De asemenea, atunci când oamenii nu-şi cunosc propriul simţ al valorii personale înaintea lui Dumnezeu, le este şi mai greu să creadă că oricine altcineva (inclusiv partenerul lor) ar putea să-i aprecieze doar pentru ceea ce sunt. Devalorizarea altora este rezultatul unei tulburări spirituale în lăuntrul nostru. Când nu avem o revelaţie, o intuiţie spirituală, o conştientizare a valorii noastre personale înaintea lui Dumnezeu, suntem mai dispuşi să păcătuim faţă de ceilalţi. Dumnezeu nu a încetat niciodată să ne aprecieze şi să ne iubească, dar tulburarea păcatului a ascuns vederii sau a acoperit această cunoştinţă în inimile noastre. Devine atunci mult mai dificil pentru noi să le arătăm celorlalţi că îi apreciem cu adevărat. Cred că aceasta este o problemă cronică a timpurilor noastre şi la fel a fost pentru fiecare generaţie, încă de la facerea lui Adam şi a Evei. Din păcate, până la urmă începem să credem că devalorizarea de care avem parte din partea celorlalţi este justificată.

V-ați întrebat vreodată de ce Maica Teresa din Calcutta era atât de iubită de către milioane de oameni din întreaga lume? Era oare datorită înfățișării ei elegante de Hollywood, sau a diplomelor ei academice impresionante de la universitățile din Ivy League, sau a averii materiale personale? Nu, firește că nu! Nu avea și nici nu se străduia să obțină nici unul dintre acele lucruri. În schimb, aprecia valoarea acelora care erau devalorizați de către societate. Aprecia și recunoștea chipul lui Dumnezeu în fiecare persoană, mai ales în cei mai săraci dintre săraci, în cei bolnavi și în cei muribunzi. Îl vedea pe Iisus sub înfățișarea chinuită a celor mai săraci dintre săraci.

Iisus a spus că orice le facem celor mai mici dintre frații noștri, Lui Îi facem (v. Mt. 25, 40). Maica Teresa îi ținea pe cei muribunzi în brațe, ca să nu moară pe străzi singuri sau nedoriți. Aprecia valoarea celor disprețuiți de lume și mulți din lume o iubeau la rândul lor. Însă, chiar și dacă nu ar fi iubit-o, ea ar fi continuat să facă exact ceea ce făcea. Ne-a ajutat să întrezărim iubirea pe care ne-o poartă Dumnezeu, o iubire care nu dispare niciodată. Nu asta obișnuim să vedem în cei mai evlavioși dintre oameni? Ei le oferă dragoste tuturor celor pe care îi întâlnesc și nu încetează niciodată să iubească.

Iisus spune că trebuie să-ți iubești aproapele ca pe tine însuți (v. Mt. 19, 19). Dar ce înseamnă acest lucru? Știu că în calitatea mea de creștin trebuie să îmi iubesc și să-mi apreciez aproapele, dar cum rămâne cu iubirea *față de mine însumi*? Cum ar trebui să mă iubesc pe mine însumi? Iubirea de sine nu poate fi oare văzută drept o formă de mândrie, egocentrism sau chiar narcisism, toate acestea reprezentând un păcat? Poate vă amintiți mitul grecesc al lui Narcis, care și-a văzut propria imagine reflectată în apă. S-a îndrăgostit de imaginea lui într-o asemenea măsură, încât a încercat să-și îmbrățișeze oglindirea și s-a înecat. Aceasta nu este forma de iubire de sine despre care vorbește Iisus.

Poate că acest pasaj din Scriptură înseamnă că trebuie să-i iubim pe ceilalți cel puțin la fel de mult pe cât ținem la noi înșine. Dar ce se întâmplă dacă nu ținem prea mult la noi înșine? Cât de mult s-ar schimba viața dacă am crede că acest pasaj din Scriptură vrea de fapt să spună că trebuie să ne apreciem aproapele pe cât de mult știm că ne apreciază Dumnezeu Însuși! Am deveni vehiculul iubirii lui Dumnezeu față de ceilalți. Aceasta este o chemare înaltă. Dar, dacă nu știm cât de valoroși suntem pentru Dumnezeu, fără să fi simțit pe deplin iubirea și harul Lui în viețile noastre, fără să fi știut vreodată cât de mult ține El la noi de fapt, e mai puțin probabil să-i putem aprecia pe ceilalți așa cum ar trebui să o facem.

Psihologia laică

Spre sfârșitul anilor '70 am început să cuget asupra diferențelor dintre teoriile psihologiei laice moderne și abordarea creștină asupra sănătății mintale. M-am întrebat dacă aceste două căi de a-i ajuta pe oameni sunt compatibile, mai ales când ne ocupăm de (ne confruntăm cu) problema respectului și a valorii personale.

Diferitele tipuri de teorii și de intervenții din psihologia laică tind, în general, să se concentreze asupra metodelor de a ne debarasa de gândurile și de comportamentele neadaptate, învățându-ne modalități noi și mai sănătoase de a ne raporta la lumea înconjurătoare. Ca ființe umane, avem o mare abilitate de a ne adapta la ambianță și la circumstanțe. Experiențele prin care trecem în viață fie ne ajută să ne raportăm în mod eficient la mediul nostru, într-o manieră iubitoare, fie ne sabotează capacitatea de a face față și de a trata într-un mod productiv conjuncturile vieții. Comportamentul inadaptat provine din cea de a doua situație.

Acest comportament inadaptat provine din ceea ce a fost numit „eul nostru adaptat" – adică sinele cu care ne prezentăm sau ceea ce alții consideră „eul nostru fals". Acest eu fals reprezintă modul în care învățăm să ne adaptăm folosind gândurile, emoțiile și comportamentele noastre într-o lume păcătoasă și deseori crudă, în timp ce „eul nostru adevărat" reprezintă creația lui Dumnezeu din lăuntrul duhului nostru în momentul concepției. Cu alte cuvinte, eul nostru fals provine din strategiile raționale pe care le dezvoltăm ca să putem supraviețui în lumea aceasta. El reprezintă sinele pe care vrem să îl arătăm lumii și pe care, în timp, ajungem să-l considerăm drept ceea ce suntem cu adevărat. Acest eu fals, de fapt, ascunde și acoperă eul nostru cel adevărat făcut după chipul și asemănarea lui Dumnezeu.

Mi-ar lua mult timp să rezum toate teoriile laice din psihologie și modurile de abordare ale intervențiilor care încearcă să corecteze gândirea și comportamentul inadaptat și folosirea nepotrivită a emoțiilor noastre. Acestea includ psihodinamica și psihologia globală, teoria relațiilor de obiect, psihologia eului și terapia cognitiv-comportamentală, printre altele. Ideea de bază este că majoritatea tratamentelor psihologice încearcă să schimbe modul de gândire și comportamentul unei persoane, sau să creeze un mediu care poate facilita o schimbare în felul în care ne comportăm față de ceilalți și în ceea ce gândim și credem despre ceilalți și despre lume.

Aceste diferite abordări terapeutice speră să ne ofere moduri funcționale de a ne raporta mai bine la viață. Unele teorii se concentrează, de asemenea, asupra dezvoltării unui respect sănătos față de sine. Unele dintre aceste abordări sunt merituoase; adevărul poate fi găsit în mare parte dintre ele. De exemplu, terapia cognitiv-comportamentală poate vedea sinele nostru inadaptat drept rezultatul unor moduri defectuoase sau ilogice de gândire despre lume și despre noi înșine și al comportamentelor inițiate de aceste moduri de gândire. Se concentrează asupra debarasării de aceste gânduri iraționale care ne sabotează viețile și relațiile cu ceilalți. Adevărul este că mulți dintre noi percep, într-adevăr, lumea și pe noi înșine în moduri defectuoase și incorecte, inclusiv felul în care Îl percepem pe Dumnezeu și felul în care credem că Dumnezeu ne percepe pe noi. Terapia cognitiv-comportamentală încearcă să provoace gândirea noastră defectuoasă în așa fel încât să putem să ne schimbăm, în mod voluntar și deliberat, comportamentul în mai bine.

Gândurile noastre despre ceilalți și despre noi înșine au, într-adevăr, puterea de a ne ajuta sau de a ne face rău. Am folosit aceste tipuri de pătrundere psihologică pentru a-i ajuta pe enoriași sau pe pacienți să-și reconsidere percepția asupra lumii înconjurătoare, în special cu privire la ei înșiși și la felul în care Îl percep pe Dumnezeu. Cu toate acestea, am descoperit, de asemenea, că unii oameni, mai ales cei aflați în situații solicitante și traumatice, vor reveni totuși, după un timp, la vechile lor moduri de gândire și de comportament.

Respectul de sine

Unul dintre domeniile pe care terapeuții spun deseori că se văd nevoiți să le discute cu pacienții lor este respectul insuficient față de sine al acestora. Terapeuții ar putea considera că respectul insuficient față de sine contribuie la comportamentul inadaptat al pacienților sau că le reduce acestora capacitatea de a urmări ceea ce este mai bun pentru ei în viață, în cadrul relațiilor cu ceilalți și în abilitatea de a păstra o perspectivă sănătoasă asupra viitorului. Ar putea, de asemenea, considera respectul insuficient față de sine drept ceva ce reduce capacitatea unei persoane de a trăi o viață fericită și împlinită. Acești terapeuți folosesc diverse tehnici și teme pentru acasă pentru a-i ajuta pe pacienții lor să-și depășească respectul de sine insuficient sau lipsa de mândrie față de ei înșiși și față de propriile realizări. Ei își doresc ca gândirea sau mentalitatea pacienților lor să se elibereze de amintirile afective ale unor evenimente traumatice și negative din trecut, care au contribuit la apariția unui respect de sine insuficient.

Provocarea, în acest caz, o reprezintă menținerea acestui nou mod de gândire sănătos despre noi înșine. Bazându-se exclusiv pe eforturile sau pe puterea voinței unei persoane, majoritatea psihologilor încearcă să-i ajute pe pacienți să se convingă singuri de un lucru căruia aceștia nu pot să-i dea crezare cu ușurință în adâncul inimii lor, în nucleul propriei ființe, așa cum am menționat mai devreme. În general, acești terapeuți se concentrează asupra gândurilor raționale și asupra voinței pacientului, ceea ce Biserica numește „voința gnomică". Aceste gânduri provin exclusiv din facultatea inimii intuitive *(nous)* și a voinței spirituale care se află în comuniune cu Sfântul Duh, ceea ce Biserica numește „voința noetică". (Vom discuta mai amănunțit despre aceste două voințe ceva mai târziu.)

Cu toate că o lanternă poate funcționa timp îndelungat, până la urmă bateriile se vor consuma. Ce se întâmplă după ce voința noastră umană și hotărârea rămân fără energie? Aceasta este viața pe care am fost meniți să o trăim, încrezându-ne în puterea noastră mintală limitată și în capacitatea de a ne menține strălucirea? Sau putem să facem ceva în plus? Există oare o modalitate mai bună de a ne cunoaște propria valoare și de a o conștientiza într-un mod care va dăinui veșnic, un mod care nu duce la ceea ce unii dintre scriitorii Bisericii primare numeau demonii slavei deșarte și ai mândriei? Răspunsul este da!

Multe dintre persoanele pe care le-am consiliat de-a lungul anilor au vorbit despre modul în care considerau că respectul insuficient față de sine a contribuit la multe dintre problemele și hotărârile nechibzuite din viețile lor. Se pare că oamenii definesc *respectul bun față de sine* în moduri diferite. Unii se referă la nevoia de a avea o părere bună despre sine însuși, de a crede în sine însuși și de a avea o încredere în sine sănătoasă. Alții se concentrează asupra eliberării de sub stăpânirea rușinii sau a vinovăției. Iar alții își doresc să învețe cum să ia decizii mai bune în viață sau să simtă că au realizat ceva important.

Dimpotrivă, ca și creștini, învățăm uneori din Biserică, din Biblie sau din scrierile monahale de la începuturi că este un păcat mândria față de tine însuți ori față de propriile realizări sau chiar să ai cât de puțin respect față de tine însuți. Unii scriitori ascetici vorbesc despre nevoia de „ură de sine" ca parte a procesului care duce la îndumnezeire – adică procesul de a deveni asemenea lui Dumnezeu în măsura în care ființa umană este capabilă de acest lucru. Autori ca părintele Sofronie (1896-1993) și Sfântul Siluan (1866-1938), care scriu despre nevoia de ură de sine, vorbesc despre experiența prin care noi, ființele umane, trecem în momentul în care ne vedem sinele păcătos (falsul eu) în prezența unui Dumnezeu preasfânt și preacurat. Am putea spune că ne urâm sau ne disprețuim pentru că ne găsim atât de îndepărtați de sfințenia lui Dumnezeu, cu toate că Dumnezeu ne-a oferit tot ceea ce aveam nevoie ca să stăm în sfințenie înaintea Lui.

Sfânta Scriptură conține pasaje ca: *Înaintea prăbușirii merge trufia si semeția înaintea căderii. Mai bine să fii smerit cu cei smeriți decât să împarți prada cu cei mândri* (Sol. 16, 18-19). Sau: *Căci tot ce este în lume: pofta firii pământești, pofta ochilor și lăudăroșenia vieții, nu este de la Tatăl, ci din lume* (I In 2, 16). Și, de asemenea: *Căci de se socotește cineva că este ceva, deși nu este nimic, se înșală pe sine însuși* (Gal. 6, 3).

În mod similar, scriitorii creștini de la începuturi vorbesc despre păcatul mândriei și demonul slavei deșarte în volumele *Filocaliei*. Sfântul Antonie cel Mare (250-350) scrie: „Căzând din rangul său ceresc prin mândrie, diavolul se străduiește neîncetat să le aducă pierzania și celor care își doresc din toată inima să I se alăture Domnului; și se folosește de aceleași mijloace care au dus la propria cădere, adică *mândria* și *îngâmfarea*." Avva Evagrie (sec. al IV-lea) spune: „Diavolul *mândriei* este pricina celei mai amarnice căderi a sufletului." Avva Evagrie Pustnicul (345-399) susține:

> „Gândul acesta [al slavei deșarte – *n. trad.*] îl fac să crească toți dracii după ce au fost biruiți, ca printr-însul să primească intrare din nou în suflet și să facă astfel cele din urmă mai rele ca cele dintâi. Din gândul acesta se naște și cel al mândriei, care a făcut să cadă cu sunet din ceruri la pământ pecetea asemănării și cununa frumuseții."[1]

Sfântul Ioan Casian (360-435) ne învață:

> „A șaptea luptă o avem împotriva slavei deșarte. Patima aceasta este foarte felurită și foarte subțire și nu o bagă de seamă ușor nici însuși cel ce pătimește de dânsa...

[1] „Despre slava deșartă", în *Filocalia 1*, ed. a 2-a, Editura Harisma, p. 75.

Deci nimic să nu facă uitându-se după lauda oamenilor, ci numai răsplata lui Dumnezeu să o caute. Să lepede necontenit gândurile care vin în inima lui și îl laudă și să se disprețuiască pe sine înaintea lui Dumnezeu. Căci numai așa va putea, cu ajutorul lui Dumnezeu, să se izbăvească de duhul slavei deșarte."[1]

S-a spus că traducătorii englezi ai *Filocaliei* (o carte scrisă pentru creșterea duhovnicească ascetică) ar fi trebuit să folosească cuvântul *vainglory (îngâmfare)* în loc de *self-esteem (respect de sine)* în versiunea englezească. Termenul englezesc *self-esteem* poate să însemne „mândrie". Termenul englezesc *vainglory* poate să însemne „a te slăvi, a te făli sau a te mândri în mod nejustificat cu propriile realizări". Acum, cineva ar putea argumenta că există o diferență între a fi mândru și a te mândri în mod nejustificat cu propriile realizări; cu toate acestea, amândouă pot duce la păcatul mândriei. Mulți dintre sfinții părinți monahi și asceți ne-au avertizat împotriva căutării sau dorinței de a obține elogii sau distincții din partea altora, pentru că aceasta ne-ar putea umfla slava deșartă sau mândria.

Dacă definim *respectul de sine* drept „a ne cunoaște valoarea personală înaintea Creatorului", putem spune că este un lucru bun. Pe de altă parte, aprecierea propriei valori *separat* de Creatorul nostru nu este un lucru bun – reprezintă sămânța păcatului mândriei, obârșia tuturor păcatelor. Cu alte cuvinte, simțul prestigiului și al valorii mele personale poate duce la a mă făli cu va-

[1] „Despre cele opt gânduri ale răutății", în *Filocalia 1*, ed. a 2-a, Editura Harisma, pp. 142-143.

loarea mea intrinsecă *separat* de Dumnezeu și de harul Lui, dacă nu recunosc lucrarea harului lui Dumnezeu în viața mea și ajutorul lui Dumnezeu în realizările mele.

Tind să evit folosirea termenului *respect de sine* când le vorbesc oamenilor, căci aceasta poate duce la ideea că propriul meu respect de sine provine din eforturile personale, separate de lucrarea harului lui Dumnezeu în mine. Avem nevoie să înțelegem, ca ființe umane, că valoarea personală și valoarea așa-numitelor realizări ale noastre își trag rădăcinile, în primul rând, din iubirea lui Dumnezeu pentru noi. El este Cel Care lucrează în noi și prin noi atunci când cooperăm cu lucrarea harului Său în viața noastră. Cu toate acestea, calea prin care multe dintre cărțile laice de autoperfecționare din zilele noastre, precum și psihologii contemporani ne învață să obținem sănătatea mintală este aceea de a avea o mândrie „sănătoasă" și a ne reface respectul de sine separat de harul lui Dumnezeu.

Din experiența mea, mulți dintre oamenii cărora le lipsește sentimentul adevăratei lor valori înaintea lui Dumnezeu dezvoltă simptome de anxietate și depresie și sfârșesc prin a nu găsi suficient sens sau un țel în viață. Sunt deseori defensivi față de ceilalți și posedă prea puține granițe sănătoase sau limite pentru a evita să fie agresați de către ceilalți sau să îi agreseze, la rândul lor. Din nefericire, mulți copii rămân cu sentimentul valorii pe care l-au primit sau nu l-au primit de la părinții lor. Atunci când nu au parte de suficientă educație empatică sănătoasă, acești copii pot rămâne cu un sentiment distorsionat al valorii personale care, la rândul lui, se poate manifesta sub forma diferitelor tulburări de personalitate sau de dispoziție. Poate, de asemenea, să ducă la gânduri de sinucidere, dacă nu chiar la sinucidere, sau la o furie care poate duce la violență, inclusiv la omucidere.

Acum câțiva ani, când colaboram cu California Youth Authority[1] (CYA), am lucrat cu tineri care comiseseră crime grave și violente. Am găsit că multora le lipsea un sentiment sănătos al valorii personale și tindeau, în consecință, să îi devalorizeze pe ceilalți. Terapeuții spun pe bună dreptate că, dacă în copilărie părinții noștri nu ne-au insuflat îndeajuns sentimentul propriei valori interioare și al importanței noastre în calitate de copil al lui Dumnezeu, avem toate șansele să căutăm mereu acel sentiment al valorii personale în afara propriului sine. În cazul acestor delincvenți juvenili, sentimentul valorii proprii provenea deseori din câștigarea respectului altor membri ai grupului stradal și din creșterea în rang în ierarhia grupului prin crime, violență și distrugere. Câțiva au încercat să câștige respect prin materialism – bani mulți, haine la modă, mașini și alte lucruri cu care să se laude în fața celorlalți ca să se poată simți deosebiți.

Modul de abordare creștin-ortodox

În ziua de astăzi, una dintre cauzele principale ale problemelor psihologice și emoționale o reprezintă faptul că nu știm, în adâncul inimilor noastre, cât suntem de valoroși, cu adevărat, înaintea Creatorului nostru.

[1] Instituție de corecție pentru tineri *(n. trad.)*.

După cum am spus deja, adevăratul nostru sentiment al valorii și al importanței nu provine din încercarea de a ne convinge pe noi înșine, la nivel mental, de ceva în care nu credem cu adevărat în adâncul inimilor noastre. Trebuie să *știm* cât de valoroși suntem pentru Dumnezeu prin lucrarea Sfântului Duh în noi, ceea ce apoi ne trezește inima la viață. Aceasta, la rândul ei, ne influențează gândurile cu privire la adevărul autentic despre noi – și anume, că am fost făcuți cu toții după chipul și asemănarea lui Dumnezeu și am fost chemați să devenim asemenea Lui. Sfântul Duh ne va spune întotdeauna adevărul despre noi, dacă I se va acorda această șansă. Această cunoaștere nu este atât cognitivă, cât intuitiv-duhovnicească. Depășește cuvintele sau conceptele – este pur și simplu cunoaștere.

De fapt, această cunoaștere nu provine câtuși de puțin din gândurile noastre raționale sau din emoții și nici din partea altor oameni. Provine din experiența noastră personală, ceea ce putem numi revelație spirituală sau descoperire, atingerea interioară a Celui care ne-a creat de la bun început. Cu cât devenim asemenea lui Dumnezeu, ceea ce suntem cu adevărat în Iisus Hristos, cu atât începem să înțelegem și să știm cât de valoroși suntem pentru Dumnezeu.

O reală și adevărată relație transfiguratoare cu Dumnezeu începe din clipa în care ne abandonăm pe de-a-ntregul viața voinței, îndrumării și călăuzirii Duhului Sfânt din interiorul nostru. Aceasta înseamnă să avem dorința și intenția de a-L iubi pe Domnul Dumnezeul nostru din toată puterea noastră, cu tot cugetul nostru și cu toată inima noastră (v. Mc. 12:30). Este abandonul voinței noastre trupești *(voința gnomică)* către voința lui Dumnezeu, ceea ce implică voința noastră spirituală *(voința noetică)*. Aceasta se întâmplă prin *kenoză*, atunci când ne golim de teoriile noastre, de gândurile noastre trupești, de părerile noastre și de păcatele noastre înaintea lui Dumnezeu. Când facem acest lucru, Duhul Sfânt ne arată cine suntem cu adevărat: cei făcuți după chipul și asemănarea lui Dumnezeu, eul nostru adevărat, copilul lui Dumnezeu în toată măreția și slava. Știm că suntem valoroși pentru că ne apreciază Cel Care ne-a făcut și Care ne cunoaște pe de-a-ntregul.

De ce, atunci, multora dintre noi ne lipsește această cunoaștere? Am pierdut-o la căderea din Rai.

CAPITOLUL AL DOILEA

Consecințele căderii

Încă din zilele lui Adam și ale Evei am uitat cine suntem cu adevărat. Vorbim, de obicei, despre ceea ce primii noștri părinți au pierdut atunci când nu s-au supus poruncii lui Dumnezeu de a nu mânca din rodul pomului cunoștinței binelui și răului; spunem că neascultarea lor a dus la căderea omenirii și a afectat în mod negativ întreaga creație. Spunem deseori că și-au pierdut nemurirea trupului din cauza căderii, însemnând că trupurile lor fizice au devenit muritoare. Urmarea păcatului lor a fost că au devenit muritori și astfel au cunoscut stricăciunea și moartea trupească, dar Dumnezeu, în mila Lui, i-a acoperit cu „îmbrăcăminte de piele" pentru a-i ajuta să supraviețuiască. Cu alte cuvinte, au trecut de la *viața veșnică* la *viață de supraviețuire* din cauza păcatului neascultării. Mai mult decât atât, duhul lor omenesc, care este locașul inimii noastre duhovnicești (*nous-ul* din învățăturile bisericești), a devenit acum ascuns luminii lui Dumnezeu. Drept urmare, duhul omenesc a devenit întunecat și închis, la fel cum o floare își închide petalele după apusul soarelui, pe timp de noapte.

Știm cum căderea i-a afectat pe Adam trupește și duhovnicește; au devenit muritori, întunecați cu duhul și pierduți. Și totuși, întrebarea este cum i-a afectat căderea din punct de vedere psihologic. Dacă Adam și Eva ar fi vizitat cabinetul unui terapeut după cădere, asupra a ce s-ar fi concentrat planul lor de tratament psihologic? Asupra căror arii de convingeri și comportamente inadaptate sau incorecte ar fi vrut terapeutul să se concentreze? Asupra căror probleme ar fi lucrat în timpul ședințelor?

Cred că problemele psihologice găsite la primii noștri părinți ca rezultat al căderii sunt aceleași probleme psihologice cu care noi, descendenții lor, încă ne mai confruntăm până și în ziua de astăzi. Căderea i-a afectat din punct de vedere psihologic pe Adam și pe Eva cu îndoială, ceea ce apoi a generat rușine și teamă. De atunci, fiecare generație până la a noastră s-a luptat cu îndoiala, rușinea și teama.

La începuturi

Cartea Facerii descrie felul în care Dumnezeu a creat universul și pământul cu toate viețuitoarele lui. Dumnezeu a văzut tot ceea ce făcuse, inclusiv bărbatul și femeia, și a spus că sunt *bune* – nu proaste sau rele. *Și a privit Dumnezeu toate câte a făcut și iată erau bune foarte* (Fac. 1, 31). Este important să ținem minte acest adevăr. Dumnezeu le-a dat lui Adam și Evei stăpânire asupra întregii Sale creații. Trebuie înțeles că întreaga creație universală a fost făcută de Dumnezeu pentru ca bărbatul și femeia să o binecuvânteze, să o îngrijească și să o conducă la Creatorul lor.

S-ar putea spune că în aceeași direcție în care se îndreaptă bărbatul și femeia, se îndreaptă și cosmosul și întreaga creație. Dumnezeu i-a făcut pe bărbat și pe femeie o creație unică, ca să binecuvânteze universul prin propria lor existență. Erau singura creație a lui Dumnezeu făcută după chipul și asemănarea Lui Însuși. Citim în Cartea Facerii:

> „Și a zis Dumnezeu: «Să facem om după chipul și după asemănarea Noastră, ca să stăpânească peștii mării, păsările cerului, animalele domestice, toate vietăţile ce se târăsc pe pământ și tot pământul!» Și a făcut Dumnezeu pe om după chipul Său; după chipul lui Dumnezeu l-a făcut; a făcut bărbat și femeie" (Fac. 1, 26, 27).

În Cartea Facerii stă scris că Dumnezeu i-a binecuvântat, dăruindu-le bunăvoința Lui.

În limba greacă, cuvântul folosit aici în loc de „chip" este *icoană*. În teologia creștin-ortodoxă răsăriteană, icoana este uneori explicată ca fiind o fereastră simbolică între Cer și pământ, între lumea spirituală și lumea fizică. În bisericile ortodoxe se pot vedea multe icoane pictate manual (chipuri) ale lui Iisus, ale Fecioarei Maria, ale sfinților și ale îngerilor. Se aseamănă într-o oarecare măsură felului în care atârnăm fotografii ale familiei noastre creștine pe pereții casei noastre parohiale, biserica noastră. Icoanele nu sunt menite a fi doar niște simple portrete ale sfinților, ci mai degrabă simboluri ale lor, amintindu-ne că nu suntem singuri. Icoanele ne îndreaptă atenția către realitatea persoanelor pe care le reprezintă.

Suntem membri ai Bisericii lui Iisus Hristos, ce cuprinde atât credincioșii care au plecat din viața aceasta, cât și pe credincioșii care sunt încă în lume. Așadar, atunci când stai în fața unei icoane, cum ar fi icoana lui Iisus, aceasta poate fi văzută drept o fereastră spirituală în sensul în care Iisus stă de cealaltă parte a ferestrei uitându-Se la tine, iar tu privești prin fereastră ca să-L vezi, sau mai bine zis ca să-L cunoști pe Hristos în acel moment al timpului. Iisus nu este mort, ci viu, ca toți sfinții care au plecat înaintea noastră. Ne arătăm deseori afecțiunea față de chipul de pe icoană sărutându-l, așa cum L-am întâmpina pe Hristos sau pe unul dintre sfinți cu un sărut evlavios dacă s-ar afla cu adevărat înaintea noastră.

Cu ani în urmă, atunci când taților nu li se permitea să rămână în sala de naștere din spital alături de soțiile lor ca să asiste la nașterea copiilor, își vedeau pentru prima oară copiii printr-o fereastră a salonului de nou-născuți. Acolo tatăl putea să se uite pe fereastră ca să-și vadă copilul pentru prima oară, cu deosebită bucurie. Același lucru ar trebui să-l simțim și noi atunci când stăm dinaintea unei icoane creștine, în biserică sau la noi acasă.

Cartea Facerii ne spune că noi, ființele umane, am fost create după chipul sau *icoana* lui Dumnezeu. Cu alte cuvinte, putem fi numiți icoane vii ale lui Dumnezeu Însuși – icoane făcute nu din lemn și vopsea, ci din trup, suflet și duh. Astfel, când oamenii ne privesc, ar trebui să-L vadă pe Dumnezeu radiind prin noi ca prin icoanele vii ale Lui. Așa cum Iisus le-a spus Apostolilor Lui, *Cel ce M-a văzut pe Mine a văzut pe Tatăl* (In 14, 9). Așadar, ar trebui să putem spune: „Văzându-mă pe mine, L-ai văzut pe Iisus." Aceasta este o cerință greu de îndeplinit, dar ar trebui să reprezinte dorința și scopul nostru ca adevărați creștini. De aceea ar trebui nu numai să le vorbim oamenilor despre iubirea lui Dumnezeu pentru omenire, ci prin faptele noastre bune în comunitate aceștia ar trebui să vadă cum iubirea lui Dumnezeu lucrează prin noi.

Mulți oameni își doresc să-L vadă pe adevăratul Dumnezeu. Adevărul este că singurul Dumnezeu pe Care ar putea inițial să-L vadă aici, pe pământ, este Cel pe Care Îl văd în noi ca și icoanele Lui vii. Comportamentul nostru în lume fie dovedește adevărul iubirii lui Dumnezeu, fie îl distorsionează în ceva ce nu I se aseamănă câtuși de puțin lui Dumnezeu. Dacă permitem murdăriei păcatului să ne înnoroiască viața, numai puțin din harul și din lumina lui Dumnezeu vor putea străluci din noi către ceilalți. Atunci nu Îi mai semănăm deloc lui Dumnezeu, ci suntem doar niște făpturi ale pământului, pline de întuneric și de păcate. Din fericire, Dumnezeu ne-a oferit prin Iisus Hristos o cale de a ne curăța icoanele de noroiul păcatului prin pocăință. În mod minunat, Sfântul Apostol Ioan ne spune că Dumnezeu *este credincios și drept, ca să ne ierte păcatele și să ne curățească pe noi de toată nedreptatea* (I In 1, 9).

Curățirea de păcate este asemenea spălării noroiului de pe suprafața icoanei noastre, ferestrele spirituale care suntem. De aceea Biserica a descris deseori Taina Spovedaniei sau a împăcării drept al doilea botez – de fapt, o prelungire a primului botez. În cadrul spovedaniei, păcatele pe care le comitem după ce trecem prin botezul cu apă ne sunt iertate, lucru ce rămâne valabil de-a lungul întregii noastre vieți ca muritori. Fiind icoana sau chipul lui Dumnezeu, purtăm o mare responsabilitate în privința comportamentului nostru personal față de ceilalți, despre care va trebui să dăm socoteală înaintea lui Dumnezeu în ziua Judecății de Apoi.

În Cartea Facerii, după ce Dumnezeu l-a făcut pe bărbat, a făcut-o apoi pe femeie. În Facerea 2, 25 citim că erau amândoi goi și nu se rușinau. Probabil cunoașteți restul istoriei: cum șarpele a înșelat-o pe femeie, ispitind-o să mănânce fructul din care Dumnezeu îi poruncise să nu guste, rodul pomului cunoștinței binelui și răului; și cum femeia l-a ademenit apoi pe bărbat să mănânce și el din fruct. Unii teologi sugerează că Dumnezeu le-a poruncit bărbatului și femeii să nu mănânce din acel fruct anume pentru că nu voia ca ei să cunoască răul, ci numai binele. Alții sugerează că nu îi considera pregătiți, sau îndeajuns de maturi în Dumnezeu, ca să poată mânui cunoașterea binelui și răului. Iar alții spun că a fost pur și simplu un test al ascultării lor față de Creator. Toate aceste argumente pot fi valabile.

Când Adam și Eva au mâncat din fructul oprit au făcut un lucru radical și nefiresc pentru ei: au permis simțurilor lor fizice (trupul) și gândirii și emoțiilor raționale (sufletul) să le dirijeze faptele în locul inimii (*nous*) care se afla în comuniune cu Dumnezeu. Drept urmare, s-au desprins din comuniunea cu Dumnezeu din inimile lor.

A fost nefiresc pentru bărbat și femeie să iasă din comuniunea cu Creatorul lor, să se îndepărteze de singurul principiu al vieții lor – și anume, de Dumnezeu și de procesul fundamental al îndumnezeirii lor (devenirea prin har asemenea lui Dumnezeu Însuși). A fost nefiresc în același fel în care este nefiresc pentru duhul nostru să se separe de trup în clipa morții. Reprezintă un păcat să renunțăm la îndrumarea pe care Duhul Sfânt i-o oferă duhului nostru, care este lăcașul inimii, și să urmăm în schimb voința gândurilor, emoțiilor, dorințelor, a simțurilor trupești și a satisfacției de sine, ceea ce Sfântul Apostol Pavel numește „omul trupesc" (v. Rom. 7, 14).

Înveșmântați în harul lui Dumnezeu

Scriptura spune apoi că, după căderea în păcat, lui Adam și Evei li s-au deschis ochii și au cunoscut că erau goi; așadar, de rușine, au cusut frunze de smochin ca să își facă acoperăminte. Ne putem poticni cu ușurință la acest verset. Cum puteau Adam și Eva să nu fie conștienți de goliciunea lor înainte să mănânce din fructul oprit? Sufereau de o orbire care îi împiedica să vadă că erau goi sau că existau anumite diferențe fizice între ei? Poate că era din cauză că nu știuseră nimic despre rușine înainte de cădere. Își consideraseră trupurile lipsite de veșminte drept normale, dar odată ce au păcătuit s-au văzut unul pe altul cu ochii simțurilor lor trupești deformate, separat de iubirea neprihănită pe care și-o purtau unul celuilalt. Puteau interpreta privirile celuilalt drept priviri de poftă trupească și nu de iubire neprihănită, ceea ce i-a motivat să acopere centrul acelor pofte. Toate acestea sunt explicații plauzibile.

Și dacă, pe de altă parte, nu ar fi fost cu adevărat goi înainte de cădere, ci înveșmântați, de fapt? Întrebarea ar fi atunci: înveșmântați cu ce? Firește că nu cu piei de animal sau cu pânză sau cu frunze de smochin. Sfântul Efrem Sirul credea că, înainte de cădere, Adam și Eva erau înveșmântați în straie de nemurire, în slava și harul pline de strălucire ale lui Dumnezeu Însuși, asemănătoare slavei care L-a înconjurat pe Iisus când S-a schimbat la față pe Muntele Tabor înaintea apostolilor Săi Petru, Iacov și Ioan.

Când Iisus S-a schimbat la față înaintea apostolilor Săi, *a strălucit fața Lui ca soarele, iar veșmintele Lui s-au făcut albe ca lumina* (Mt. 17, 2). Amintiți-vă: vestea cea bună a Evangheliei este că Dumnezeu S-a făcut om pentru ca oamenii să poată deveni asemenea lui Dumnezeu prin harul Său, ajungând astfel capabili să stea și să vorbească înaintea unui Dumnezeu sfânt ca fii ai Lui. Scopul acestei energii îndumnezeitoare (harul) este de a ne ajuta să devenim ceea ce a fost ascuns, chipul desăvârșit al lui Dumnezeu în natura umană.

Cuvintele din limbile greacă și ebraică pentru *har* sunt traduse în general cu înțelesul de „protecție și bunătate divină". Unii creștini definesc *harul* drept „protecția nemeritată a lui Dumnezeu". Sfinţii Părinţi ai Bisericii tindeau să vadă această protecţie drept *energiile îndumnezeitoare necreate* ale lui Dumnezeu, oferite nouă prin Sfântul Duh, care ne dăruiesc nemurirea şi puterea de a ne schimba după asemănarea Lui. Această energie este necreată pentru că Dumnezeu este necreat.

Această energie îndumnezeitoare necreată poate fi explicată printr-o analogie cu soarele. Deşi această analogie are limitele ei, poate fi oarecum de ajutor în a explica harul lui Dumnezeu. Nimeni nu poate rămâne în viaţă după ce a resimţit întreaga esenţă sau natură a soarelui; s-ar vaporiza pe loc, chiar înainte de a pătrunde în nucleul soarelui. Cu toate că nu putem de fapt să pătrundem în nucleul soarelui şi să supravieţuim, putem să resimţim şi chiar să ne scăldăm în razele soarelui, în energiile acestuia. Energiile soarelui dau viaţă pământului. Fără ele, pământul ar fi o rocă rece şi moartă. De asemenea, deşi nu putem avea experienţa directă a esenţei lui Dumnezeu şi să trăim, energiile Lui ne dau viaţă.

O altă analogie este cea a meşterului fierar care căleşte metalul de rând aşezându-l în focul încins. Metalul nu devine foc, dar străluceşte incandescent sub acţiunea focului. Putem spune că energia focului se transferă metalului. Fierarul poate acum să-şi făurească metalul într-o sabie de bună calitate. La fel şi energia lui Dumnezeu, harul Lui, ne transformă după asemănarea lui Dumnezeu, strălucind de slavă incandescentă.

Harul lui Dumnezeu este o energie a refacerii şi a desăvârşirii. Nu putem deveni Dumnezeu în esenţă sau în natură, după cum nu putem deveni soare, dar putem să resimțim și să ne împărtășim din energiile îndumnezeitoare necreate ale lui Dumnezeu ca raze ce pornesc din esența Lui. Aceste energii ajung la noi prin ceea ce numim *harul* lui Dumnezeu. Este important să ne amintim că aceste energii ale harului nu reprezintă doar o forță mistică din univers. Mai degrabă, Dumnezeu este prezent personal în energiile Sale, dând viață celor care Îl primesc.

Sfântul Apostol Pavel scrie către Corinteni:

> „Aceasta însă zic, fraţilor: Carnea şi sângele nu pot să moştenească împărăţia lui Dumnezeu, nici stricăciunea nu moşteneşte nestricăciunea. Iată, taină vă spun vouă: Nu toţi vom muri, dar toţi ne vom schimba, deodată, într-o clipeală de ochi la trâmbiţa cea de apoi. Căci trâmbiţa va suna şi morţii vor învia nestricăcioşi, iar noi ne vom schimba. Căci trebuie ca acest trup stricăcios să se îmbrace în nestricăciune şi acest (trup) muritor să se îmbrace în nemurire. Iar când acest (trup) stricăcios se va îmbrăca în nestricăciune şi acest (trup) muritor se va îmbrăca în nemurire, atunci va fi cuvântul care este scris: «Moartea a fost înghiţită de biruinţă. Unde îţi este, moarte, biruinţa ta? Unde îţi este, moarte, boldul tău?»" (I Cor. 15, 50-55).

Adam și Eva au fost, într-adevăr, înveșmântați în nemurirea lui Dumnezeu înainte de cădere. Manifestarea acestei nemuriri era lumina cea strălucitoare a slavei lui Dumnezeu. Păcatul a fost cel care le-a adus pieirea și moartea.

Vestea cea bună este că, prin Hristos, putem încă o dată să ne înveşmântăm în slava lui Dumnezeu, de-a pururi. De la căderea din grădina Raiului şi până la prima venire a lui Iisus Hristos, acest lucru nu a fost posibil – dar acum, cu Hristos, este posibil. Iisus este calea spre har.

Creştinismul primar era numit „Calea" deoarece ucenicii Săi Îl vedeau pe Iisus drept singura cale către harul şi mila lui Dumnezeu. Mesajul Evangheliei este mesajul restaurării omenirii sau a naturii umane înaintea lui Dumnezeu. Sfântul Efrem Sirul scrie:

> „Dumnezeu l-a făcut pe Adam cu sfintele Sale mâini, după chipul şi asemănarea Sa, iar când îngerii au văzut înfăţişarea plină de slavă a lui Adam au fost adânc cutremuraţi de frumuseţea acesteia. Căci au văzut înfăţişarea chipului său arzând cu strălucire plină de slavă asemenea soarelui, iar lumina din ochii lui era ca lumina soarelui, iar înfăţişarea trupului său, ca scânteierea cristalului."

Ce descriere minunată a strălucirii lui Adam de dinaintea căderii! Dacă aceasta nu descrie cât de valoros este omul pentru Dumnezeu, atunci ce altceva ar putea să o descrie? Dumnezeu reprezintă sursa valorii noastre personale.

Dumnezeu a spus: „Cel ce biruieşte va fi astfel îmbrăcat în veşminte albe şi nu voi şterge deloc numele lui din cartea vieţii" (v. Apoc. 3, 5). Aici Dumnezeu demonstrează cât de valoroşi suntem pentru El, dându-ne acest veşmânt de slavă, mai presus de orice alt strai pe care ni l-am putea face prin propriile noastre eforturi rudimentare. Ne amintim cum chipul lui Moise strălucea asemenea soarelui atunci când a coborât de pe Muntele Sinai cu cele zece porunci în mâini sau ori de câte ori se afla în prezența lui Dumnezeu. Chipul lui Moise strălucea atât de puternic, încât a fost nevoit să și-l acopere cu un văl pentru oamenii care priveau către el (v. Ieș. 34, 29-35).

Vă puteți închipui cum ar fi dacă toți creștinii de pretutindeni ar arăta aceeași slavă înaintea lumii, strălucind la fel de puternic ca lumina soarelui, cu trupurile, inimile și mințile noastre radiind de harul lui Dumnezeu? Oare nu ne-a chemat Iisus să devenim „fii ai Luminii" (In 12, 36)? Vestea cea bună a Evangheliei este că Iisus Se oferă să ne îmbrace din nou cu acest veșmânt al slavei și al măreției. Aceasta este valoarea pe care Dumnezeu i-o dă omenirii. Aceasta este valoarea pe care El ți-o dă ție.

Aceasta este ceea ce Adam și Eva au pierdut după cădere prin îndoiala lor, prin dorința păcătoasă și prin nesupunerea față de porunca lui Dumnezeu. Sfântul Efrem Sirul, într-unul dintre imnurile sale, cântă despre mântuirea noastră și despre lucrarea lui Dumnezeu în noi:

> „Toate aceste prefaceri le-a făcut Cel Milostiv, dezbrăcându-Se de slavă și îmbrăcând trup; căci El a născocit o cale să-l îmbrace pe Adam în slava pe care Adam o dezbrăcase. Hristos a fost înfășurat în scutece, în frunzele lui Adam, S-a îmbrăcat cu haine în locul pielii lui Adam; S-a botezat pentru păcatul lui Adam, a fost uns cu mi-

ruri pentru moartea lui Adam, a înviat și S-a înălțat și l-a înălțat și pe Adam în slava Sa. Binecuvântat Cel Ce S-a pogorât, S-a îmbrăcat în Adam și S-a înălțat!"[1]

Aici, acest sfânt preaiubit vorbește despre felul în care Adam, înțelegând prin aceasta atât bărbatul, cât și femeia, au fost dezbrăcați de veșmintele lor de slavă din cauza păcatului lor. Așa cum Mitropolitul Ierotheos îl citează pe Sfântul Theolept, după ce Adam și Eva au căzut din pricina nesupunerii față de porunca lui Dumnezeu, au fost dezbrăcați de „veșmintele luminoase și vii ale strălucirii cerești". Hristos, pe de altă parte, Și-a dezbrăcat de bunăvoie propriul Său veșmânt de slavă, supunându-Se Tatălui și făcându-Se om pentru noi, pentru ca El să Se poată înălța cu slavă ca un nou Adam, înveșmântat din nou, slăvit în Ceruri după Înviere, înapoindu-i naturii omenești locul ce i se cuvine în creație. El a adus omenirea în comuniune cu Dumnezeirea, cu Sfânta Treime.

Întruparea lui Hristos, spune Sfântul Efrem, a fost calea prin care Dumnezeu S-a gândit să-l „reîmbrace" pe om: cu alte cuvinte, toată omenirea va veni la El în credință, nu în îndoială; cu dorință sfântă, nu cu dorința păcătoasă a trupului; și în supunere, nu în nesupunere. Înapoindu-i lui Adam relația de drept cu Creatorul lui, Dumnezeu a găsit calea de a restaura întreaga omenire – fiii și fiicele lui Adam și ai Evei – pe noi! Avem acum parte de această restaurare prin pocăința smerită întru Iisus Hristos și prin *kenoză* – o golire de sine înaintea

[1] *De Nativitate,* CSCO, 186-187.

lui Dumnezeu, lepădându-ne de mândrie și lăsând să moară eul nostru fals, care a fost construit din gândurile noastre întunecate, din emoțiile noastre dezechilibrate și din dorințele noastre materiale și trupești.

Dacă ați văzut vreodată icoana Învierii într-o biserică, L-ați văzut pe Iisus sfărâmând porțile iadului (moartea), înveșmântat în slavă strălucitoare, mai luminoasă decât soarele. Icoanele Învierii prezintă mici variații de la o regiune la alta. În cele mai multe versiuni, persoanele din stânga sunt Regele Saul și Regele David și poate unii dintre drepții proroci ai Vechiului Testament sau Moise, în timp ce în dreapta se află Sfântul Ioan Botezătorul și alți sfinți din Noul Testament. Uneori, atât cei din dreapta, cât și cei din stânga au aureole, reprezentate prin cercuri de lumină în jurul capetelor, iar uneori doar sfinții din Vechiul Testament au aureole. Aureolele reprezintă harul lui Dumnezeu și slava strălucitoare a nemuririi și a sfințeniei.

Și totuși, în cele mai multe dintre stilurile icoanelor Învierii, Adam și Eva nu au aureole. De ce? Pentru că, după cădere, au pierdut veșmântul lui Dumnezeu sau acoperământul de slavă strălucitoare – cu alte cuvinte, și-au pierdut aureolele. Mesajul icoanei este că Al Doilea Adam îi înapoiază primului Adam locul lui de drept în Împărăția lui Dumnezeu. Înfăptuind aceasta, Iisus a deschis calea pentru întreaga omenire să intre din nou în Împărăția lui Dumnezeu și să fie *reîmbrăcată* în slava Lui strălucitoare a nemuririi.

Atunci când un ucenic l-a întrebat pe Sfântul Serafim de Sarov din Rusia, în 1831, despre viața întru Sfântul Duh, Sfântul Serafim a spus: „Prietene, noi amândoi, în această clipă, ne aflăm în Duhul Sfânt, tu și cu mine. De ce nu vrei să te uiți la mine?"

Atunci tânărul a răspuns: „Nu pot să mă uit la tine, părinte, căci lumina care strălucește din ochii și din chipul tău e mai puternică decât soarele și sunt orbit!"

Sfântul Serafim a răspuns: „Nu te teme, prieten al lui Dumnezeu, tu însuți strălucești la fel ca mine; și tu te afli acum în deplinătatea harului Sfântului Duh; altfel, nu ai fi putut să mă vezi în acest fel." Sfântul Serafim spune că numai cei plini de Duh Sfânt pot vedea acest veșmânt al slavei lui Dumnezeu redat omenirii.

Aceasta înseamnă să fii înveșmântat în slava lui Dumnezeu. Așa erau înveșmântați Adam și Eva înainte să păcătuiască și să cadă din comuniunea și unirea cu Creatorul lor. După cădere, cunoașterea lor intuitivă, sentimentul interior al valorii personale înaintea lui Dumnezeu a fost deformat și compromis. Atunci când Adam și Eva au păcătuit și au rupt comuniunea duhovnicească dintre ei și Dumnezeu, slava i-a părăsit și în acest sens au devenit cu adevărat goi, nemaifiind îmbrăcați în harul și în nemurirea lui Dumnezeu. Și-au văzut goliciunea; cu alte cuvinte, s-au văzut pe ei înșiși fără acoperământul pe care Dumnezeu li l-a dat înainte de cădere. Din cauza pierderii acestui veșmânt s-au rușinat.

Pierderea veșmintelor de slavă le-a spus că ceva era foarte rău. Cuvântul *rușine* implică înțelesul de a fi descoperiți sau dați în vileag. Goliciunea lor le dădea acum păcatul în vileag, căci numai păcatul le putea rupe comuniunea cu Dumnezeu. Drept consecință, au devenit rușinați și umiliți unul față de celălalt și față de Dumnezeu și înaintea întregii creații. Nu se rușinau că trupurile lor se deosebeau ca bărbat și femeie, cât se rușinau de pierderea veșmântului minunat al slavei strălucitoare pe care îl primiseră de la Dumnezeu.

Rușinea și teama

Am întrebat mai devreme în ce fel căderea i-a afectat pe Adam și Eva din punct de vedere psihologic. I-a afectat din punct de vedere fizic: au devenit muritori și aveau să resimtă stricăciunea și mai apoi moartea. I-a afectat din punct de vedere duhovnicesc: inima lor s-a întunecat, petalele inimii lor s-au închis atunci când au renunțat la comuniunea lor cu Creatorul. Dar cum i-a afectat căderea din punct de vedere psihologic, în gândurile și în emoțiile lor, când și-au tăiat comuniunea cu Dumnezeu și și-au pierdut veșmintele strălucitoare de slavă?

Biblia spune că, după ce au păcătuit, Adam și Eva s-au rușinat și au încercat să se acopere cu frunze de smochin ca să-și ascundă nou-aflata goliciune (v. Fac. 3, 7). Erau atât de rușinați că, în teama lor, au încercat chiar să se ascundă de Dumnezeu – ca și cum cineva ar putea vreodată să se ascundă de Dumnezeu (v. Fac. 3, 10). Trăirea rușinii făcea parte din consecința psihologică a păcatului lor. Adam și Eva au resimțit pentru prima oară emoția pe care o numim *rușine,* și, ca răspuns la această emoție, s-au ascuns din *teamă.* Terapeuții au știut de mulți ani că rușinea și frica sunt niște emoții puternice și epuizante care pot urmări o persoană de-a lungul întregii vieți și pot chiar fi lăsate moștenire de la o generație la alta, în cadrul aceleiași familii.

Rușinea are o latură productivă și o latură distructivă. Latura folositoare a rușinii constă în faptul că ne avertizează când ceva este cu adevărat rău. Atunci când Adam și Eva au văzut că erau goi, căci își pierduseră veșmintele de slavă, au știut că ceva este rău, ceva ce trebuia îndreptat. Atunci când conștientizăm cât de departe ne aflăm de locul în care Dumnezeu Își dorește să fim, ne simțim rușinați. Păcatul nostru, noroiul nostru spiritual, întunericul nostru duhovnicesc, deformarea noastră mentală ne aduc rușine. Putem chiar să simțim ceea ce unii au numit o ură de sine și o silă sfântă față de păcatele noastre, ceva ce vom discuta mai târziu.

Cu cât ne apropiem de cunoașterea lui Dumnezeu cel Sfânt, așa cum El ni Se arată nouă, cu atât devenim mai conștienți de eul nostru păcătos sau eul nostru fals, care este plin de stricăciune și de boli duhovnicești. Ne rușinăm într-atât încât, la fel ca Adam și Eva, vrem să ne ascundem de Dumnezeu starea cea lamentabilă. Această rușine bună este menită să ne conducă spre pocăință. Ne motivează să Îl căutăm pe Dumnezeu din toată inima și cu mai multă râvnă. Atunci primim iertarea păcatelor și harul refacerii. Iisus Hristos așteaptă să ne primească în Împărăția Tatălui Său, transformându-ne rușinea în cunoașterea iubirii lui Dumnezeu pentru noi. A ne îmbrăca în Hristos înseamnă să devenim asemenea lui Hristos, ceea ce poate fi îndeplinit numai atunci când ne supunem și ne abandonăm viața lui Hristos, în ascultarea deplină a minunatei Lui voințe față de noi. Apoi Îl primim pe Sfântul Duh, Care ne dă puterea de a deveni asemenea lui Hristos.

Rușinea distructivă este rușinea care ne ține despărțiți și ascunși de Dumnezeu și de dragostea Lui pentru noi. De asemenea, ne întreține neliniștea că vom fi văzuți de către ceilalți așa cum suntem de fapt: învinețiți, neplăcuți duhovnicește, nedrepți și cu toate celelalte lucruri care nu se regăsesc în sfințenia lui Dumnezeu. Nu vrem să fim văzuți așa cum suntem de fapt; trăim într-o teamă continuă de a nu fi dați în vileag și astfel făcuți de rușine. Rușinea și teama pot să ducă până la depresie. Acest fel de teamă ne ține departe de bunătatea lui Dumnezeu. Ceea ce Adam și Eva, primii noștri părinți, au simțit, reprezintă ceea ce noi, copiii lor, simțim și îndurăm la rândul nostru. Ne ascundem și ne izolăm de lume, de Dumnezeu și poate de toți cei din jur.

Astfel ne dezvoltăm eul fals sau ceea ce poate fi numit eul de fațadă, pentru că pe acesta îl arătăm celorlalți. În tot acest timp, eul nostru adevărat, făcut după chipul și asemănarea lui Dumnezeu, rămâne adânc îngropat înăuntrul nostru. Eul nostru fals reprezintă masca pe care o purtăm. Ne temem de ceea ce Adam și Eva s-au temut atunci când au căzut din Rai; ne temem să nu ne fie dat în vileag păcatul. Adam și Eva se temeau să nu fi pierdut iubirea Creatorului lor și să nu fie în cele din urmă respinși de către El, rămânând singuri pe lume. Nu este oare singurătatea una dintre cele mai mari temeri pe care le avem, pe lângă moarte? Am putea spune că singurătatea este un fel de moarte.

Adam și Eva au fost alungați din grădina Raiului, dar nu pentru motivul pe care l-ar fi crezut ei. Dumnezeu i-a alungat pentru că nu voia ca ei să guste din pomul vieții în starea în care se aflau și astfel să rămână veșnic în neorânduiala lor. Dumnezeu avea un plan de restaurare prin nașterea, moartea, înmormântarea, învierea și înălțarea lui Iisus Hristos, Fiul lui Dumnezeu – restaurare pe care El avea să o ofere apoi întregii omeniri.

Hristos a venit să ne mântuiască din blestemul morții. Aceia din lume care nu au o relație personală cu Iisus Hristos și cărora le lipsesc, în consecință, descoperirea și cunoașterea iubirii Lui vor resimți deseori o teamă mai intensă de a nu pierde iubirea celorlalți – a soțului sau a soției, a copiilor, a prietenilor și a membrilor familiei. Să ai o relație personală profundă cu Dumnezeu înseamnă că Dumnezeu este Tatăl, iar noi suntem copiii Lui. Putem astfel să avem cu El o relație reală și dinamică. Datorită lui Iisus, Care este în același timp Dumnezeu adevărat și Om adevărat, putem avea o relație tangibilă cu Dumnezeu prin întâlnirea noastră cu Fiul Lui, mai ales atunci când ne împărtășim din Trupul și Sângele Lui prin cuminecătura euharistică.

Dumnezeu nu este doar un simplu concept filosofic sau o forță impersonală în univers, așa cum vedem în filmul științifico-fantastic *Războiul Stelelor.* Dumnezeu este o Persoană Care Se împarte pe Sine Însuși cu noi, în mod personal. Cu cât comunicăm cu Dumnezeu prin rugăciune, cu atât inimile noastre încep să înflorească și cu atât devenim persoane adevărate, pe deplin umane, așa cum Dumnezeu plănuise să fim. Prin urmare, creștinii trec printr-un proces continuu de devenire a ceea ce sunt cu adevărat în Iisus Hristos, prin harul Lui.

În următorul capitol vom vedea cum emoțiile rușinii și fricii sunt de fapt doar niște simptome ale unei probleme mai profunde.

CAPITOLUL AL TREILEA

Păcatul nostru originar

Îndoiala personală

Păcatul a intrat în lume atunci când Adam și Eva și-au întrerupt comuniunea cu Dumnezeu și au pornit pe o cale opusă naturii lor inițiale, eului lor adevărat (v. Rom. 5, 12). Știm că acest lucru este adevărat, dar a mai apărut oare și altceva în lume odată cu căderea? A mai apărut și altceva în starea *psihologică* a lui Adam și a Evei?

Înainte de căderea în păcat, Adam și Eva au cunoscut o comuniune minunată cu Creatorul lor. Citind primele două capitole ale Facerii, vedem că Adam și Eva se plimbau prin grădina Raiului împreună cu Dumnezeu și vorbeau cu El și El cu ei. Auzeau limpede ceea ce Dumnezeu le spunea. Câți dintre noi am avut parte de o asemenea comunicare clară cu Dumnezeu? Știau, de asemenea, și puteau vedea limpede că se aflau la nivelul cel mai înalt al creației lui Dumnezeu. Primiseră stăpânire asupra a tot ce se afla pe pământ (v. Fac. 1, 26). Până și universul fusese făcut pentru ei. Știau că erau capodopera supremă și lucrarea de căpătâi a lui Dumnezeu. Nu se îndoiau nici o clipă că aveau o mare valoare înaintea Creatorului lor.

Și totuși, ceva a fost strecurat în mințile lor de către șarpe, ceva ce a schimbat toate acestea. Diavolul le-a semănat în minte îndoiala față de iubirea lui Dumnezeu pentru ei. Diavolul a împins-o pe Eva să se îndoiască de faptul că Dumnezeu îi iubea cu desăvârșire pe ea și pe Adam. Dumnezeu le-a spus că aveau să moară dacă mâncau din rodul pomului cunoștinței binelui și răului. Diavolul a contrazis acest adevăr spunându-i Evei o minciună: *Nu, nu veți muri* (Fac. 3, 4). Aici, Satana a convins-o pe Eva să se îndoiască dacă Dumnezeu fusese complet sincer față de ei.

Apoi diavolul, luând forma unui șarpe, a ispitit-o pe Eva spunându-i: *Dar Dumnezeu știe că în ziua în care veți mânca din el vi se vor deschide ochii și veți fi ca Dumnezeu, cunoscând binele și răul* (Fac. 3, 5). Diavolul a mințit din nou, ceea ce nu este surprinzător, căci el este, după cum ne avertizează Hristos, „tatăl minciunii" (v. In 8, 44). Adevărul era că planul lui Dumnezeu, scopul și dorința Lui pentru întreaga veșnicie era ca bărbatul și femeia să devină asemenea Lui, prin harul Său. Diavolul a semănat îndoiala în mintea Evei, ceea ce a făcut-o să se întrebe dacă ea și Adam erau cu adevărat iubiți și apreciați de către Creator după cum crezuseră la început. Poate că Dumnezeu le ascundea ceva (v. Mt. 14, 31; 28, 17).

Am putea să ne întrebăm: „Dacă Adam și Eva erau cu adevărat iubiți și apreciați de către Dumnezeu, cu siguranță că El nu le-ar ascunde nici un adevăr, nu-i așa?" În loc să se încreadă în iubirea desăvârșită a Creatorului pentru ei, au început să se îndoiască de iubirea Lui. Eva a fost apoi ispitită să nu țină seama de cuvintele lui Dumnezeu pentru ea și Adam și să vadă că fructul oprit era bun de mâncat și plăcut la vedere. Totodată, acesta i-ar îndeplini dorința de a obține știința lui Dumnezeu (v. Fac. 3, 6). Toate acestea au vorbit simțurilor ei trupești, gândirii raționale, emoțiilor și dorințelor, dar nu și inimii care se afla în comuniune cu Dumnezeu.

Ipostazele eului omenesc

Putem începe discuția referitoare la ipostazele eului omenesc spunând că omul este o ființă vie. Dumnezeu a suflat viață în țărâna pe care o modelase și omul s-a făcut ființă vie. Ființele umane posedă facultăți unice aflate în trup, în suflet și în duh. De exemplu, înăuntrul sufletului se află facultăți cum ar fi gândirea rațională, emoțiile și dorințele.

Duhul sau *nous*-ul omului este considerat drept cea mai înaltă facultate. Mitropolitul Hierotheos scrie: „*Nous*-ul este numit și esența sufletului sau inima." *Nous*-ul a mai fost numit și ochiul sufletului. Este facultatea cu ajutorul căreia Îl cunoaștem pe Dumnezeu prin rugăciune. Această facultate poate avea acces la cunoașterea directă, intuitivă a Creatorului, dincolo de toate gândurile raționale, emoțiile, dorințele sau simpla înțelegere intelectuală.

Cuvântul din limba greacă *nous* poate fi derutant deoarece a fost tradus în mod variat drept *minte, intelect, inimă* sau *duh*. De exemplu, ceea ce Sfântul Apostol Pavel numește *nous* Sfinții Părinți au numit *intelect*, iar ceea ce Sfinții Părinți au numit *nous* Sfântul Apostol Pavel a numit *duh* sau *inimă* (v. I Cor. 14, 15). Așadar, cuvântul *nous* poate indica intelectul sau mintea. De asemenea, poate indica inima sau duhul, care se îmbracă în mintea lui Hristos. Am putea descrie eul omenesc spunând că sufletul se află în unire cu trupul, iar duhul se află în unire cu sufletul. În acest fel putem spune că *nous*-ul se află înăuntrul sufletului omului și totuși rămâne în continuare asociat cu duhul sau inima omului. Îl cunoaștem pe Dumnezeu într-un anume fel cu mintea și într-alt fel cu duhul.

Să nu uităm că vorbim despre lucruri care reprezintă o taină pentru înțelegerea noastră și nu trebuie să fie ridicate la rangul vreunei dogme. Ar trebui să le vedem doar ca pe un model care ne susține discuția despre atributele sau facultățile unice ale trupului, ale sufletului și ale duhului. Sfântul Apostol Pavel le scria tesalonicenilor: *Însuși Dumnezeul păcii să vă sfințească pe voi desăvârșit, și întreg duhul vostru, și sufletul, și trupul să se păzească fără de prihană întru venirea Domnului nostru Iisus Hristos* (I Tes. 5, 23).

EUL OMENESC

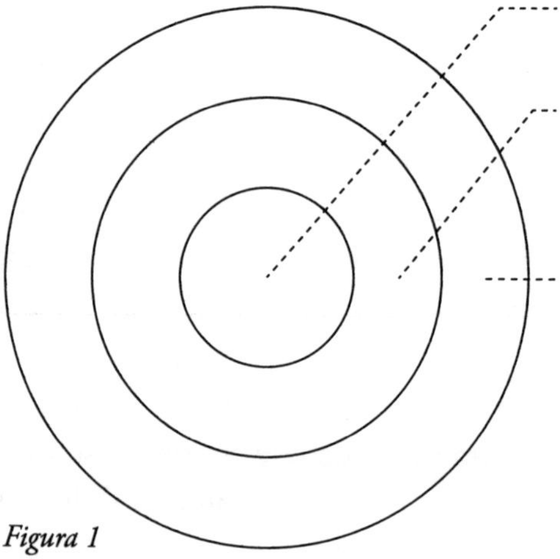

Figura 1

Privind alcătuirea omului ca trup, suflet și duh, mai degrabă decât doar ca trup și suflet, putem distinge subtilități importante în persoana umană. Pe scurt, putem vorbi despre trup ca locașul celor cinci simțuri ale omului, al nevoilor trupești și al comportamentului; despre suflet *(psyche)* drept locaș al gândurilor raționale ale omului, al emoțiilor și al dorințelor; iar despre duh, locaș al inimii *(nous)*.

Nous-ul este uneori descris ca ochiul inimii. Una dintre funcțiile acestuia este să protejeze inima de gândurile și închipuirile rele. La fel cum am închide ochii ca să nu vedem răul, *nous*-ul protejează inima de vederea răului și de cultivarea răului în lăuntrul ei. *Nous*-ul este menit să permită numai luminii harului și milei lui Dumnezeu să pătrundă în inima noastră.

Cu această înțelegere a persoanei umane putem să ne întoarcem și să vedem că Eva, în loc să păstreze unirea inimii ei cu Dumnezeu, a permis sufletului – gândurilor raționale, emoțiilor și dorințelor – să influențeze hotărârile ei trupești, împingând-o să mănânce din rodul pomului cunoștinței binelui și răului ca să poată deveni „înțeleaptă" și „asemenea lui Dumnezeu". S-a lăsat condusă de facultățile sufletului și nu de cele ale duhului, deși duhul ei se aflase în unire cu Dumnezeu. Eva își dorea să se simtă deosebită sau luminată, să câștige o anume înțelepciune deosebită, să se separe de Dumnezeu sau poate să se simtă mai luminată individual decât înainte.

Ajunși aici, trebuie să vă avertizez: mulți dintre noi ne dorim să fim înțelepți și să fim văzuți de către ceilalți drept înțelepți. Am observat de-a lungul anilor că unele dintre centrele de meditație au anunțat cursuri având titluri asemănătoare cu acestea: „Înțelepciunea interioară", „Înțelepciunea secretă", „Înțelepciunea maeștrilor", „Înțelepciunea feminină" sau „Înțelepciunea gnostică". Trebuie să ne întrebăm dacă aceste centre și cursuri vorbesc cu adevărat despre înțelepciunea care vine de la Dumnezeu-Tatăl, sau despre o „înțelepciune" care provine dintr-o sursă trupească, pământească sau din mândrie. Șarpele este la fel de viclean în ziua de astăzi cum a fost în vremurile lui Adam și ale Evei. Avem nevoie de înțelepciunea lui Dumnezeu în noi, și nu de un înlocuitor lumesc.

Comparați înțelepciunea Evei cu cea a Reginei din Saba. Eva își dorea o înțelepciune separată de Dumnezeu, la fel și Adam. Dar Regina din Saba l-a căutat pe regele Solomon deoarece auzise că Dumnezeu îi dăruise o mare înțelepciune și a descoperit că era adevărat (v. I Reg. 10, 6). Nu faceți aceeași greșeală ca Adam și Eva, căutând înțelepciunea într-un fel separat de Dumnezeu!

Inima Evei, în unire cu Creatorul ei, îi spunea despre iubirea lui Dumnezeu pentru ea și Adam. Dar, în loc să mențină acea unire, Eva le-a permis facultăților gândurilor ei raționale, emoțiilor și dorințelor să o ispitească să guste din fructul oprit. De fapt, a început să se îndoiască de adevărata iubire a lui Dumnezeu pentru ea. Prin urmare, putem spune că primul păcat apărut în lume a fost păcatul îndoielii față de iubirea deplină, desăvârșită și veșnică a lui Dumnezeu pentru bărbat și femeie, o îndoială care a împins-o pe Eva să comită păcatul neascultării.

Cu alte cuvinte, Adam și Eva nu au avut încredere deplină în iubirea și în grija lui Dumnezeu pentru ei în măsura în care ar fi trebuit, și îndoiala le-a pătruns astfel în minte. Împreună cu îndoiala a venit păcatul mândriei, dorința de a deveni asemenea lui Dumnezeu, separat de planul lui Dumnezeu pentru ei. Poate că Adam și Eva au vrut doar un drum mai scurt către a deveni asemenea lui Dumnezeu în loc să-L slujească răbdători pe Domnul pentru ca maturitatea lor să se dezvolte în relație cu El.

Poate că întrebarea pe care și-au pus-o amândoi după ce au mâncat fructul oprit a fost dacă Dumnezeu îi va mai iubi și îi va mai prețui la fel ca înainte. Oare El va rămâne iremediabil dezamăgit și nemulțumit din cauza neascultării lor? Îndoiala știe cum să dea naștere la și mai multă îndoială în mintea noastră. Separarea de Dumnezeu dă naștere în lăuntrul nostru la îndoiala despre adevărata natură a iubirii lui Dumnezeu pentru noi.

Consecințele îndoielii

În același fel în care căderea i-a vătămat pe Adam și pe Eva din punct de vedere psihologic prin îndoială, iar apoi a dat naștere înăuntrul lor la emoțiile rușinii și fricii, a vătămat din punct de vedere psihologic fiecare generație de atunci încolo, până la a noastră. Încă de la căderea lui Adam și a Evei, ființele umane au purtat în lăuntrul lor această îndoială referitoare la propriul simț al valorii personale. Problema este că oamenii au încercat, în cea mai mare parte, să-și recâștige simțul valorii personale numai în locuri greșite și în feluri greșite.

De-a lungul istoriei, unii oameni și-au dorit să devină regi și regine și să construiască fortărețe impunătoare ca să se poată simți importanți și prețuiți. Își doreau să poarte veșminte elegante, să stea pe tronuri mărețe și să comande armate numeroase ca să se simtă importanți. Își foloseau întreaga energie ca să acumuleze averi prin care să se simtă valoroși.

Astăzi, o persoană tânără și-ar putea dori să fie împreună cu băiatul sau cu fata care se bucură de cea mai mare popularitate în campusul universitar. Folosim produse cosmetice, bijuterii și haine elegante ca să ne simțim importanți sau cel puțin „acceptabili". Reclamele sugerează că faci o femeie să se simtă prețuită oferindu-i diamante. Industria bijuteriilor, a vestimentației și a produselor cosmetice speculează această nevoie de a te simți valoros și important, câștigând de pe urma ei miliarde de dolari în fiecare an.

Ca să se simtă importanți, unii oameni se implică în cauze speciale care le consumă viețile. Alții cumpără case și mașini scumpe, se înscriu în cluburi selecte, încearcă să își modeleze sau să își îmbunătățească aspectul exterior sau să locuiască în cartierul potrivit. Menționează numele oamenilor importanți pe care îi cunosc sau enumeră multele lor grade academice. Critică și disprețuiesc sexul opus ca să simtă că propriul lor sex este mai ieșit din comun, mai important și mai valoros decât celălalt. Se înțelege de la sine că am văzut cum anumite rase sau grupări etnice ori socioeconomice au fost disprețuite pentru a-i face pe alții să se simtă mai importanți. Unii oameni bârfesc ca să dea impresia că sunt „la curent" cu toate detaliile piperate din viețile altora. Se pot adăuga cu ușurință multe alte exemple pe lista lucrurilor pe care oamenii le fac ca să se simtă mai valoroși în ochii lor și ai celorlalți.

Toate aceste încercări slabe de a recâștiga sentimentul valorii personale sunt rezultatul îndoielii noastre originare de iubirea desăvârșită a lui Dumnezeu pentru noi. Apoi, după ce cunoaștem confuzia de-a lungul vieții din cauza tuturor acestor încercări de a ne simți apreciați, fără să ne simțim mai bine în cele din urmă, cheltuim mii de dolari pentru terapie ca să ne convingem că suntem valoroși și demni de a fi iubiți sau că am putea deveni în viitor. Unii oameni încearcă în mod constant, prin diferite mijloace, să-i manipuleze pe ceilalți pentru a le spune cât de importanți sunt. Se îmbufnează, se mânie, amenință, intimidează, aruncă și distrug lucruri sau încearcă să-i controleze pe ceilalți în speranța că aceștia le vor arăta înțelegere, apreciere sau dragoste. Lista ar putea să continue la nesfârșit, dar înțelegeți ce vreau să spun.

Când acel sentiment lăuntric al valorii și al importanței nu se menține în timp, mulți încep să-și trateze dezamăgirea și singurătatea cu droguri, alcool, sex, cumpărături, mâncare – orice ar putea să le calmeze, să le amorțească sau să le abată atenția de la durerea lor lăuntrică. Aceasta poate duce la comportamente habituale, care creează dependență, numite *patimi* de către Sfinții Părinți. Unii oameni ajung atât de deprimați sau de mânioși, încât ajung să se sinucidă sau să comită crime. Se dezlănțuie în durerea lor deoarece se simt devalorizați de către ceilalți într-o lume nepăsătoare.

Putem vedea acest sentiment al îndoielii lăuntrice în valoarea personală manifestându-se și în fiii lui Adam și ai Evei, Cain și Abel. În Cartea a patra a Facerii citim cum Cain a fost lucrător de pământ, iar Abel, păstor de oi. Cain I-a adus jertfă lui Dumnezeu din roadele pământului, iar Abel, din mieii turmei sale. Dumnezeu a privit cu bunăvoință la jertfa lui Abel, dar a trecut-o cu vederea pe cea a lui Cain. Scriptura spune că Dumnezeu nu a prețuit jertfa lui Cain. Cuvântul din limba ebraică pentru *prețuire* în acest fragment din Scriptură înseamnă „a căuta spre". Dumnezeu nu a „căutat spre" jertfa lui Cain sau, cu alte cuvinte, nu a luat-o în seamă. Drept răspuns, Cain s-a mâniat cumplit. Apoi Dumnezeu l-a mustrat pe Cain: *Pentru ce te-ai întristat și pentru ce s-a posomorât fața ta? Când faci bine, oare nu-ți este fața senină?* (Fac. 4, 6-7). Aici Dumnezeu îi spune lui Cain că i-ar accepta jertfa dacă ar face bine.

Este important să înțelegem aici că Dumnezeu a trecut cu vederea jertfa lui Cain, dar nu l-a trecut cu vederea și nici nu l-a respins pe Cain însuși. Este adevărat că Dumnezeu nu a prețuit jertfa lui Cain, dar aceasta nu înseamnă că nu l-a prețuit pe Cain. Din nefericire, Cain a luat cuvintele lui Dumnezeu drept ofensă – credea că Dumnezeu l-a respins și pe el laolaltă cu jertfa pe care I-o oferise. La fel ca și Cain, mulți dintre noi ne simțim ofensați în fiecare zi, când de fapt nu ar trebui. Cain nu păstra în adâncul inimii acea dovadă intuitivă că era cu adevărat iubit și prețuit de către Creatorul lui. În schimb, se îndoia de iubirea lui Dumnezeu pentru el și, drept urmare, păcatul aștepta în pragul inimii lui. Atunci când ne îndoim de iubirea veșnică și de prețuirea lui Dumnezeu față de noi, ne aflăm și noi în pragul păcatului.

Atunci când Dumnezeu i-a trecut jertfa cu vederea, Cain ar fi putut vorbi astfel dacă ar fi știut cât de valoros era pentru Dumnezeu: „Atunci, Doamne, ce ai dori să-Ți ofer ca jertfa mea să fie și ea acceptată?" Nu ar fi luat dezaprobarea lui Dumnezeu față de darul lui drept o ofensă personală. Eul lui nu ar fi fost afectat în mod negativ. Inima lui s-ar fi aflat în comuniune cu Creatorul său și deschisă către îndrumarea Lui.

Dar, asemenea numeroaselor generații de oameni care i-au urmat, Cain s-a îndoit de propria valoare înaintea Creatorului său și astfel s-a simțit devalorizat ca persoană de către Dumnezeu. Pentru că s-a simțit devalorizat de către Creatorul lui, s-a simțit judecat cu asprime și pe nedrept de către Dumnezeu. Desigur, felul în care percepea atitudinea lui Dumnezeu față de el nu era corect. Cu toate acestea, deoarece s-a simțit devalorizat ca persoană de către Creatorul său, Cain a devenit extrem de mânios și și-a descărcat mânia asupra fratelui său nevinovat, Abel, ucigându-l. Puteți, probabil, să vă gândiți la un moment în care v-ați simțit devalorizați de către cineva și ați răspuns prin mânie. Devalorizarea unei persoane reprezintă poate cea mai rapidă modalitate de a-l mânia.

Psihologia sentimentului de devalorizare

Fiecare om posedă o dovadă lăuntrică prin care este conștient că este valoros, creat cu demnitate și importanță de către Ziditorul lui, după chipul și asemănarea lui Dumnezeu Însuși. Din nefericire, uneori acea dovadă lăuntrică fragilă a valorii personale cu care ne naștem nu este hrănită sau validată. În schimb, este deseori atacată de mesaje susținând contrariul, de către părinți abuzivi ori nepăsători sau rău tratată de către cei din jurul nostru sau suferă atacurile directe ori indirecte ale diavolului asupra gândurilor noastre. Din clipa în care ne naștem, uneori chiar și atunci când încă ne mai aflăm în pântecele mamei, putem fi devalorizați de către o lume care și-a pierdut sentimentul valorii pe care Dumnezeu ne-o dă tuturor.

Drept rezultat, mergem pe urmele lui Cain și ne dezlănțuim cu mânie asupra copiilor noștri, a soților, a colegilor de lucru, a angajaților, a membrilor familiei, a preoților, a membrilor parohiei sau chiar asupra străinilor. Putem să ajungem la deprimare atunci când suntem devalorizați de către această lume păcătoasă. Protestăm mânioși împotriva nedreptății de a fi devalorizați de către acest mediu deseori imatur, necivilizat și nepăsător. Ne găsim o țintă. Sau ne ascundem înfricoșați de această lume păcătoasă, izolându-ne ca să micșorăm posibilitatea de a fi devalorizați de către ceilalți și astfel de a ne rușina.

Tulburările de personalitate și de dispoziție se produc deseori în persoane care au trecut prin diferite forme de devalorizare de-a lungul maturizării, însoțite de o adevărată lipsă de comunicare cu sursa adevăratei lor valori – și anume, cu Dumnezeu. În psihologie identificăm diferite tipuri de tulburări de personalitate, cum ar fi paranoidă, antisocială, *borderline,* histrionică, narcisistă, evitantă, dependentă, obsesiv-compulsivă și așa mai departe. *Manualul de diagnostic și clasificare statistică a tulburărilor mintale,* pe care psihiatrii, psihologii și terapeuții îl folosesc pentru a stabili diagnosticele, spune că o tulburare de personalitate este „o schemă persistentă de experiență subiectivă și comportament care deviază considerabil" de la normă, „este pervazivă și inflexibilă, debutează în adolescență sau precoce în perioada adultă, este stabilă în timp și provoacă detresă subiectivă sau deteriorare funcțională". Nu este surprinzător că această detresă și deteriorare se manifestă deseori în problemele de relație.

Cu toate că există diferite teorii referitoare la modurile în care se dezvoltă tulburările de personalitate, numeroși specialiști consideră că provin dintr-o anumită formă de devalorizare, incluzând lipsa unei educații empatice sănătoase în copilărie. Diferențele referitoare la gravitatea acestei devalorizări și a lipsei de educație empatică pot duce la apariția variatelor niveluri ale tulburării de personalitate.

Educația empatică reprezintă actul de a deveni prezent în lumea interioară a celeilalte persoane, văzând lucrurile prin ochii acesteia, simțind ceea ce simte aceasta și comunicându-i cu blândețe această înțelegere. De exemplu, un părinte i-ar putea spune unui copil: „Cred că înțeleg de ce te simți mânios și trist acum, pentru că..." Acest lucru nu înseamnă că aprobi sau dezaprobi în mod automat percepția interioară a celeilalte persoane față de lume, dar că, prin repetarea corectă a ceea ce crezi că a spus cealaltă persoană, poți cel puțin să obții o anumită înțelegere a motivului pentru care aceasta se simte într-un anumit fel, din punctul ei de vedere.

Devalorizarea ușoară până la moderată, care poate apărea sub forma ignorării sau a înjosirii unui copil prin lipsa de reacție empatică, poate determina copilul să dezvolte ceea ce numim *personalitate evitantă.* O astfel de persoană își dorește să aibă relații apropiate cu ceilalți, dar îi este prea teamă să nu devină vulnerabil din punct de vedere emoțional și să nu fie rănit.

În cazurile cele mai grave de devalorizare, care pot include pedepse aspre și prea puțină reacție empatică în timpul etapei de dezvoltare din copilărie, există o posibilitate crescută ca persoana respectivă să sufere de o formă de *personalitate narcisistă,* în care simțul eului a fost distorsionat, deteriorat sau rănit în copilărie într-o asemenea măsură încât această persoană nu este capabilă să gestioneze majoritatea formelor de critică sau să facă față oricărui sentiment de eșec personal în fața altora sau în ochii săi. Deseori, narcisiştii îi consideră sau îi tratează pe ceilalţi drept extensii ale propriei lor persoane, de care se pot folosi ca să se simtă valoroşi sau importanţi ori ca să-şi amplifice imaginea exagerată a propriei importanţe sau eul fals (pe care îl avem cu toţii într-o anumită măsură). De asemenea, par incapabili să manifeste o adevărată empatie faţă de ceilalţi.

Dacă devalorizarea şi lipsa de reacţie empatică este extrem de gravă, luând poate forma unui grav abuz fizic şi/sau emoţional asupra copilului, aceasta poate duce la apariţia unei *personalităţi antisociale.* Având o conştiinţă slab dezvoltată sau deteriorată, dacă această conştiinţă există măcar într-o oarecare măsură, acestor persoane le lipseşte capacitatea de a manifesta orice formă de empatie faţă de ceilalţi. Motto-ul lor este: „Faceţi-le oamenilor *înainte* ca ei să vă facă vouă." Copiii încearcă să se adapteze la nivelul traumei pe care le-o provoacă îngrijitorii lor, ceea ce contribuie la crearea eului lor fals. Uneori, devalorizarea unui copil se manifestă sub forma terorii pure.

După cum ştim cu toţii, suferim atunci când nu suntem ascultaţi sau nu primim o reacţie empatică din partea celorlalţi. Acest lucru se întâmplă, cred, din cauza faptului că există o separare între felul în care suntem trataţi şi ceea ce simţim în lăuntrul fiinţei noastre – un fragment al valorii personale pe care ne-o atribuie Dumnezeu, chiar dacă o percepem la un nivel cât de minuscul – de-a lungul întregii vieţi. Atunci când ne simţim devalorizaţi, putem interioriza această devalorizare sau o putem considera drept ofensă personală, aşa cum a făcut Cain, în aşa fel încât începem, în timp, să credem că această imagine negativă despre noi înșine reprezintă adevărata noastră identitate.

Această lume păcătoasă ne-a deteriorat și ne-a înnoroit conștientizarea adevăratei noastre valori înaintea Creatorului nostru. Drept rezultat, încercăm cu disperare să găsim și să ne recâștigăm valoarea și respectul de sine. Desigur, trebuie să spunem că putem să contribuim, și într-adevăr contribuim, la această degradare interioară respingând chiar noi Sursa adevăratei noastre valori – pe Dumnezeu. Făcând acest lucru, devenim dușmanul nostru cel mai înverșunat.

Prețuiți de Dumnezeu

Vestea cea bună este că Dumnezeu nu ne lipsește de dragostea Lui. Felul în care Cain a interpretat atitudinea lui Dumnezeu față de el a fost cumplit de greșit. Biblia ne spune povestea oii rătăcite, în care Iisus zice că păstorul va lăsa cele nouăzeci și nouă de oi ca să găsească singura oaie rătăcită. Și atunci când găsește oaia rătăcită se bucură peste măsură (v. Mt. 18, 10-14). În felul acesta ne privește Dumnezeu! Se bucură pentru noi atunci când suntem aduși înapoi în turmă și în brațele iubirii Sale. Păstorul ne arată cât de mult ne iubește lăsându-le pe cele nouăzeci și nouă ca să ne găsească. Sfântul Apostol Pavel le spune romanilor în epistola lui: *Dar Dumnezeu Își arată dragostea Lui față de noi prin aceea că, pentru noi, Hristos a murit când noi eram încă păcătoși* (Rom. 5, 8). Am putea parafraza ușor astfel: „Dar Dumnezeu ne arată *cât de mult ne prețuiește* prin aceea că, pentru noi, Hristos a murit când noi eram încă păcătoși."

În tratamentul laic, pentru respectul de sine scăzut sau insuficient, care deseori nu implică o credință personală în Dumnezeu, terapeutul încearcă să-și sprijine pacienții în a conștientiza că sunt valoroși prin ei înșiși, separat de Dumnezeu, și să-i ajute să privească în lăuntrul lor ca să-și descopere valoarea pe baza orizontului limitat al cunoștințelor, percepțiilor, abilităților mintale, competențelor, talentelor sau al efortului lor. Pacienții ar putea să întrezărească „chipul lui Dumnezeu" din lăuntrul lor pentru că am fost cu toții creați după chipul și asemănarea lui Dumnezeu, dar aceasta se petrece în absența unei puteri transformatoare sau a unei revelații de lungă durată. Este asemenea unei lanterne care funcționează cu baterii și până la urmă se va stinge, în loc să fie conectată la energia lui Dumnezeu, care nu se sfârșește niciodată.

Terapeutul laic încearcă fie să își convingă pacientul de valoarea lui intrinsecă, fie să îi dea pacientului abilitățile de care consideră că acesta ar putea avea nevoie pentru a-l ajuta să ajungă la auto-revelație. Unii terapeuți cred că este suficient să creeze în cabinetele lor o ambianță sigură și grijulie pentru a le permite pacienților să își descopere valoarea personală în mod natural. Metoda poate părea să funcționeze o vreme, dar este foarte probabil ca rezultatele să se piardă în timp, iar două luni sau doi ani mai târziu pacienții să se întoarcă în biroul terapeutului, simțindu-se devalorizați și pierduți în depresia sau în mânia lor, în anxietate sau frică.

Prin metoda creștină de a trata respectul de sine scăzut sau insuficient, le împărtășim oamenilor faptul că sentimentul valorii nu provine de la altă ființă umană, și nici măcar din propriul lor efort mintal, ci li se oferă în *dar* de către Cel Care i-a creat de la bun început. Le spunem că trebuie să lase să moară vechiul lor eu fals și să renască în iubirea lui Dumnezeu pentru ei. Trebuie să se întoarcă spre lumina iubirii și a harului lui Dumnezeu.

Când inima noastră se unește cu Creatorul printr-o relație personală și printr-o credință personală în Iisus Hristos, Care reprezintă calea către Dumnezeu-Tatăl, nu primim doar niște simple cuvinte de încurajare asigurându-ne de valoarea noastră, așa cum ne-ar putea oferi un terapeut laic sau un vorbitor motivațional, ci câștigăm, în schimb, o trezire *spirituală*, o *cunoaștere* noetică intuitivă care provine dintr-o relație directă, existențială, cu Dumnezeu Însuși prin Sfântul Duh din inimile noastre. Neîncrederea noastră în sine slăbește cu cât mai strâns ne unim cu Cel Care ne-a creat. Este adevărat că ne-am putea vedea păcatul personal, indiferența față de Dumnezeu și eul fals cu atât mai clar cu cât ne apropiem de Dumnezeu, dar odată cu această revelație aflăm cât de mult ne iubește Dumnezeu. Astfel, conștientizarea păcatului personal nu ne conduce spre descurajare ori la disperare auto-distructivă sau suicidară. Fără această cunoaștere a propriei valori nu mai rămâne nimic în lăuntrul nostru în afară de disperare și deznădejde din pricina păcatului nostru.

Putem cunoaște de-a lungul vieții două feluri de descurajare profundă. Primul reprezintă o disperare care duce la distrugere mintală, spirituală sau chiar fizică. Așa a pățit Iuda, care l-a trădat pe Iisus pentru treizeci de arginți. Văzând ce I-a făcut lui Iisus, Iuda nu a avut în inima lui cunoașterea iubirii iertătoare a lui Dumnezeu pentru el. Într-adevăr, a regretat ceea ce făcuse, încercând să dea înapoi arginții marilor preoți, dar nu avea sentimentul adevăratei căințe pentru păcatul său înaintea Celui Care ar fi putut să-i vindece sufletul și inima și nici nu dădea vreun semn că ar dori să-și îndrepte viața cu frică de Dumnezeu. Nu înțelegea iubirea veșnică a lui Dumnezeu pentru el: altfel nu și-ar fi luat niciodată viața. Întrucât nu și-a cerut iertare pentru păcatul lui de la Dumnezeul iubirii, hotărându-se apoi să-și îndrepte felul de a trăi, păcatul i-a zdrobit sufletul până la limita disperării suicidare și așa s-a spânzurat.

Celălalt fel de descurajare reprezintă ceea ce am putea numi *sfânta întristare,* care apare atunci când nu numai că ne recunoaștem păcatul, ci, de asemenea, cunoaștem în mod intuitiv și ne deschidem spre iubirea veșnică și iertătoare pe care ne-o poartă Dumnezeu. Acesta este mesajul Scripturii: *Căci Dumnezeu așa a iubit lumea, încât pe Fiul Său Cel Unul-Născut L-a dat ca oricine crede în El să nu piară, ci să aibă viață veșnică* (In 3, 16). În iubirea Lui ne căim de păcatul nostru înaintea lui Dumnezeu, dând vieții noastre o altă direcție. Această mâhnire sfântă ne conduce către căință și către harul, mila și iertarea lui Dumnezeu, care ne conduc apoi spre viața veșnică – viața din belșug – și nu spre moarte sau distrugere.

Aceasta este întristarea pe care a cunoscut-o Sfântul Apostol Petru după ce s-a lepădat de Iisus de trei ori.

După ce a negat în mod repetat că L-ar cunoaște pe Iisus, nu numai că a regretat ceea ce a făcut, dar s-a căit amarnic cu lacrimi de pocăință. Era deschis către iubirea plină de iertare pe care i-o purta Hristos și își dădea seama cât de mult avea nevoie de acea iertare, care îi oferea nădejde cerească și nu disperare suicidară.

Dumnezeu nu vrea ca noi să trăim o viață de disperare ce duce la distrugere și sinucidere, ci o viață care ne duce la nădejde și credință, cunoscând iubirea Lui iertătoare. Atunci când păcătuim și ne mâhnim pentru ceea ce am făcut, avem nevoie să adăugăm la această mâhnire cunoștința duhovnicească în inimile noastre că suntem, cu toate acestea, nemăsurat de valoroși și iubiți înaintea Creatorului, Care ne-a făcut după chipul și asemănarea Lui, cu o iubire care nu va dispărea niciodată. Trebuie să ne amintim mereu că suntem în continuare fiii Lui preaiubiți, iar El este gata să ne ierte toate păcatele, oricare ar fi acestea (v. I In 1, 9). Cei care păstrează această cunoaștere în inimile lor au toate șansele să înfrunte viitorul nu cu disperare, ci cu bucurie. Ochiul sau inima noastră duhovnicească din duhul nostru omenesc trebuie să rămână deschis pentru a vedea limpede că adevărata noastră valoare nu provine din eforturi proprii, ci este un dar din partea lui Dumnezeu Însuși. Provine de la Cel Care ne-a gândit înainte de facerea lumii drept propriii Lui fii.

Aceasta este diferența dintre interpretarea laică a dezvoltării așa-numitului respect de sine și felul cum un creștin abordează [câștigarea] adevăratul[ui] sentiment de valoare personală înaintea lui Dumnezeu. În cadrul abordării laice, mândria și părerea bună de sine sau slava deșartă provin toate din efortul omenesc și din experiența omenească; reprezintă încercarea omenească de a ne face să ne simțim importanți și valoroși din punct de vedere rațional și emoțional. În abordarea creștină, recâștigăm adevăratul sentiment al valorii personale atunci când ne unim cu Cel Care ne-a dat valoarea de la bun început.

Ce anume dă valoare unui tablou într-o licitație? Oare vopseaua și pânza sau pictorul renumit din al cărui talent s-a născut tabloul cel frumos? Răspunsul este pictorul. Ce anume dă valoare unei statui? Oare numai piatra și dalta sau sculptorul renumit al cărui talent a creat statuia cea minunată? Este sculptorul. Și, în cele din urmă, ce ne face pe mine și pe tine valoroși? Oare carnea, sângele, creierul, mușchii și oasele sau Creatorul Care ne-a făcut pe toți cu atâta pricepere? Răspunsul este Dumnezeu, desigur!

În lume, sentimentul respectului de sine provine din ceea ce o persoană realizează, din îngâmfarea acesteia, din felul în care se prezintă față de ceilalți sau cum se crede a fi de fapt, independent de Creatorul ei. Pentru un creștin, sentimentul respectului de sine nu provine din el însuși separat de Dumnezeu, ci dintr-o relație noetică, o revelație intuitivă cu Creatorul nostru Care dă vieții noastre sens și scop și ne conduce către îndumnezeire.

A căuta sentimentul valorii pe baza propriilor eforturi și a ceea ce credem despre noi înșine înseamnă să bem dintr-o fântână fără adâncime. Acest lucru ne face uneori, în mod înșelător, să credem că suntem importanți și minunați, dar apoi vine mândria, deoarece demonii mândriei, ai falsului respect de sine și ai îngâmfării lucrează laolaltă în lăuntrul nostru. Atunci când descoperim că respectul de sine bazat pe el însuși e lipsit de putere veșnică pot apărea tristețea și depresia. În cazuri grave, o persoană poate resimți disperare profundă și poate căuta terapie specializată; în cazurile extreme, o persoană poate avea nevoie de spitalizare pentru a primi ajutor și medicamente care să-i stabilizeze starea psihică.

Recunosc că unele afecțiuni mintale provin din anomalii fizice reale legate de structura creierului sau de anumite dezechilibre din chimia creierului, în care cazuri medicația poate fi cu adevărat de mare ajutor, dacă nu vitală. O parte dintre pacienții mei beneficiază de pe urma medicamentelor pe care le iau sub îndrumarea doctorului lor. Dar o mare parte dintre persoanele cu care lucrez nu aparțin acestei categorii. Nu suferă de o anomalie a creierului sau de un dezechilibru chimic. Acești pacienți au încercat să-și afle valoarea căutând – fie numai în lăuntrul lor, fie în afară, la ceilalți – o anumită validare a ei. Mesajul creștinilor către lume spune că există o cale mai bună de a-ți cunoaște valoarea personală, ceea ce consider că este una dintre cele mai profunde nevoi psihologice pe care le resimțim noi, ca ființe umane. Este aceeași nevoie pe care a resimțit-o și Cain.

Oamenilor care încearcă să-și construiască respectul de sine separat de comuniunea lăuntrică și de unirea cu Dumnezeu li se pare mai greu să scape de îndoiala față de valoarea proprie. Fiind creștini, spunem cu smerenie că nu avem o adevărată valoare personală separat de faptul că am fost făcuți de către Creatorul nostru, Căruia Îi suntem recunoscători. Cu valoarea pe care ne-o atribuie Dumnezeu manifestându-Se în adâncul *cunoscătorului* nostru (inima noastră), oare avem nevoie de un alt sentiment mai profund al valorii personale? Citim în Faptele Apostolilor: *Căci în El trăim și ne mișcăm și suntem* (F. Ap. 17, 28).

Dumnezeu a făcut bărbatul și femeia după chipul și asemănarea Lui. Această cunoaștere nu vine prin învățătură sau studiu ori gândire pozitivă; vine prin cunoaștere directă, care există dincolo de concepte sau chiar de cuvinte; vine din adâncul inimilor noastre. De aceea avem nevoie să fim plini de Duh Sfânt și ar trebui să ne rugăm în fiecare zi pentru asta. Revelația intuitivă se naște în inima noastră prin comuniunea Sfântului Duh cu duhul nostru omenesc. Acest lucru ne poate influența apoi sufletul (gândurile raționale, emoțiile și dorințele) și trupul (comportamentul).

Unii oameni au parte de atât de multă confuzie și suferință care vine din trecutul lor, chiar în privința lui Dumnezeu și a Bisericii Sale, încât inițial s-ar putea să le fie greu să resimtă acest adevăr despre ei înșiși în Dumnezeu sau chiar să ceară ajutor de la Dumnezeu. Atunci când consiliez asemenea persoane, aș putea începe folosindu-mă de empatie și poate de câteva procedee psihologice care le provoacă gândirea deformată să îi ajute să înțeleagă mai bine felul în care evenimentele negative din trecutul lor le-ar fi putut afecta percepția și sistemul de convingeri din prezent.

În general, oamenii își doresc să simtă că o altă ființă umană îi înțelege. Cu toții avem o poveste de spus. Poate că spunându-și poveștile oamenii se simt mai puțin singuri. Cunoașterea de sine poate fi un instrument folositor atunci când vrem să scăpăm de unele dintre obstacolele care ne țin departe de Dumnezeu. De exemplu, poate fi greu să ne încredem în Dumnezeu atunci când am învățat să nu avem încredere în oameni în general. Dar, până la urmă, vreau ca oamenii să știe direct din experiența personală a rugăciunii cât de valoroși sunt înaintea Creatorului lor.

Atunci când posezi acest martor lăuntric al valorii personale nu mai ai nevoie să-ți fundamentezi valoarea pe mândrie sau pe respectul de sine. Oamenii cu respect de sine scăzut sau insuficient sunt oamenii care nu au primit mărturie despre cât de valoroși sunt în și pentru Dumnezeu. Atunci când descoperă acest lucru este posibil să le curgă lacrimi de fericire. Citim în Psalmi: *Că Tu ai zidit rărunchii mei, Doamne, Tu m-ai alcătuit în pântecele maicii mele. Te voi lăuda, că sunt o făptură așa de minunată. Minunate sunt lucrurile Tale și sufletul meu le cunoaște foarte. Nu sunt ascunse de Tine oasele mele, pe care le-ai făcut întru ascuns, nici ființa mea pe care ai urzit-o ca în cele mai de jos ale pământului* (Ps.139, 13-15).

În timp ce încă ne mai aflam în pântecele mamei, am fost făcuți în chip minunat. Îndeosebi, valoarea pe care ne-o atribuie Dumnezeu nu provine atât din ceea ce facem, cât din ceea ce suntem – fii ai lui Dumnezeu. Faptele noastre izvorăsc apoi din ceea ce suntem. Fapta reprezintă rodul ființei noastre în prezența lui Dumnezeu. Atunci când avem mărturia valorii dăruite de Dumnezeu, săvârșim fapte bune care le demonstrează altora iubirea lui Dumnezeu pe pământ. Iisus a spus: *Întru aceasta vor cunoaște toți că sunteți ucenicii Mei, dacă veți avea dragoste unii față de alții.* Sau am putea parafraza astfel: „Întru aceasta vor cunoaște toți că sunteți ucenicii Mei, după *cât de mult vă veți prețui* unii pe ceilalți" (In 13, 35).

Atunci când posezi acest fel de revelație duhovnicească despre sursa valorii tale, este mai puțin probabil să simți nevoia să te aperi de cei care încearcă să te devalorizeze; știi în mod direct, în inima ta, adevărul autentic despre tine însuți. Cuvintele neadevărate nu își găsesc locul în lăuntrul tău. Nu mai simți rușinea distrugătoare; nu mai simți nevoia să te ascunzi înfricoșat, de Dumnezeu sau de oricine altcineva. Ai numai rușinea sănătoasă și frica de Dumnezeu care duc la pocăință sinceră și la mântuire, o mântuire în care Dumnezeu îți atinge ochii cu mir vindecător ca să poți vedea limpede cât de important ești pentru El.

În creștinismul ortodox spunem că aceia care se află în această călătorie de îndumnezeire în legătura lor cu Dumnezeu devin de fapt *ceea ce sunt deja* în Iisus Hristos, chipuri ale lui Dumnezeu Însuși pe pământ. Cuvântul din limba greacă pentru *sfânt* este *hagios*, însemnând „sacru, sfințit, dumnezeiesc, ales". Sfinții sunt aleșii lui Dumnezeu. Nu avem o natură păcătoasă, ci o natură bună, care a fost întinată și deformată de păcat. Păcatul provine deseori din devalorizarea de către alții ca adulți sau din a fi fost devalorizați în timp ce creșteam sau din păcatul pe care îl comitem atunci când îi devalorizăm pe ceilalți sau chiar pe noi înșine.

Prin apa botezului, Hristos spală tina păcatului și ne vindecă deformarea lăuntrică. Mai devreme am spus că suntem icoane vii ale lui Dumnezeu pe pământ. Fiind icoane vii sau ferestre făcute după chipul și asemănarea lui Dumnezeu, ni se pare greu să ne recunoaștem valoarea ca ființe făcute de Dumnezeu, căci ferestrele noastre sunt acoperite cu atât de mult noroi. Vedem și simțim efectele acestui noroi – altfel spus, păcatul – în viețile noastre și ni se pare greu să ne închipuim că am avea o valoare reală înaintea lui Dumnezeu. Nu vedem icoana cea frumoasă de sub murdăria noroiului, dar Dumnezeu o vede, oricât de mult noroi întărit ne-ar acoperi.

La început prin botez și, mai târziu, prin spovedania neîntreruptă a păcatului, descoperindu-ne eul fals și renunțând la el prin pocăință, petele și murdăria păcatului se curăță de pe icoanele noastre înnoroite. Pe măsură ce gândurile păcătoase sunt curățate, icoanele noastre se limpezesc, dezvăluind treptat chipul strălucitor al lui Dumnezeu care se află deja în lăuntrul nostru, ceea ce este eul nostru adevărat. Ne lepădăm de starea de cădere, și adevărata noastră stare se descoperă în minunată lumină și culoare, ca o fereastră frumoasă de vitraliu.

Sfântul Evagrie Pustnicul (345-399) a scris: „Atunci când intelectul s-a lepădat de starea sa de cădere [eul fals] și a primit starea de har, în timpul rugăciunii își va vedea propria stare naturală [eul adevărat] ca pe un safir, în culoarea cerurilor." Cu cât icoana noastră (fereastra) se curăță de starea noastră de cădere (eul fals), cu atât lumina și culoarea slavei lui Dumnezeu strălucesc mai puternic din noi către ceilalți. Iisus ne îndeamnă: *Așa să lumineze lumina voastră înaintea oamenilor, așa încât să vadă faptele voastre cele bune și să slăvească pe Tatăl vostru Cel din ceruri* (Mt. 5, 16). Suntem îmbrăcați din nou în veșminte strălucitoare ca soarele, scânteind ca o piatră prețioasă.

Dumnezeu nu ne-a chemat către un sentiment al valorii personale inferior sau contrafăcut, care provine din propriul nostru efort de a ne simți mulțumiți de noi înșine. El vrea ca noi să știm în mod intuitiv că suntem cu adevărat valoroși. El ne-a creat: suntem într-adevăr fiii Lui cei iubiți. Respectul artificial sau exagerarea propriei valori ca să ne simțim mulțumiți de noi înșine este greu de întreținut și este posibil să ducă la mândrie și la fals respect de sine.

Cunoașterea în adâncul inimii că valoarea noastră intrinsecă nu constă în efortul nostru trupesc sau lumesc, ci provine de la Cel Care ne-a creat, va dura veșnic. Devenim ființe umane pline de valoare în loc de ființe umane pline de îndoială. Trebuie să trăim conform Evangheliei creștine și să ne curățăm icoanele vii de noroiul păcatului ca să vedem limpede slava lui Dumnezeu și să fim îmbrăcați nu în rușine sau în teamă, ci în veșmântul de nemurire și har, strălucitor și dătător de viață al lui Dumnezeu. Dacă facem acest lucru, lumea se va minuna, iar satana și diavolii lui vor fi cei care se vor ascunde înfricoșați.

CAPITOLUL AL PATRULEA

Revelație în relație

Mântuirea

Cum putem obține o inimă lăuntrică care cunoaște cât de valoroși suntem înaintea Creatorului? Mai întâi, trebuie să ne amintim că primim în dar cunoașterea și înțelegerea lui Dumnezeu. Cooperând cu voința și cu harul lui Dumnezeu, ne deschidem către a primi mai bine darul acestei cunoașteri. Dumnezeu ne poate invita să-I primim darul, dar și noi trebuie să cooperăm cu El deschizând darul așezat în lăuntrul inimilor noastre. Îmi amintesc că mi-am auzit una dintre rude exclamând de Crăciun: „Ah, darul acesta este atât de frumos împachetat, aproape că nu vreau să-l deschid!" Însă, dacă nu l-ar fi deschis, nu ar fi știut ce era acel dar și nu ar fi putut să se bucure de el și să-l aprecieze pe de-a-ntregul. Cât de trist ar fi fost!

Rugăciunea smerită și plină de căință ne ajută să atingem starea potrivită ca să primim darul pe care ni-l oferă

Dumnezeu. Cu cât comunicăm cu iubirea lui Dumnezeu prin lucrarea Sfântului Duh în lăuntrul nostru, cu atât e mai probabil să primim revelația adevăratei noastre valori. Scopul Sfântului Duh este să ne conducă în cele din urmă către unirea deplină cu Dumnezeu. Nimic din toate acestea nu se petrece în mod magic și nici nu provine din vreo cunoaștere „gnostică" secretă: ci este nevoie de efort personal din partea noastră și de intenția noastră personală de a fi prezenți alături de Dumnezeu în fiecare clipă a vieții noastre.

Îmi amintesc că, în 1971, când studiam la colegiu, un tânăr m-a întrebat dacă sunt „mântuit". Primul meu gând a fost: „Mântuit de ce anume?" Astăzi înțeleg că a vrut probabil să spună mântuit de calea pe care mă aflam în viață, care m-ar fi dus până la urmă la moartea duhovnicească și la despărțirea veșnică de Dumnezeu. Probabil mi-ar fi împărtășit gândul că aveam nevoie să mă căiesc de păcatele mele și să-L rog pe Iisus Hristos să-mi pătrundă în inimă ca Domn și Mântuitor ca să scap de acea soartă.

Acum respect și apreciez cu adevărat faptul că acel tânăr își dorea să mă vadă mântuit și era dispus să discute cu mine starea sufletului meu veșnic. Și totuși, dacă m-ar întreba astăzi dacă sunt mântuit, probabil că i-aș răspunde: „Sunt mântuit, sunt pe cale de a fi mântuit și, dacă voi răbda până la sfârșit, atunci mă voi mântui", ceea ce ne învață de fapt Scripturile (v. F. Ap. 2, 21; I Cor. 1, 18; Mt. 10, 22). Procesul de a fi mântuit poate avea un punct de plecare, dar reprezintă lucrarea harului lui Dumnezeu în viața mea, care duce la mântuirea finală. Este procesul de a fi transformat după asemănarea lui Dumnezeu prin Harul Lui, un proces pe care Biserica ortodoxă îl numește *îndumnezeire.*

Un alt mod prin care aș putea să răspund astăzi la întrebarea acelui tânăr este: „De-a lungul anilor, în călătoria mea creștină, am ajuns să-mi dau seama că am nevoie să fiu mântuit de mine însumi – și mai exact de gândurile mele păcătoase –, de eul meu fals." Ca să vedem limpede eul nostru adevărat, făcut după chipul și asemănarea lui Dumnezeu, avem nevoie să îndepărtăm din lăuntrul nostru tot ceea ce nu este Dumnezeu. Această misiune ar fi imposibil de dus la bun sfârșit dacă darul harului și al puterii lui Dumnezeu nu ar lucra în lăuntrul nostru prin Duhul Sfânt.

Antropologia omului

Relatarea creației omului din Cartea Facerii ne spune că Dumnezeu l-a făcut pe om luând țărână din pământ (v. Fac. 2, 7). Apoi Dumnezeu a suflat în nările lui Adam suflare de viață, iar acesta a devenit ființă vie. Țărâna se corelează cu trupul fizic al omului, suflarea de viață cu duhul omului, iar facerea lui ca ființă vie cu omul ca suflet rațional.

După cum am menționat mai devreme, unii autori se referă la ființa umană drept unirea trupului cu sufletul și nimic mai mult, în timp ce alții ne văd ca o unitate între trup, suflet și duh. Pentru cei care vorbesc în primul rând despre unitatea dintre trup și suflet, *nous*-ul se află în lăuntrul sufletului. Pentru cei care vorbesc despre trup, suflet și duh, *nous*-ul se află în lăuntrul duhului omenesc care, la rândul său, este unit cu sufletul, care este unit cu trupul. Eu prefer să descriu facultățile ființei umane drept trup, suflet și duh deoarece consider că mă ajută să înțeleg mai bine legătura dintre *nous* și duhul omenesc și comuniunea directă a acestuia cu Sfântul Duh. Așadar, voi folosi acest model tripartit în prezentarea antropologiei omului.

Omul este trup, adică facultatea sau locașul celor cinci simțuri – și anume vederea, auzul, gustul, mirosul și atingerea. Trupul ia, de asemenea, parte la nevoile trupești sau pofte și la însuflețirea trupească sau comportament. Omul este suflet, adică facultatea sau locașul gândurilor noastre raționale, al emoțiilor și al dorințelor. Omul este duh, adică facultatea sau locașul inimii *(nous).* Inima sau *nous*-ul reprezintă canalul duhovnicesc fundamental și direct care ne unește cu Dumnezeu și pe Dumnezeu cu noi. Conține conștiința noastră și ochiul duhovnicesc care vede lucrările lui Dumnezeu. De aceea *nous*-ul este numit uneori „ochiul inimii".

Omul a fost făcut după chipul lui Dumnezeu. Prin facultățile trupului său, este capabil să perceapă și să cunoască universul pe care Dumnezeu l-a creat pentru el. Sufletul lui poate să argumenteze, să cugete, să dezbată, să creeze și să-și conștientizeze propria identitate. De asemenea, omul poate să resimtă emoții datorită facultății sufletului. Poate să comunice cu Creatorul său și să Îl asculte prin facultatea duhului.

Faptul că posedăm urechi nu înseamnă că putem întotdeauna să auzim cu adevărat ceea ce ne spune Dumnezeu. Nu le-a spus Iisus apostolilor Săi că unii oameni au urechi, dar nu pot să audă, și au ochi, dar nu pot să vadă (v. Mt. 13, 13)? Psalmii repetă acest adevăr: *Ochi au și nu vor vedea; urechi au și nu vor auzi* (Ps. 135, 16-17).

Căderea din Rai a schimbat radical orientarea lui Adam și a Evei. Înainte de cădere, duhul omenesc (locașul inimii) se afla în comunicare netulburată cu Creatorul lui. Inima omului era deschisă către harul lui Dumnezeu. Gândurile omului, simțirile, dorințele, faptele și comportamentul său, toate acestea aveau tendința înnăscută de a urma voința noetică și voia lui Dumnezeu deoarece erau conduse de o inimă înclinată către duhovnicie, care se supunea lui Dumnezeu.

În Facerea cap. 2, când Dumnezeu a văzut toate câte făcuse, a spus că sunt foarte bune, incluzând creația bărbatului și a femeii. Pentru om, Dumnezeu era ca un râu care urma să călăuzească omenirea către desăvârșire. Omul era o navă creată pe acel râu cu menirea de a urma curgerea și cursul lui Dumnezeu. Dintotdeauna, scopul lui Dumnezeu a fost ca bărbatul și femeia să-și urmeze calea de-a lungul râului, oglindindu-L întocmai pe Dumnezeu ca fii ai Lui. Dar, după cum am văzut deja, Adam și Eva au ales cu liberă voință să urmeze alt curs – și anume, propria lor voință (voința gnomică) și propria lor cale. Au fost ispitiți de către diavol să tragă la țărm și, în consecință, Adam și Eva au naufragiat pe malul râului lui Dumnezeu.

Înainte de cădere, omul trăia după legile duhului în comuniune cu Dumnezeu. Duhul din lăuntrul bărbatului și al femeii le călăuzea sufletele care, la rândul lor, le călăuzeau trupurile. Dacă ei ar fi continuat să navigheze armonios pe cursul râului de har al lui Dumnezeu, călătoria lor pentru a deveni pe deplin asemenea lui Dumnezeu Însuşi ar fi continuat de-a lungul întregii veşnicii, şi toată creaţia s-ar fi veselit. Dar atunci când bărbatul şi femeia au ales, prin amăgirea diavolului, ceea ce au socotit a fi un drum mai scurt către cunoaştere, înţelepciune şi dumnezeire, au naufragiat şi şi-au curmat brusc îndumnezeirea. Au fost supuşi morţii, bolilor şi putrezirii deoarece au ales în mod necugetat să se îndoiască de cât de mult îi iubea şi îi preţuia Dumnezeu. Ce pierdere enormă!

Odată ce şi-au întors faţa de la Dumnezeu, duhul lor omenesc s-a separat de curgerea Duhului dumnezeiesc. Pierzând lumina lui Dumnezeu din lăuntrul lor, duhurile lor s-au întunecat şi s-au umbrit. Nu se mai puteau bizui decât pe simţurile lor trupeşti şi pe sufletele lor ca să-i îndrume şi să-i călăuzească în viaţă. De atunci încolo Adam nu a mai avut cuget duhovnicesc, ci cuget trupesc. Aceasta a dus la rătăcirea omenirii, târându-ne în războaie, lăcomie, crime, durere, nefericire, depravare, boli şi singurătate de-a lungul existenţei noastre tragice. Pierduţi, lipsiţi de lumina şi de harul lui Dumnezeu, oamenii s-au poticnit prin viaţă urmând propria judecată mărginită şi plină de lipsuri. Inimile lor nu mai erau deschise, ci ferecate şi ascunse, singure în întuneric. Cât de tragic trebuie să fi fost pentru Dumnezeu să vadă omenirea cum trăia în această stare ruptă de Duh!

Şi totuşi Dumnezeu nu Şi-a uitat iubirea faţă de omenire. Urma să ne ofere o cale de a pătrunde din nou pe râul Său de har ca să ne reluăm drumul către îndumnezeire, pentru a deveni asemenea Lui. Nu stătea în firea lui Dumnezeu să procedeze altfel: nimic nu ne poate despărți de dragostea Lui. La timpul potrivit, El Și-a trimis Fiul, pe Iisus, să fie primul născut între mulți frați (v. Rom. 8, 29) spre a fi urmat, să învingă moartea și să ne răscumpere din păcat o dată pentru totdeauna. Moartea trupească nu putea să-L ferece pe Iisus în mormânt. În cea de a treia zi El S-a ridicat din morți și ne cheamă să-L urmăm în viața veșnică.

Tulburarea omenească

Din perspectiva psihologiei elementare, corpul, prin cele cinci simțuri ale lui, îi furnizează creierului informații despre lume. Dacă aceste cinci simțuri ar dispărea brusc, nu am avea nici o cunoștință despre lumea materială sau trupească din jurul nostru. Simțurile trupului ne oferă date despre lume, ca să spunem așa, asemănător felului în care introducem informații prin tastatura calculatorului. Problema este că, dacă nu avem un program care să interpreteze datele care intră în calculator, ceea ce vedem pe ecranul monitorului nu are prea mult înțeles pentru noi. Programul este cel care interpretează datele ca acestea să aibă un anume înțeles, la fel cum creierul nostru interpretează (sau răstălmăcește) datele pe care le primește.

Noi, oamenii, avem o nevoie nesățioasă de a înțelege lumea din jurul nostru. Acesta este motivul pentru care una din întrebările pe care le adresăm cel mai des către noi înșine și către alții este: „De ce?" De ce s-a întâmplat acest lucru sau de ce nu am reușit să facem una sau alta sau de ce mi-a vorbit cineva astfel și așa mai departe. Nu este neapărat un lucru rău să întrebăm de ce: este felul în care învățăm la școală sau facem descoperiri în știință.

Cele cinci simțuri ne furnizează datele neprelucrate care ne pătrund în creier, iar creierul se pune pe lucru, asemenea unui program de calculator, străduindu-se să interpreteze informația care i se dă. Pentru scopul acestei cărți am să definesc *percepția mintală* drept modul în care interpretăm lumea din jurul nostru din datele pe care le primim de la cele cinci simțuri. Problema percepției mintale este că interpretarea pe care o dăm datelor poate să nu fie întotdeauna pe de-a întregul precisă sau corectă.

De ce? Pentru că „programul" din creierul nostru este influențat de istoria noastră personală din momentul concepției și până în clipa de față. Un program de calculator necesită un proces imens de programare. Această programare instruiește calculatorul cum să interpreteze datele pe care le primește și cum să acționeze. Problema programelor de calculator este că pot avea erori care le afectează interpretarea sau chiar o deformează. Percepția noastră despre lume este formată și influențată de către experiența noastră personală de-a lungul vieții, programarea noastră.

Această programare pare să aibă o corelație solidă cu modul în care vom interpreta date senzoriale în viitor.

Percepția noastră se limitează la structura creierului, la procesele chimice din creier și la experiențele pe care le-am trăit de-a lungul vieții, mai cu seamă în tinerețe, care modelează felul în care percepem lumea din jurul nostru. Din acest motiv, gemenii identici au interese diferite și urmează vocații diferite în viață. Fiecare dintre noi are parte de experiențe diferite, iar percepția noastră este afectată în mod bun sau rău de către acele experiențe.

Corpul omenesc cu cele cinci simțuri îi furnizează creierului date despre lume. Creierul își folosește apoi puterea de interpretare pentru a ne oferi o percepție a lumii. Percepția noastră influențează felul în care gândim despre lume. Creierul face apoi două lucruri: îi spune corpului cum să se comporte și să acționeze ca răspuns la percepții și ne spune nouă ce emoții este potrivit să resimțim și cu ce intensitate trebuie să ne exprimăm acele emoții. Comportamentul nostru va provoca, de obicei, o anumită consecință care ne poate întări percepția originală, făcând-o și mai puternică.

Iată un exemplu al modului în care funcționează acest proces. Să spunem că mă aflu la muncă și intru într-o cameră, iar doi dintre colegii mei, Mary și John, se opresc din discuție în clipa în care eu intru. Dacă m-ați întreba ce am observat atunci când am intrat în cameră, aș răspunde că am observat că Mary și John s-au oprit din discuție. Observația mea ar fi corectă, dacă nu cumva am avut o halucinație.

Dar dacă mi-ați adresa o întrebare diferită? Dacă m-ați întreba cum *interpretez* această întâmplare? Această întrebare lasă loc la numeroase posibile interpretări în funcție de „programul" din creierul meu. Dacă înclin să cred că Mary și John sunt niște oameni buni, amabili și demni de încredere și prieteni cu mine, atunci aș putea să-mi spun că discuția lor s-a întâmplat pur și simplu să ia sfârșit în clipa în care eu am intrat în cameră. Sau aș putea să-mi spun că unul dintre ei a pățit ceva trist sau înspăimântător și nu își doresc ca întregul birou să afle despre acest lucru: nu este treaba mea să știu tot ce se întâmplă. Sau aș putea să-mi spun: „Știi, săptămâna viitoare este ziua mea. Mă întreb dacă nu cumva plănuiesc o petrecere suprinză pentru mine la birou." Toate aceste răspunsuri ar putea fi plauzibile.

Dar în cazul în care experiența mea, percepția mea de-a lungul vieții îmi spune că oamenii sunt cruzi și nu prezintă încredere și nu cred că oamenii de felul lui John și al lui Mary mă plac cu adevărat, aș putea să interpretez incidentul într-un mod cu totul diferit. Aș putea crede că mă vorbeau pe la spate. Deși poate că nu am folosi fraza „a vorbi de rău" în ceea ce mă privește, cred că majoritatea oamenilor ar interpreta în acest fel natura conversației întrerupte brusc.

Să spunem că nu cred că Mary și John mă plac: ce s-ar putea întâmpla în continuare? Când intru în cameră, Mary ar putea să mă salute. Eu aș putea să mă uit la ea cu o expresie acră și să mormăi ceva ieșind din cameră. Câtă nepolitețe!

Mi-aș închipui că majoritatea dintre noi ne-am auzit părinții spunându-ne: „Comportamentul tău va avea consecințe!" Așadar, după ce părăsesc camera, care ar putea să fie consecințele? Mary ar putea să se întoarcă spre John și să spună: „Ce-i cu el?" Ghiciți ce se întâmplă în continuare! Mary nu mă mai salută când o întâlnesc din nou. Iar eu, trecând pe lângă ea, îmi spun: „Vezi, știam că am dreptate: Mary nu mă place. Acum am dovada!" Cu alte cuvinte, percepția mea inițială că Mary și John nu mă plac este acum întărită, iar relația dintre mine și Mary se înrăutățește și mai mult.

Dar dacă percepția mea inițială nu era câtuși de puțin adevărată? Dacă Mary mă plăcea, de fapt, sau cel puțin nutrea sentimente neutre față de mine? Sensul acestei povestiri este că percepția noastră despre lume poate să fie deformată, influențată sau pur și simplu falsă. Convingerile noastre greșite despre lumea din jurul nostru pot funcționa ca o profeție care se autoîndeplinește. Percepția duce la un anumit comportament, comportamentul provoacă o consecință, iar consecința întărește deseori percepția pe care am avut-o de la bun început. Acest lucru tinde să facă percepția noastră inițială încă și mai solidă, iar ciclul continuă până când cineva explodează din punct de vedere emoțional.

Înțelegem acum felul în care percepțiile noastre ne influențează comportamentul, dar cum ne influențează oare emoțiile? De obicei, emoțiile noastre servesc la intensificarea ciclului de percepție. Nu numai comportamentul provine din percepțiile noastre despre lumea înconjurătoare, ci și emoțiile. Am să încerc să clarific ce sunt emoțiile cu adevărat și de unde provin acestea.

Centrul afectiv din creier se află localizat în sistemul limbic, un inel de structuri interconectate din zona de mijloc a creierului care intervine în activitatea emoțională și în procesul de memorare. Sistemul limbic ne controlează sau ne modulează stările sufletești. Stările sufletești pot fi influențate de nivelul nostru hormonal sau de un dezechilibru în chimia creierului.

Încă se mai desfășoară numeroase cercetări științifice referitoare la efectul chimiei creierului, dietei, antrenamentelor fizice, luminii soarelui și al nivelurilor hormonale asupra stărilor noastre sufletești și a emoțiilor. Există medicamente, plante și terapii hormonale care ajută la controlarea stărilor sufletești ale unei persoane. Înclin să cred că, în cazul majorității oamenilor, chimia creierului lor și nivelurile hormonale nu creează neapărat o anumită emoție, ci mai degrabă ridică voltajul și volumul unei emoții care există deja în ei. Vom descoperi acum felul în care emoțiile provin în general din gândurile noastre – cu alte cuvinte, percepțiile noastre – asemenea comportamentelor.

Cum provoacă percepțiile noastre despre lumea înconjurătoare o anumită emoție? Să spunem, de exemplu, că percepi un anume pericol, real sau imaginar. Poate îți este frică să nu te atace un leu sau să nu fii făcut de rușine în fața unui grup de oameni ori poate să nu îți pierzi slujba sau casa. Emoția care însoțește de obicei aceste percepții ale pericolului este ceea ce numim *frică*.

Acum, să spunem că ai resimțit un anumit fel de pierdere. Poate că ți-ai pierdut sănătatea sau soțul sau soția prin moarte ori divorț sau un client important la muncă. Emoția care însoțește de obicei aceste percepții ale pierderii este ceea ce numim *tristețe*.

În continuare să spunem că percepi că toate nevoile tale materiale vor fi satisfăcute – să spunem că tocmai ai câștigat la loto. Emoția care însoțește de obicei această percepție este ceea ce am putea numi *satisfacție.*

În cele din urmă, să spunem că percepi o nedreptate: simți că un lucru nu este corect sau drept. Emoția care însoțește de obicei această percepție este ceea ce numim *mânie.* Putem vedea aici cum un gând sau o percepție *precede* o emoție. Ai putea spune că gândul sau percepția duce la o anumită emoție.

Ai putea simți mai multe emoții în același timp – de exemplu, tristețe și mânie. Eu văd uneori aceste emoții drept două fețe ale aceleiași monezi. Dacă o persoană pune pe neașteptate capăt unei relații romantice în care ești implicat, te gândești la pierdere și simți emoția numită *tristețe,* dar s-ar putea, de asemenea, să simți că s-a petrecut o nedreptate în ceea ce privește despărțirea și să o consideri nedreaptă sau incorectă. Acum simți emoția mâniei. Și poți, desigur, să oscilezi de la mânie la tristețe la mânie și așa mai departe.

Ideea este că, pe măsură ce percepția ta despre o anumită situație se schimbă, același lucru se întâmplă și cu emoția. De aceea putem să plângem atât de intens, încât râdem și să râdem atât de intens, încât plângem; și totuși nu înțelegem de ce ne schimbăm emoțiile atât de rapid. Acest lucru se petrece în general deoarece gândurile noastre și, prin urmare, percepțiile noastre se schimbă neîncetat, într-o fracțiune de secundă. Percepția noastră ne poate alimenta emoțiile, iar aceste emoții, la rândul lor, pot să ne întărească percepția inițială, așa cum am văzut în exemplul despre John și Mary.

Ca să recapitulăm, ființele umane se regăsesc cu două feluri de simțire sau conștiență rezidând în lăuntrul lor. Primul fel de simțire provine dintr-o inimă influențată de simțurile și nevoile trupești, de gândirea rațională, de emoții și dorințe, toate acestea provenind din facultățile trupului și sufletului. Cea de a doua simțire provine din duhul nostru omenesc, care este influențat de către *nous,* care se află în comuniune cu Duhul Sfânt din lăuntrul nostru. În ceea ce o privește pe prima, inima noastră se află în întuneric, umbrită sau ascunsă de lumina lui Dumnezeu din cauza păcatului. În cea de a doua, inima noastră este luminată și deschisă către lumina harului lui Dumnezeu, ca să putem vedea cine suntem cu adevărat în Iisus Hristos prin lucrarea Sfântului Duh în lăuntrul nostru.

Înainte de căderea omenirii din Grădina Raiului, inima lui Adam și a Evei se afla în comuniune cu Dumnezeu. Duhul lor omenesc, lăcașul inimii, era îndrumat și luminat de către Duhul lui Dumnezeu: adâncimea vorbindu-i adâncimii, Duhul vorbind duhului din lăuntrul bărbatului și al femeii. Această armonie i-ar fi condus către îndumnezeire în măsura în care ființa umană poate fi asemenea lui Dumnezeu. Inima lor primea lumina lui Dumnezeu, iar acea lumină le îndruma și le lumina sufletele – cu alte cuvinte, gândirea lor rațională, emoțiile și dorințele. Bărbatul și femeia fuseseră făcuți spre comuniune și unire cu Creatorul lor. Am putea spune că acest lucru se găsea în ADN-ul lor. Căderea care a implicat îndoiala față de iubirea lui Dumnezeu pentru ei, ceea ce a dus la neascultarea lor, ne indică trista realitate că ei au urmat, din propria lor voință, o cale contrară adevăratei lor naturi. În loc de a alege să urmeze calea lui Dumnezeu, au ales să urmeze propria cale.

Adam și Eva au ascultat cu simțurile lor trupești, cu gândurile trupești, cu emoțiile și dorințele lor în loc să asculte cu inima orientată duhovnicește în comuniunea cu Dumnezeu. Ignorând adevărul și considerându-l minciună, au gustat din fructul oprit și au închis ușa comuniunii lor intime cu Dumnezeu. Fără lumina lui Dumnezeu strălucind în lăuntrul lor, inima lor s-a întunecat, dar nu a murit. Inima poate fi văzută ca o floare frumoasă care își deschide pe de-a întregul petalele ca să primească lumina unei zile însorite. Dar atunci când ne întoarcem fața de la lumina lui Dumnezeu, inima noastră, floarea noastră duhovnicească, își închide petalele ca în miez de noapte. Având duhul, locașul inimii, în întuneric, Adam și Eva nu mai aveau nimic care să-i îndrume în lumea aceasta în afară de facultățile trupului și sufletului lor și o inimă întunecată.

Odată cu închiderea inimii bărbatului și a femeii față de comuniunea cu Dumnezeu, au sosit începuturile îndoielii lor lăuntrice cu privire la adevărata lor valoare înaintea Creatorului. Cu inima închisă, nu mai puteau vedea limpede acea mărturie lăuntrică a lui Dumnezeu care dezvăluie adevărata noastră valoare veșnică în creație. Acum noi, ființele umane, avem numai gândurile, emoțiile și dorințele noastre mărginite, necontrolate și nedisciplinate care să ne convingă de valoarea noastră.

După cum am menționat mai sus, omenirea a încercat să își recâștige sentimentul valorii personale în locurile și prin metodele greșite. Ne mai putem recâștiga cu adevărat sentimentul valorii numai dacă inima noastră duhovnicească primește din nou lumina harului lui Dumnezeu. Inima trebuie să înflorească sub strălucirea luminii calde a lui Dumnezeu, la fel cum razele soarelui deschid petalele unei flori. Inima este locașul în care bărbatul și femeia vor ști din nou cât sunt de valoroși cu adevărat înaintea lui Dumnezeu.

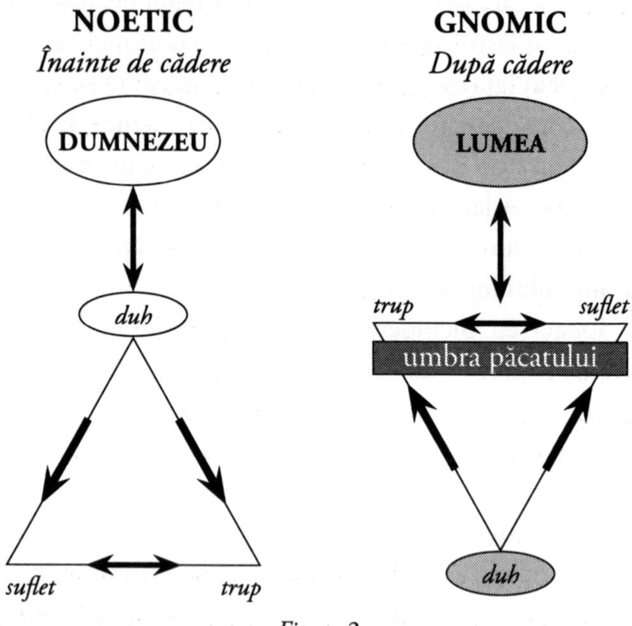

Figura 2

În diagrama de mai sus vedem o descriere sau un model foarte simplist și limitat a cum ar fi putut să fie ființa umană înainte și după cădere. Înainte de cădere, în diagrama „noetică”, vedem duhul omenesc, lăcașul inimii, în comuniune deplină cu Dumnezeu. Aici duhul omenesc urmează îndrumările lui Dumnezeu, iar facultățile trupului și ale sufletului urmează această călăuzire a duhului. Viețile lor se află într-un echilibru sfânt.

După cădere, în diagrama „gnomică”, vedem o reorientare a lumii omului: are loc o inversiune. Acum, din cauza barierei păcatului dintre ei și Dumnezeu, bărbatul și femeia nu mai sunt conduși de Duhul Sfânt în comuniune cu duhul lor. Au ales să lase facultățile trupului și ale sufletului să le călăuzească gândurile și comportamentele în relație cu o lume păcătoasă și coruptă sub influența unui duh acum întunecat. Drept rezultat, duhul lor umbrit și întunecat nu mai poate decât să îndrume trupul și sufletul orbește către păcat.

Oare cum înflorește din nou în lumina lui Dumnezeu duhul închis, umbrit și întunecat? Răspunsul este: prin mila Lui și prin energiile îndumnezeitoare necreate ale lui Dumnezeu sau ceea ce numim *harul* Lui. Pentru a primi acest har, trebuie mai întâi să intrăm prin ușa smereniei, cerând mila și iertarea lui Dumnezeu. Smerenia înseamnă supunerea voinței mele umane la voința lui Dumnezeu întru toate. Un om smerit ar putea să spună aceste cuvinte: „Cred că am dreptate, dar s-ar putea să mă înșel și sunt deschis posibilității de a mă înșela.”

De la cădere ne-am închinat la altarul propriei noastre voințe gnomice, centrul deciziei din sufletul nostru. Dumnezeu ne permite libertatea de a rămâne în voința noastră gnomică, care folosește facultățile trupului și ale sufletului ca să ne îndrume și să ia hotărâri sub influența unei inimi acum întunecate și păcătoase. În iubirea Sa pentru noi, Dumnezeu nu ne încalcă voința individuală. Ne dă puterea de a alege. Așteaptă răbdător până ne săturăm să mai fim bolnavi, până obosim să mai fim obosiți, până ne mâniem pentru că suntem mânioși și până ne deprimăm pentru că suntem deprimați. De fapt avem de ales între calea noastră, care pare dreaptă în ochii noștri, și calea lui Dumnezeu, care este îndrumată de Sfântul Duh din lăuntrul nostru (v. Sol. 14, 12).

Pocăința apare atunci când facem alegerea de a urma calea lui Dumnezeu și nu propria cale. Este recunoașterea faptului că gândirea noastră rațională, emoțiile și dorințele, percepția noastră limitată despre lume și cele cinci simțuri ale trupului nu sunt suficiente să ne aducă vindecare și pace veșnică. Avem nevoie de Duhul lui Dumnezeu în viața noastră să ne fie dascăl, îndrumător și călăuză. Sfântul Apostol Pavel știa aceasta atunci când a scris: *Și nu eu mai trăiesc, ci Hristos trăiește în mine* (Gal. 2, 20).

Smerenia ne învață că avem nevoie de Dumnezeu să ne mântuiască de eul nostru plin de mândrie și de starea noastră bolnavă și tulburată din punct de vedere mintal și duhovnicesc. Cei mai mulți dintre oameni nu au nici o problemă să spună: „Cred că am dreptate!” Câțiva oameni ar putea fi destul de smeriți încât să spună: „Cred că am dreptate, dar s-ar putea să mă înșel" și încă și mai puțini oameni par să fie capabili să spună: „Cred că am dreptate, dar s-ar putea să mă înșel și sunt deschis posibilității de a mă înșela". Care dintre aceștia ești tu?

Restaurarea

Individualitatea noastră unică începe să se vindece atunci când ne reunim cu Creatorul prin botezul cu apă și cu Duhul Sfânt (mirungerea). Iisus le-a spus apostolilor Lui: *Ioan a botezat cu apă, iar voi veți fi botezați cu Duhul Sfânt, nu mult după aceste zile* (F. Ap. 1, 5). Vorbim de fapt despre un singur botez cu două roluri. Primul este cel de a ne spăla de toate păcatele și de a ne elibera de sub puterea morții ca să ne putem uni cu Dumnezeu-Tatăl. Cel de-al doilea este de a ne împuternici prin Sfântul Duh să devenim tot ceea ce Dumnezeu ne menise să fim ca ființe umane. Atunci intrăm în comuniune cu Sfânta Treime, Tatăl, Fiul și Sfântul Duh – altfel rămânem doar o persoană asemenea multor altor persoane, autonomă și singură în izolarea de Dumnezeu și de cei din jur.

Am fost făcuți pentru comuniunea profundă cu Dumnezeu. Cu cât mai apropiată și mai profundă este comuniunea noastră cu Dumnezeu, cu atât se actualizează individualitatea noastră unică, iar eul nostru adevărat iese la suprafață. Devenind fii ai lui Dumnezeu ajungem asemenea unei persoane reale, fără a mai fi indivizi autonomi. Devenim ceea ce suntem cu adevărat și ceea ce am fost meniți să fim. Lumea este plină de indivizi care își văd de viețile lor. Atâta timp cât rămân astfel, nu vor deveni niciodată persoane adevărate, așa cum au fost făcuți pentru a se afla în unire cu Dumnezeu.

Prin smerenie ajungem la botezul cu apă și Duh Sfânt. Apa ne curăță desăvârșit de toate păcatele personale: chipul lui Dumnezeu din lăuntrul nostru se curăță de noroiul neascultării și al păcatului. Duhul Sfânt ne împuternicește cu harul dinamic al lui Dumnezeu lucrând în lăuntrul nostru ca să ajungem la îndumnezeire deplină. Cei care au trecut prin aceste două dimensiuni ale unicului botez se alătură celorlalți care alcătuiesc Trupul lui Iisus Hristos, Biserica Lui. Suntem îmbrăcați din nou în veșmântul strălucitor de slavă și nemurire.

Acum este responsabilitatea noastră, cu ajutorul Sfântului Duh și ajutându-ne unul pe altul, să ne păstrăm veșmintele curate. Dacă ne murdărim veșmintele de slavă, Dumnezeu ne-a oferit un mijloc de a le spăla prin mărturisirea păcatelor. Sfântul Apostol Ioan ne amintește: *Dacă mărturisim păcatele noastre, El este credincios și drept, ca să ne ierte păcatele și să ne curățească pe noi de toată nedreptatea* (I In 1, 9). Cuvântul *pocăință* înseamnă să ne răsucim, să ne întoarcem cu 180 de grade. Atunci când alegem în smerenie să ne supunem de bunăvoie botezului cu apă și cu Duhul Sfânt păcatele ne sunt iertate și începem vindecarea și îndreptarea corespunzătoare a facultăților deformate și distorsionate ale trupului, sufletului și duhului nostru.

POCĂINȚA
(LEPĂDAREA DE PĂCAT)

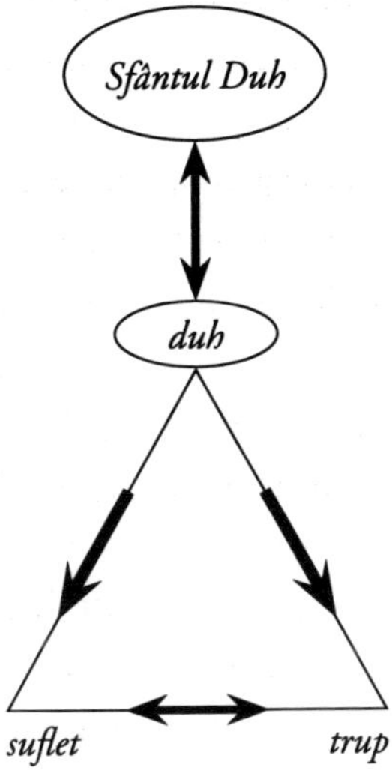

Figura 3

Diagrama de mai sus arată o persoană care a ajuns la această vindecare și îndumnezeire. Cu alte cuvinte, aceasta este scopul nostru: să ne aducem duhul în unire deplină și neîmpiedicată cu Duhul lui Dumnezeu, în așa fel încât facultățile sufletului și trupului nostru să ajungă în întregime sub influența Sfântului Duh. Sfântul Apostol Pavel scrie: *Duhul Însuși mărturisește împreună cu duhul nostru că suntem fii ai lui Dumnezeu* (Rom. 8, 16, *subl. aut.*).

Această reorientare a eului nostru către Dumnezeu reprezintă un proces care începe odată cu botezul cu apă și Duh Sfânt, dar continuă de-a lungul vieții noastre până în veşnicie. Ne naştem din nou şi pornim acum pe drumul spre maturitate deplină în Hristos prin smerenie, ascultare şi cooperare cu harul lui Dumnezeu.

Acum, că am pătruns în Trupul lui Dumnezeu, Biserica Lui, suntem pregătiţi să cunoaştem tovărăşia şi comuniunea cu Dumnezeu la un nivel personal. În acest timp Sfântul Duh va începe să ne dezvăluie adevărul despre eul nostru adevărat şi eul nostru fals. Eul nostru adevărat a fost făcut după chipul lui Dumnezeu. Eul fals a fost făcut după chipul şi asemănarea acestei lumi materiale cu toate experienţele ei devalorizante, laolaltă cu propriile noastre acţiuni păcătoase faţă de noi înşine şi faţă de cei din jurul nostru.

Călătoria noastră spre mântuire este o călătorie spre îndumnezeire personală. Dumnezeu este un Dumnezeu personal şi vrea să comunice cu noi în mod personal şi pe baza experienţelor. Cum începem să ştim în inimile noastre cât de mare este adevărata noastră valoare înaintea Creatorului? Începem prin a ne întoarce şi a ne uni cu Dumnezeu. Se întâmplă atunci când începem să vedem cu inima că eul nostru adevărat este chipul lui Dumnezeu. Botezul cu apă şi Duh Sfânt deschide uşile către această posibilitate atunci când pătrundem în el având un scop şi credinţă adevărată. Rugăciunea ne ajută apoi să ne expunem luminii lui Dumnezeu în Iisus Hristos; inima noastră începe să reacţioneze şi înfloreşte sub minunatele Lui raze, deschizându-şi petalele pentru iubirea lui Dumnezeu.

Natura noastră creștină

Biblia ne spune că Împărăția lui Dumnezeu este înăuntrul nostru (v. Lc. 17, 21). Ce înseamnă acest lucru? Iisus a venit să-Și întemeieze Împărăția care nu aparține acestei lumi. Am putea spune că acolo unde este Iisus este și Împărăția Lui. Dacă Iisus este în mine, Împărăția Lui este în mine; prin urmare, eu fac parte din Împărăția Lui. Devin locuitor al Împărăției Lui. Cu cât devenim mai conștienți de această Împărăție în lăuntrul nostru, cu atât putem vedea că devenim din ce în ce mai asemănători lui Dumnezeu. Știm că devenim asemenea lui Iisus atunci când simțim roadele Duhului în lăuntrul nostru și le facem cunoscute lumii.

Pe măsură ce devenim mai asemănători lui Hristos prin smerenia, ascultarea și credința noastră, începem cu toții să manifestăm o parte mai mare din eul nostru adevărat. Ne îmbrăcăm în Hristos. Vedem cum arată acest lucru în Epistola către Galateni a Sfântului Apostol Pavel: *Iar roada Duhului este dragostea, bucuria, pacea, îndelungă-răbdarea, bunătatea, facerea de bine, credința, blândețea, înfrânarea, curăția* (Gal. 5, 22-23). Atunci când noi, sau chiar și mai bine, alți oameni văd și simt aceste trăsături caracteristice în noi, devenim ceea ce am fost meniți să fim de la bun început, oameni care se arată a fi fii ai lui Dumnezeu. Devenim oglindire a lui Iisus pe pământ. Din păcate, atât timp cât inimile noastre sunt închise și întunecate, este puțin probabil să vedem aceste trăsături dumnezeiești în lăuntrul nostru.

Odată ce devenim membri ai Trupului lui Hristos, Biserica Lui, suntem conduşi la altarul Lui ca să ne împărtăşim din Trupul şi Sângele Lui. Numim acest lucru Sfânta Cuminecătură. Harul lui Dumnezeu s-a revărsat în noi prin botezul cu apă şi Duh Sfânt, iar acum, mâncând din Trupul Lui şi bând din Sângele Lui, ne identificăm cu Hristos în harul Lui. Această cuminecătură ne hrăneşte inima ca să poată înflori din nou, dezvăluind eul nostru adevărat, o creaţie aflată în unire cu Creatorul ei.

Vreau să vă împărtăşesc două povestiri care v-ar putea ajuta să înţelegeţi mai bine ce se întâmplă cu noi atunci când primim harul lui Dumnezeu. Ca orice analogie, au, într-adevăr, limitările lor, dar poate ne vor ajuta cât de puţin să vizualizăm procesul de îndumnezeire.

Prima povestire este despre purificarea argintului. Mi s-a spus că acum sute de ani, când un argintar voia să purifice argintul brut, aşeza materialul brut într-un vas şi apoi îl încălzea deasupra unui foc foarte puternic până când metalul se topea. Odată ce metalul se topea, înfigea o sondă în argint ca să amestece substanţa lichidă. Atunci când îndepărta sonda, zgura sau impurităţile argintului se ridicau la suprafaţă, unde argintarul folosea un instrument asemănător unei linguri ca să îndepărteze zgura de pe suprafaţă şi să o arunce. Argintarul continua acest proces de sondare şi de curăţare a zgurei până când considera că argintul era purificat.

Cum de ştia când argintul era complet purificat? Atunci când se uita la argintul topit şi se vedea oglindit perfect, ca şi când s-ar fi privit într-o oglindă de calitate superioară. Sfântul Apostol Pavel ne spune că și noi suntem schimbați după chipul lui Hristos atunci când Îl contemplăm ca într-o oglindă: *Iar noi toți, privind ca în oglindă, cu fața descoperită, slava Domnului, ne prefacem în același chip din slavă în slavă, ca de la Duhul Domnului* (II Cor. 3, 18).

Ca să aplicăm această analogie ființelor umane, am spune că argintul brut și neprocesat reprezintă inima și sufletul nostru nerafinat, iar zgura reprezintă păcatul eului nostru fals: purtarea și acțiunile unui om supus păcatului. Eul nostru adevărat reprezintă argintul purificat. Focul reprezintă Duhul Sfânt. Sonda este Cuvântul lui Dumnezeu așa cum îl cunoaștem citind Scripturile, ascultând o predică sau Liturghia ori comunicând direct cu Dumnezeu prin rugăciune; iar curățarea zgurei reprezintă iertarea lui Dumnezeu.

Semnificația acestei alegorii este că noi, ca persoane, ne așezăm cu smerenie în vas. Trebuie să alegem să intrăm în procesul de purificare, deșertându-ne cu toată smerenia în mâinile capabile ale lui Dumnezeu. Procesul de purificare începe cu focul Sfântului Duh care ne înmoaie inimile ca să primim Cuvântul și harul lui Dumnezeu. Apoi adevărul lui Dumnezeu ne examinează, scuturându-ne pentru a disloca toate impuritățile din lăuntrul nostru, tot ceea ce nu aparține eului nostru adevărat. Isaia scrie că Dumnezeu *te va curăți de toată zgura ta* (Is. 1, 25). Zgura sinelui nostru fals și păcătos se ridică apoi la suprafața simțirii noastre conștiente.

Acum avem de ales: să ne cramponăm de eul nostru fals și păcătos, zgura, sau să Îl lăsăm pe Dumnezeu să îl îndepărteze prin procesul de spovedanie și iertare. Atunci când ne căim, inima și mintea noastră întrezăresc iluminarea lui Dumnezeu în lăuntrul nostru. Uneori nu ne dăm seama în mod conștient de îndepărtarea zgurei; nutrim doar dorința ca Dumnezeu să caute adânc în inima noastră ca să vadă *de este calea fărădelegii în mine* (Ps. 139, 23-24). Cu cât mai moale este inima noastră, cu atât se topește mai mult, și cu atât Dumnezeu poate să examineze mai temeinic. Ne apropiem de Dumnezeu cu smerenie ca să dăm voie focului Duhului Sfânt să ne înmoaie inima. Acest lucru ne aduce într-o stare de sinceritate unde adevărul lui Dumnezeu poate să ne examineze pentru a găsi impuritățile păcatului. Spovedania și iertarea păcatului îl îndepărtează apoi din viețile noastre. Toate acestea fac parte din procesul de îndumnezeire.

În cele din urmă, atunci când Dumnezeu Se poate uita la noi văzându-Și chipul perfect oglindit, asemenea argintului purificat, putem spune că am fost îndumnezeiți în măsura în care acest lucru este posibil pentru un fiu al lui Dumnezeu. Sfântul Apostol Ioan scrie: *Iubiților, acum suntem fii ai lui Dumnezeu și ce vom fi nu s-a arătat până acum. Știm că dacă El Se va arăta, noi vom fi asemenea Lui, fiindcă Îl vom vedea cum este* (I In 3, 2). Aceasta este vestea cea bună a Evangheliei lui Iisus Hristos. Reprezintă mai mult decât învierea din morți în ziua Judecății de Apoi, oricât de minunată sau îngrozitoare ar fi aceasta pentru om. Vestea cea bună a lui Iisus Hristos este că putem deveni asemenea lui Dumnezeu, asemenea chipului Său din noi, ca să putem intra în unire cu Dumnezeu pe vecie.

Cea de a doua analogie are legătură cu marele artist renascentist Michelangelo. S-a spus că atunci când Michelangelo se uita la o bucată mare de marmură își imagina mai întâi silueta înconjurată de piatră pe care urma să o creeze. Rolul lui era apoi să elibereze cu ciocanul și dalta acea siluetă închisă în marmură. Într-un fel, același lucru îl face și Dumnezeu cu noi prin îndumnezeire. Mila și harul lui Dumnezeu eliberează eul nostru adevărat, înconjurat de păcat, de eul nostru fals. Ne supunem cu smerenie ciocanului și daltei Stăpânului în timp ce El îndepărtează păcatul în care eram închiși, eliberându-ne, ca să fim ceea ce suntem cu adevărat, frumoși în slavă datorită harului plin de iubire al măiestriei Creatorului nostru.

Creștinii ortodocși învață că harul poate fi găsit în Tainele Bisericii, mai cu seamă în botezul cu apă și Duh, în împărtășania cu Trupul și Sângele lui Hristos și în Taina împăcării, unde ne spovedim păcatele la Dumnezeu în prezența unui preot, care are atât rolul de martor al spovedaniei noastre, cât și de tămăduitor duhovnicesc al sufletului nostru.

În timp ce întreaga viață poate fi considerată o taină, numărul oficial de Taine (sau sacramente) asupra căruia Biserica a căzut de acord de-a lungul anilor este șapte. Acestea sunt botezul cu apă, atunci când pătrundem în mod oficial în Trupul lui Hristos; mirungerea, atunci când Îl primim pe Duhul Sfânt în viețile noastre; Sfânta Împărtășanie, atunci când primim Trupul și Sângele lui Iisus Hristos; spovedania, atunci când ne sunt iertate păcatele la rostirea dezlegării unui preot; căsătoria, atunci când un bărbat și o femeie sunt binecuvântați de către Biserică prin harul lui Dumnezeu să devină soț și soție; sfântul maslu, atunci când cei bolnavi sunt unși cu mir spre vindecarea sufletului și a trupului; și hirotonia, hirotonisirea unui episcop, a unui preot sau a unui diacon în cadrul Bisericii. Aceste Taine nu sunt magice, ci vehicule ale harului lui Dumnezeu către poporul Lui. Multe lucruri pot fi vehicul al harului lui Dumnezeu către noi, nu doar aceste șapte Taine. Întrebarea este dacă inima noastră este deschisă către harul care sosește prin ele.

Puterea rugăciunii

Rugăciunea, care este atât de importantă pentru deschiderea inimii noastre către harul lui Dumnezeu și descoperirea a cine suntem cu adevărat în Hristos, poate fi formulată în două moduri: catafatic și apofatic. Acestea corespund celor două tipuri de bază ale teologiei în Biserică.[1] Teologia catafatică (numită uneori „pozitivă”) formulează ce sau cine este Dumnezeu în măsura în care mințile noastre limitate o pot cunoaște și o pot exprima – ceea ce numim *atributele* lui Dumnezeu. Știm numai ceea ce Dumnezeu ne-a descoperit nouă, Bisericii, Trupului Său, despre El Însuși. De exemplu, putem spune că „Dumnezeu este iubire” sau „Dumnezeu este Tatăl nostru din ceruri” sau „Dumnezeu cunoaște toate”.

[1] Ep. Timothy Ware, *Biserica Ortodoxă*, Penguin Books, Londra, 1963, p. 217.

Teologia apofatică, pe de altă parte, poartă numele de teologie „negativă" nu pentru că ar fi rea, ci pentru că înțelege că orice am spune despre Dumnezeu nu vom putea niciodată să cuprindem întregul adevăr sau *esența* a cine este Dumnezeu. Dumnezeu se află, prin urmare, dincolo de explicațiile noastre mintale sau de analiza rațională.

Aceste două tipuri de teologie pot fi, de asemenea, formulate în două tipuri de rugăciune. Rugăciunea catafatică este ceea ce facem în mod specific în timpul slujbelor din biserică sau atunci când ne rugăm acasă sau ori de câte ori ne împărtășim gândurile, grijile, recunoștința, lauda sau cererile lui Dumnezeu. Aceste rugăciuni pot fi în formă liturgică atunci când ne exprimăm pornind de la rugăciunile din cărțile folosite în cadrul slujbei sau de la cântări. Rugăciunile noastre catafatice pot fi și expresii spontane ale nevoii și iubirii noastre de Dumnezeu. În general, rugăciunea catafatică conține *cuvinte* „vorbite" în tăcere în gândurile noastre sau vorbite ori intonate cu glas tare. Rugăciunile catafatice pot include și mișcări ale trupului: îngenuncheri, plecăciuni, înălțarea sau împreunarea mâinilor. Rugăciunea catafatică începe de obicei în aria sufletului și a trupului nostru. Scopul său este să ne alinieze gândurile cu ale lui Dumnezeu. Atunci ne aducem gândurile în lăuntrul inimii.

Rugăciunea apofatică, pe de altă parte, vine din inimă, o inimă aflată în comuniune cu Duhul Sfânt din duhul nostru omenesc. Am putea considera inima drept organul duhovnicesc din lăuntrul nostru, responsabil, în primul rând, să ne conecteze cu Dumnezeu și pe Dumnezeu cu noi; este canalul nostru către Creator. Rugăciunea apofatică are loc atunci când Sfântul Duh se află în comuniune cu inima noastră și o luminează prin harul lui Dumnezeu: este o cunoaștere dincolo de capacitatea noastră mintală de a înțelege sau de a le explica altora în mod satisfăcător, și totuși foarte reală. Sfântul Apostol Pavel a trecut de multe ori prin această experiență. Experiențele lui erau dincolo de capacitatea lui de a explica în mod satisfăcător (v. II Cor. 12, 1-5; Rom. 11, 33).

Sfântul Duh trezește inima noastră lipsită de lumină către lumina prezenței lui Dumnezeu. Inima noastră este locul în care chipul lui Dumnezeu este exprimat cel mai clar în lăuntrul nostru. Aici, în inimă, suntem treziți către cunoașterea adevăratei noastre valori înaintea Creatorului. Această cunoaștere duhovnicească ajută spre luminarea sufletului nostru, a minții noastre, ca să putem fi conștienți, într-o anumită măsură, de cât de valoroși suntem pentru Dumnezeu. Inversează ceea ce s-a întâmplat în Grădina Raiului cu primii noștri părinți.

Sufletul și trupul nostru joacă, de asemenea, un rol important în recuperarea și schimbarea noastră după asemănarea lui Dumnezeu. Trupul și sufletul nu sunt rele în natura lor, dar au nevoie să se regrupeze sub voința lui Dumnezeu ca să devină așa cum au fost înainte de cădere. Atunci când ne folosim facultatea alegerii în mod corespunzător, ne putem așeza mintea în așa fel încât să devină mai deschisă către influența Duhului Sfânt din inima noastră.

Disciplinarea sufletului și a trupului nostru poate, într-adevăr, să ajute la protejarea inimii împotriva bombardamentului răului și a gândurilor lipsite de importanță care ne-au pătruns în minte. Trupul și sufletul nostru ne pot, de asemenea, ajuta inima să-L asculte mai bine pe Dumnezeu, devenind astfel mai puțin distrași de zgomotul neproductiv al acestei lumi. Această stare ne face trupul să rămână nemișcat și sufletul să se concentreze asupra iubirii și milei lui Dumnezeu. De exemplu, atunci când spunem Rugăciunea lui Iisus, ne păstrăm inima concentrată asupra lui Dumnezeu. Vom discuta în curând despre Rugăciunea lui Iisus și despre foloasele ei. Orientarea spre Dumnezeu a sufletului și a trupului nostru este extrem de folositoare în propria noastră experiență întrupată pentru a deveni asemenea lui Dumnezeu prin harul Lui. Să ne amintim întotdeauna că Dumnezeu S-a făcut om, întrupându-Se, ca bărbatul și femeia să devină *asemenea* lui Dumnezeu, îmbrăcându-ne în Dumnezeu în măsura în care putem ca ființe umane. Aceasta înseamnă, de fapt, să devenim adevărați fii ai lui Dumnezeu.

Atât de mult din viața noastră este echilibru. Același lucru se poate spune despre rugăciune. Din propria noastră voință, care provine din facultatea sufletului nostru, alegem să ne adunăm la un loc cu alți creștini în ziua de duminică, ca să ne rugăm prin cuvinte și cântece, în mod catafatic. Trupurile noastre îngenunchează, se înclină și își fac semnul crucii în mod catafatic. Acasă ne rugăm prin cuvinte sau în tăcere pentru alții și pentru binele întregii lumi în timpul nostru personal de rugăciune în mod catafatic. De-a lungul vieților noastre alegem să păzim poruncile lui Hristos din Sfânta Scriptură în mod catafatic. Folosim rugăciuni liturgice catafatice atunci când săvârșim Sfintele Taine. Toate aceste exemple ne pun în poziția de a deveni mai deschiși spre harul și spre cunoașterea lui Dumnezeu.

Cu toate că este importantă, rugăciunea catafatică nu reprezintă un scop în ea însăși. Este menită să ne conducă la rugăciunea apofatică a inimii. Aceasta a fost numită și *rugăciune contemplativă.* Atunci Îl cunoaștem pe Dumnezeu așa cum este El, în măsura în care putem, prin cunoaștere directă și intuitivă. Această experiență nu reprezintă un consimțământ mintal sau un proces cognitiv, ci locul în care mintea noastră și gândurile sufletului nostru devin tăcute. Și totuși, tăcerea aceasta nu este absența cunoașterii. Este o cunoaștere greu de descris sau de pus în cuvinte. Este atunci când Sfântul Duh se află în comuniune cu inima noastră la un nivel profund, mai profund decât gândurile noastre cognitive. Această comuniune ne hrănește inima în așa fel încât începem să înflorim și să ne trezim pentru lucrarea lui Dumnezeu. Am putea chiar să spunem că mireasma acestei înfloriri începe să ne influențeze și să ne călăuzească gândurile și acțiunile. Simțim puterea Sfântului Duh în lăuntrul nostru. Dumnezeu ne invită să primim această putere și această cunoaștere dincolo de cuvinte. Pe măsură ce cooperăm cu Sfântul Duh, gândurile noastre, emoțiile, dorințele și comportamentul încep să se schimbe în ceva mai frumos.

Atunci când inima lui Adam și a Evei erau umbrite și rănite de păcat, nu puteau să primească pe deplin lumina strălucitoare și harul lui Dumnezeu după cădere. Bărbatului și femeii le mai rămăseseră doar sufletul și trupul și o inimă întunecată care să îi călăuzească. Adam și Eva s-au întors către facultățile propriului lor trup și suflet ca să îi călăuzească și să îi conducă în această lume. Acest lucru a dus la păcat, la descompunere și la moarte.

Atunci când cooperăm cu invitația lui Dumnezeu de a ne deschide către mila și harul Lui, inima noastră începe din ce în ce mai mult să reacționeze pozitiv la harul Lui. Acest lucru ne atrage sufletul (gândurile noastre raționale, emoțiile și dorințele). Procesul de îndumnezeire (mântuire) are loc atunci când Îi permitem Duhului Sfânt din lăuntrul nostru să preia mai mult controlul asupra comportamentului nostru trupesc și a gândurilor noastre. Din obicei și din mândrie, facultățile trupului și sufletului nostru nu sunt dispuse să urmeze duhul din lăuntrul nostru. Așadar, facultățile trupului și sufletului nostru luptă, de obicei, împotriva duhului din lăuntrul nostru.

Purificarea reprezintă modalitatea prin care suntem curățați de calea cea veche de a acționa, laolaltă cu vechea stare sufletească. Eul nostru fals este eul care se alimentează de la sine, din propriile plăceri trupești și din mândria sufletului. Eul nostru adevărat este hrănit de către Dumnezeu, Care este veșnic – Dumnezeu ne dă pâinea Raiului și apa vieții, care vin de la tronul harului Lui. Cu cât ne curățim mai mult, cu atât cunoaștem luminarea în lăuntrul inimii noastre, iar apoi vedem cu atât mai bine eul nostru fals de care încă trebuie să ne curățăm. Scopul nostru suprem este îndumnezeirea și contemplarea lui Dumnezeu în lăuntrul inimii, devenind o oglindire a lui Dumnezeu. Atunci putem să înțelegem mai bine cât de valoroși suntem înaintea lui Dumnezeu.

Având cunoașterea ambelor feluri de rugăciune, catafatic (liturgic și spontan) și apofatic (contemplativ), acest lucru ne va ajuta să înțelegem mai bine că suntem cu adevărat valoroși înaintea Creatorului. Rugăciunea catafatică ne poate conduce către rugăciunea apofatică, iar rugăciunea apofatică ne poate duce către o înțelegere mai profundă și la exprimarea rugăciunii catafatice în viața noastră.

Găsirea unui echilibru între cele două feluri de rugăciune poate fi o provocare în cadrul Bisericii. Biserica are o colecție bogată de scrieri despre rugăciunea contemplativă, numită și rugăciunea inimii sau rugăciunea tăcerii, și totuși puțini membri ai Bisericii au auzit vreodată despre acest fel de rugăciune. Și când aud despre el, li se pare că este un lucru pe care numai pustnicii sau călugării ori călugărițele îl pot realiza după mulți ani de disciplină și practici ascetice, de obicei într-un colț de țară uitat de lume sau pe vreo insulă pustie ori în vreo peșteră. Dar nu este nevoie să fii călugăr sau călugăriță pe o insulă pustie ca să ai rugăciunea contemplativă în viața ta. Este un lucru pe care toți credincioșii ar trebui să-l ceară de la Dumnezeu pentru viața lor de rugăciune.

Cred că motivul pentru care cei mai mulți oameni se concentrează asupra rugăciunii liturgice mult mai mult decât asupra rugăciunii contemplative este faptul că rugăciunea liturgică a fost confirmată de către Biserică de-a lungul secolelor drept corectă din punct de vedere teologic. Putem fi mai încrezători că aceste rugăciuni și cântări se bazează pe adevărul creștin (deși am auzit unele rugăciuni liturgice care ar putea fi mai degrabă poetice decât teologice). De asemenea, rugăciunea liturgică, rugăciunile deja formulate, ne ajută, într-adevăr, să ne construim relația cu Dumnezeu în așa fel încât gândurile ademenitoare nu ne vor abate cu ușurință de la calea noastră atunci când intrăm în rugăciunea apofatică.

Cu toate acestea, rugăciunea contemplativă este și ea foarte importantă. Cei mai mulți îndrumători duhovnicești ne sfătuiesc, și chiar insistă, să construim o relație apropiată cu un părinte duhovnicesc, cu cineva cu experiență în rugăciunea contemplativă, ca să ne servească drept călăuză pe drumul nostru. Nu v-aș sugera să faceți acest lucru singuri sau doar citind cărți despre acest subiect, oricât de mult v-ar ajuta. Și totuși, cum există atât de puțini creștini care păstrează un echilibru între rugăciunea liturgică și rugăciunea contemplativă, ar putea fi dificil de găsit un asemenea îndrumător duhovnicesc căruia să-i puteți vorbi.

Timp de secole, în cadrul Bisericii a existat o rugăciune catafatică, la care ne-am referit în câteva cuvinte mai devreme, care a fost folosită drept punte între rugăciunea catafatică și cea apofatică. Aceasta este Rugăciunea lui Iisus. Această rugăciune străveche este ușor de reținut, dar încărcată cu adevăr teologic. Rugăciunea este: „Doamne Iisuse Hristoase, Fiul lui Dumnezeu, miluiește-mă pe mine, păcătosul!” Altă formă este, mai simplu: „Doamne Iisuse Hristoase, miluiește-mă!”

Această rugăciune se rostește iar și iar, nu ca o incantație magică lipsită de înțeles, ci ca o cale de a ne ajuta să ne deschidem inima către Dumnezeu fără gânduri care să ne distragă. Este corectă din punct de vedere teologic. Mă aduce într-o stare de smerenie cerându-I lui Dumnezeu milă pentru mine, păcătosul. Declară că Iisus este Fiul lui Dumnezeu și Mântuitorul vieții mele, Dumnezeu întrupat. În timp, această rugăciune ne poate coborî în lăuntrul inimii noastre, acolo unde sălășluiește rugăciunea contemplativă. Nu mai suntem conștienți din punct de vedere cognitiv de rugăciune, pentru că am pătruns în locașul de tăcere mintală unde nimic din afară nu ne poate distrage atenția, așezându-ne mintea în lăuntrul inimii. Această tăcere este ceea ce Sfinții Părinți au numit *hesychia,* tăcerea sufletului.[1] Acum suntem deschiși către a fi într-o unire existențială cu Dumnezeu.

Cu toate că această afirmație este oarecum simplistă, ne-am putea gândi la rugăciunea liturgică drept felul în care noi Îi vorbim lui Dumnezeu, în timp ce rugăciunea contemplativă este mai degrabă felul în care Dumnezeu ne vorbește în cuvinte care sunt dificil, dacă nu imposibil, de rostit. De fapt, atât rugăciunea contemplativă, cât și rugăciunea liturgică implică faptul că Dumnezeu ne vorbește, iar noi Îi vorbim lui Dumnezeu, dar în modalități diferite și prin facultăți diferite.

Rugăciunea lui Iisus poate deveni o punte minunată de la rugăciunea liturgică spre rugăciunea contempla-

[1] Mitrop. Hierotheos de Nafpaktos, *Psihoterapia ortodoxă: știința Sfinților Părinți,* Birth of the Theotokos Monastery, Grecia, 1994, pp. 311, 315.

tivă, iar rugăciunea contemplativă poate să ne facă rugăciunea liturgică mult mai reală. Trebuie să ne amintim, cu toate acestea, că nu are loc nimic magic atunci când ne rugăm folosind exact cuvintele Rugăciunii lui Iisus: am putea la fel de ușor să ne rugăm „Doamne, miluiește-mă" iar și iar ca să ne vedem deschizându-ne către rugăciunea contemplativă. Uneori eu mă rog numai spunând „Doamne, mântuiește-mă" iar și iar ca să pătrund într-un locaș mai profund cu Dumnezeu. Amintiți-vă că am menționat mai devreme că am nevoie să fiu „mântuit de mine însumi" (eul fals). Așadar, ceea ce spun de fapt este: „Doamne, mântuiește-mă de eul meu fals!"

În teorie, ai putea, de asemenea, să-ți ignori pur și simplu cu totul gândurile și imaginile mintale atunci când stai tăcut și cu ochii închiși, în liniște, cu totul îndreptat spre Dumnezeu. Ai închis vreodată ochii și ai stat tăcut, încercând să nu te gândești la nimic? În realitate, acest lucru este imposibil de făcut. Gândurile noastre ne pot distrage atât de la rugăciunea contemplativă, cât și de la cea liturgică. Nu vă luptați cu gândurile, ci lăsați-le să treacă pe lângă voi asemenea bărcilor plutind în josul unui râu în timp ce voi stați liniștiți pe mal, fără să vă lăsați impresionați, ignorându-le pe toate. Veți fi ispitiți să săriți într-o barcă și să porniți la plimbare în timp ce nutriți gândul pe care îl poartă barca. În schimb, lăsați-o pur și simplu să treacă pe lângă voi fără nici un efort. Această practică poate să vă aducă și în rugăciunea contemplativă. Este mai probabil ca rugăciunea contemplativă să sosească atunci când ne ignorăm eul și caleidoscopul mintal al gândurilor. Din nou, este extrem de folositor să fii călăuzit de cineva care a atins un nivel înalt atât al rugăciunii liturgice, cât și al rugăciunii contemplative în viața sa.

Spunând toate acestea, mai trebuie să adăugăm că nu ar trebui niciodată să limităm mișcarea Sfântului Duh în viața unei persoane. Sfântul Duh poate ajuta o persoană să înțeleagă cât de valoroasă este înaintea Creatorului ei chiar și atunci când este proaspăt botezat în creștinism. De ce? Pentru că această cunoaștere lăuntrică este un dar, această experiență contemplativă este un dar, iubirea este un dar: nu au nevoie să fie câștigate sau atinse folosind exerciții mintale.

Și totuși, pătrunderea în procesul de îndumnezeire prin curățire și iluminare este ceva ce toți creștinii ar trebui să trăiască. Ne face mai deschiși către darul iubirii pe care Dumnezeu îl oferă cu generozitate tuturor celor care îl cer de la El. După cum am spus mai devreme, cunoașterea adevăratei noastre valori nu este o simplă acceptare cognitivă; este o acceptare spirituală prin lucrarea Duhului Sfânt în inima noastră, cu cooperarea minții și trupului nostru.

Cred că este foarte important să înțelegem în adâncul inimii noastre cât de valoroși suntem pentru Dumnezeu, o inimă care trebuie să se trezească din somn prin puterea Duhului Sfânt. Atunci când îți cunoști valoarea înaintea lui Dumnezeu, nu vei mai avea nevoie să o cauți la alții: în schimb, este mai probabil să le-o oferi altora. În continuare, această carte va analiza cum putem face acest lucru.

PARTEA A DOUA

Cum să-i apreciezi cu adevărat pe ceilalți

CAPITOLUL AL CINCILEA

Cum să-ți apreciezi partenerul de viață

Cum putem să punem în cuvinte față de cei din jurul nostru cât de valoroși sunt *ei* pentru noi și pentru Dumnezeu? De unde să începem? Proverbul spune: „Milostenia (sau dragostea) începe de acasă." La temelia oricărui cămin se află iubirea dintre soț și soție, așa că vom începe discuția punând în cuvinte aprecierea lui Dumnezeu pentru persoana de care ar trebui să ne simțim cel mai aproape, partenerul nostru de viață.

Căsătoria ar trebui văzută drept o chemare, la fel cum celibatul (a rămâne necăsătorit) ar trebui să fie o chemare. Dacă Dumnezeu te cheamă spre celibat, ar trebui să urmezi acea chemare. În acest capitol ne vom concentra asupra căsătoriei și a valorii pe care o are partenerul de viață pentru tine. Cu toate acestea, sper ca persoanele celibatare care trăiesc în lume sau care au intrat în viața monahală să se poată totuși folosi de o parte din adevărurile aflate în acest capitol atunci când se raportează la cei apropiați.

Atunci când un cuplu vine la mine pentru consiliere, de obicei știu câte ceva despre situația lor din clipa în care intră pe ușă. Știu că unul dintre ei, sau mai degrabă fiecare dintre ei, s-a simțit devalorizat de către celălalt partener. O altă posibilitate este ca unul sau amândoi să se simtă atât de devalorizați în general, încât să nu le vină să creadă că partenerul lor îi apreciază cu adevărat, în ciuda faptelor care dovedesc contrariul.

O excepție de la această generalizare ar fi faptul că unul dintre ei, sau amândoi, suferă de o tulburare psihiatrică de natură organică, având nevoie de îngrijiri medicale și de tratament medicamentos. Cu toate acestea, majoritatea cuplurilor pe care le consult în biroul meu nu trec printr-o asemenea încercare. Problema cu care se confruntă implică de obicei o devalorizare reală sau percepută din partea partenerului lor de viață.

Înainte de a studia metodele prin care putem avea o căsnicie sănătoasă, în care aprecierea sinceră a partenerului este exprimată în mod reciproc, ar trebui să discutăm despre relațiile uneori disfuncționale pe care bărbații și femeile le nutresc în general în cadrul culturii noastre. Vreau să vorbesc mai întâi despre ceea ce unii numesc „războiul dintre sexe".

Ura și gelozia diavolului

Biblia ne spune că diavolul *umblă, răcnind ca un leu, căutând pe cine să înghită* (I Ptr. 5, 8). Diavolul urăște și este gelos pe omenire deoarece Dumnezeu le-a arătat oamenilor cea mai mare bunăvoință, făcându-i după chipul Său. Oricât de minunate ar fi oștirile îngerești, lor nu le-a fost acordată această cinste specială.

Diavolul a fost la început marele înger Lucifer, un nume care înseamnă „purtător de lumină" (sau, în versiunea sa ebraică, „stea strălucitoare a dimineții"). Biblia face aluzie la faptul că o treime dintre îngerii din Rai s-au răzvrătit împotriva lui Dumnezeu, cu Lucifer în frunte: astfel, au fost izgoniți din Rai pe tărâmul acesta pământesc (v. Apoc. 12, 4). Din cauza mândriei și a răzvrătirii lui, Lucifer a devenit apoi Satana, ceea ce înseamnă „dușman al binelui" în ebraică și „acuzator" în greaca veche. El este numit acum diavol (*diabolos,* în limba greacă), cel care a fost aruncat pe pământ. În ura lui față de Dumnezeu, și-a pus în gând să distrugă omenirea din răzbunare și din mândrie. Cred că Satana vrea să-I facă rău lui Dumnezeu făcându-le rău fiilor Lui – cu alte cuvinte, omenirii –, înnoroind și înnegrind chipul lui Dumnezeu din noi.

Vă atrag atenția îndeosebi că Dumnezeu nu numai că îi consideră pe bărbați și femei drept iubiții Lui fii, dar le-a dat și abilitatea de a face un lucru pe care oștirile îngerești, inclusiv îngerii căzuți, nu pot să îl facă. Le-a dat oamenilor capacitatea de a fi roditori și de a se înmulți, de a co-crea cu Dumnezeu după neamul lor. Expresia-cheie aici este „după neamul lor". În Facerea 6, 1-4 citim despre „fiii lui Dumnezeu" procreând cu „fiicele oamenilor", ceea ce a produs uriași și viteji vestiți. Cine erau acești „fii ai lui Dumnezeu" – ființe angelice (demonice) care au zămislit copii cu femei din neamul omenesc? Nu știm. Nu știm nici cum a avut loc acea procreare. Ce știm este că ființele îngerești nu pot să co-creeze cu alte ființe îngerești pentru a da naștere unor copii îngerești „după neamul lor". Satana și demonii lui nu pot procrea unii cu alții și să aibă propriii lor copii, dar pot recruta oameni care să devină copiii diavolului (v. I In 3, 10).

Dumnezeu a înzestrat toate creaturile vii de pe pământ cu capacitatea de a se reproduce. Chiar și câinii și porcii au primit capacitatea de a se reproduce după neamul lor, dar Satana și creaturile îngerești nu. Cred că acest lucru l-a provocat pe Satana să-și concentreze o mare parte din atacul plin de mânie asupra procesului reproductiv al ființelor umane. Detestă faptul că noi putem face un lucru de care el nu este în stare.

În acest scop, planul diavolesc al Satanei este să-i facă pe bărbați și pe femei să se urască unul pe altul. Acest lucru îi oferă o mare bucurie. Așadar, avem în limbajul nostru din ziua de astăzi *misoginia,* ura față de femei, și *misandria,* ura față de bărbați, opusul total a ceea ce Dumnezeu intenționase să cunoască fiii Lui. Satana obține misoginia și misandria încercând să-i facă pe bărbați și pe femei să se devalorizeze unii pe alții prin *devalorizarea în baza apartenenței de gen.* Amintiți-vă, de fiecare dată când devalorizăm o altă persoană păcătuim împotriva Lui. Una dintre cele mai rapide căi de a mânia o persoană este devalorizarea ei. Dacă îi mânii sau îi devalorizezi pe ceilalți în prea mare măsură, emoția mâniei poate deseori să se transforme în ură, ceea ce este exact ce cred eu că Satana își dorește și se bucură să vadă că se întâmplă între cele două sexe. Din nefericire, a avut destul de mult succes în a da naștere la asemenea ură.

O altă cale prin care oamenii se devalorizează unii pe alții este *depersonalizarea*. Depersonalizarea apare atunci când îl tratăm sau vorbim despre cineva ca despre un obiect și nu ca despre o persoană. Fiecare persoană este făcută după chipul lui Dumnezeu în mod frumos și minunat și cu o mare valoare înaintea lui Dumnezeu. Depersonalizarea oamenilor înseamnă atunci să îi descrii drept mai puțin decât ceea ce sunt cu adevărat, să te raportezi la ei sau să îi tratezi drept un obiect de rând, ușurând sau justificând folosirea sau abuzul unei persoane pentru propriul profit sau pentru plăcere. Atunci când depersonalizăm oamenii într-un anumit fel folosim termeni depersonalizați ca să îi descriem. De exemplu, cineva ar putea spune: „E cap de lemn" (o persoană proastă) sau „Nu are cap" (o persoană nechibzuită).

Se pare că societatea a devenit mult mai grosolană, vulgară și obscenă în ultima sută de ani, iar cuvintele care duc la depersonalizare, asemenea. Sfântul Apostol Pavel ne spune că „nici vorbe de rușine, nici vorbe nebunești, nici glume care nu se cuvin" nu sunt potrivite pentru un sfânt (v. Efes. 5, 4). Anumite cuvinte care duc la depersonalizare sunt extrem de nepoliticoase și devalorizante atât față de bărbați, cât și față de femei.

Este interesant de remarcat că multe dintre aceste cuvinte obscene de depersonalizare au tendința să se concentreze asupra sistemelor reproductive ale bărbaților și femeilor. Oare de ce? Încep să cred că Satana influențează aceste cuvinte de depersonalizare având deseori conotație sexuală, care numesc organele reproductive sau sânii nu după denumirile lor corecte sau cuviincioase, ci după denumirile unor obiecte de rând sau în cuvinte vulgare, menite să jignească, depersonalizând persoana prin această acțiune. Nu este interesant că avem un singur cuvânt pentru cot sau degetul de la picior? Dar atunci când vine vorba de diferențele fizice dintre bărbați și femei descoperim că lumea inventează tot felul de termeni controversați, cuvinte care ar putea fi motivate prin dispreț, mânie și dorința de a manifesta lipsă de respect față de sexul opus.

Cred că Satana se bucură de această lipsă de respect atunci când se întâmplă și se află deseori la originea ei. Aceste cuvinte sunt menite să transforme un lucru făcut de Dumnezeu în mod minunat în ceva de rând, grosolan și vulgar. Până și actul sacru de unire fizică între bărbat și femeie este descris prin multe cuvinte înjositoare și lipsite de respect.

Ca să simplificăm, cuvintele de depersonalizare sunt cuvinte de devalorizare și prin urmare păcătuim când le folosim. Nu ar trebui să existe în vocabularul fiilor lui Dumnezeu. După cum am explicat mai devreme, cei care sunt devalorizați au tendința să-i devalorizeze pe alții la rândul lor, iar ciclul continuă la nesfârșit. Astăzi vedem atât bărbați, cât și femei devalorizând natura fizică a celuilalt, dând naștere la mânie și uneori chiar la ură față de sexul opus. În loc să dea dovadă de respect și să se prețuiască unul pe celălalt, bărbatul și femeia trăiesc în întuneric, iar în acel întuneric al inimii fac exact opusul: fiecare rănește demnitatea celuilalt.

Am ezitat să împărtășesc exemple ale acestei devalorizări în baza apartenenței de gen între cele două sexe din cauza grijii că ar putea declanșa amintiri sau experiențe de suferință emoțională sau răni în lăuntrul tău, cititorule. Cu toate acestea, cred că este important să dau măcar câteva exemple ca să putem vedea mai bine puterea lor distructivă și păcatul inerent. Dacă aceste exemple dau naștere unui disconfort în lăuntrul vostru, vă rog să mă iertați. Cu siguranță nu aceasta a fost intenția mea. Dacă această discuție vi se pare supărătoare, vă încurajez să căutați povățuire evlavioasă din partea unui preot demn de încredere sau să găsiți un terapeut creștin profesionist ca să discutați posibila voastră rușine sau suferință.

Iată numai câteva exemple de lipsă de respect și devalorizare între sexe.

Să începem cu femeile, care de mii de ani s-au simțit depersonalizate de către bărbați. De-a lungul istoriei, femeile au fost deseori văzute drept cetățeni de mâna a doua și au fost tratate în principiu drept copii în trupuri de adulți care au nevoie să fie îngrijite (dar de fapt abuzate) de către bărbați. Femeile au cunoscut hărțuire sexuală, abuz și alte forme de umilință timp de secole. Au fost tratate de-a lungul istoriei drept persoane aflate într-o stare de servitute, cerându-li-se să furnizeze diverse servicii neplătite soților lor sau socrilor ori chiar angajatorilor. Corpurile femeilor sunt în continuare depersonalizate în mod constant în mass-media, iar pornografia nu face decât să încurajeze această depersonalizare. Este adevărat că nu sunt de acord cu părerile feministe referitoare la dreptul femeii de a face avort sau cu anumite aspecte ale viziunii lor asupra lumii care pornesc din ceea ce Christina Hoff Sommers numește „feminism al genului"[1], dar pot să apreciez feministele care au acuzat depersonalizarea femeii în societatea noastră.

O cale de a depersonaliza femeia, care provine îndeosebi de la diavol, este violul, ceea ce bărbații au făcut încă de la începutul timpurilor. Aceasta este o agresiune sexuală împotriva cuiva făcut după chipul lui Dumnezeu. Violul este rău. Este degradant, dureros din punct de vedere fizic și distrugător de suflete. În cuvinte simple, este o violare extrem de păcătoasă a ființei umane.

Atunci când am lucrat cu victime ale violului, întrebarea pe care acestea o puneau deseori era: „Cum a putut să-mi facă una ca asta?" Cred că femeia se luptă cu dialogul ei lăuntric, chiar la un nivel subconștient, cu privire la sentimentul valorii ei ca ființă umană. Acel dialog lăuntric ar putea suna în felul acesta: „Dacă aș fi avut într-adevăr valoare, ca ființă umană, el nu m-ar fi violat, dar pentru că m-a violat cu siguranță că nu am cine știe ce valoare ca ființă umană." Ce gând și ce sentiment dureros pentru oricine!

În timp ce victima violului își plânge pierderea demnității și a respectului pe care a trăit-o, poate de asemenea să simtă mânie și furie puternică, uneori înăbușite, dacă nu reprimate. Consilierea încearcă să o ajute să-și recâștige sentimentul valorii personale ca ființă umană și să depășească mânia și furia ca să pătrundă în

---

[1] Christina Hoff Summers, *Cine a furat feminismul*, Simon și Schuster, New York, 1995, p. 22.

iubirea lui Dumnezeu pentru ea. Jalea este un proces și cere timp, dar cu ajutorul lui Dumnezeu și cu sprijinul celor din jur există speranța ca o victimă să-și reia viața și să-și urmeze scopul în viață.

Să vorbim acum despre devalorizarea bărbaților. Bărbații pot fi și ei agresați sexual și devalorizați de către femei. Am putea spune: „Nu prin viol!" Este adevărat în general, cu toate că am auzit, bineînțeles, povestiri despre femei care au sedus și au abuzat sexual bărbați tineri, cum ar fi studenții cărora le predau sau chiar propriii lor fii.

În timp ce această formă de abuz este comisă în mod caracteristic de către alți bărbați, bărbații pot fi agresați sexual de către femei în alt fel. O tendință îngrijorătoare pe care am observat-o în ultima vreme este agresiunea și devalorizarea bărbaților prezentată deseori în filme sau în televiziune. Atunci când eram copil și mă duceam la cinematograf cu 35 de cenți pentru o reprezentație dublă, vedeam uneori scene de umor ieftin. Un bărbat aluneca pe o coajă de banană și cădea, iar publicul râdea încântat. Îmi amintesc că urmăream emisiuni televizate unde agresiunea fizică și durerea erau un ingredient principal al comediei. Este interesant cum o mare parte din ceea ce numim *umor* este în realitate reprezentarea altora îndurând durere sau umilință.

O nouă formă de umor ieftin pare să-și fi găsit locul în filmele noastre și chiar în animațiile pentru copii din ziua de astăzi. Aceasta implică rănirea sistemului reproducător al unui bărbat. Consider acest lucru drept o formă de agresiune sexuală asupra bărbaților. Vedem sistemul reproducător al unui bărbat lovit cu piciorul sau pocnit sau vedem un bărbat împiedicându-se din greșeală de ceva cu picioarele desfăcute și căzând apoi peste organele sale reproductive. De obicei acest fel de scenă este urmată de râs în public, poate chiar de încântare din partea unora. Asemenea scene au devenit o banalitate în comediile noastre sau atunci când un scenarist vrea să provoace râsul fără prea mult efort.

Mulți nici măcar nu consideră acest lucru un abuz și nici nu obiectează împotriva unui astfel de umor vulgar. Dar este vorba despre o devalorizare în baza apartenenței de gen, iar râsul care îi urmează se face pe seama durerii și umilinței unui bărbat. Îmi amintesc că am auzit mai demult o adolescentă spunându-i în biserică prietenului ei că îl va lovi „acolo unde doare mai tare" dacă nu vorbește frumos cu ea. Cu alte cuvinte, îl amenința că îi va agresa violent sistemul reproducător pentru un lucru pe care el l-ar putea spune și care ar putea-o mânia. Nu vorbea despre cum s-ar apăra împotriva unei agresiuni fizice din partea prietenului ei, ci despre felul în care ar reacționa dacă s-ar mânia pe el. Așa l-a amenințat că îl va pedepsi pentru comentariile lui.

Agresiunea asupra sistemului reproducător al unui bărbat ca formă de pedeapsă este rea. Se presupune că această formă de pedeapsă ar trebui să fie distractivă sau acceptabilă? Nu pentru un fiu al lui Dumnezeu! Este o depersonalizare directă și o devalorizare a sistemului reproducător al unui bărbat. Ce are Dumnezeu de spus despre o asemenea atitudine? Ezit chiar să citez din Vechiul Testament deoarece este probabil să vă revoltați citind ce le-a poruncit Moise să facă fiilor lui Israel cu mii de ani în urmă: *De se vor bate între dânșii niște bărbați, și femeia unuia dintre ei se va duce ca să scoată pe bărbatul său din mâna celui ce-l bate și, întinzându-și ea mâna, va apuca pe acesta de părțile lui rușinoase, să i se taie mâna ei și să nu o cruțe ochiul tău* (Deut. 25, 11-12).

„Dar venea în ajutorul soțului ei, încercând să-l apere de atacatorul *lui*", ați putea spune. Slavă Domnului, noi, creștinii, nu trebuie să executăm o astfel de pedeapsă pentru acțiunea despre care vorbea Moise, dar ne putem da seama în acest fel de cât de păcătoase sunt acțiunile femeii înaintea lui Dumnezeu! Dumnezeu îi vede acțiunile de agresiune asupra organelor sexuale ale făptașului drept un păcat grav. Dumnezeu nu Se opune faptului că ea își apără soțul, ci felului în care o face. Cred că mulți dintre noi, inclusiv eu, nu am considera fapta ei drept un păcat, dar Dumnezeu o consideră.

Cred că Satana este încântat atunci când vede bărbații agresând sexual femei și femeile agresând sexual bărbați, fie în realitate, fie în ficțiune de divertisment. Atât violul, cât și umorul ieftin degradant sunt forme ale devalorizării, umilinței, lipsei de respect și prin urmare ale păcatului.

O altă formă de devalorizare este folosirea *dublului înțeles* în umorul vulgar. Un dublu înțeles este un cuvânt sau o frază care are mai mult de un înțeles, iar al doilea este picant sau are conotație sexuală. În ceea ce privește devalorizarea în baza apartenenței de gen, avem mai întâi un cuvânt banal care nu este de obicei nici devalorizant, nici încărcat sexual, dar având, totodată, un al doilea înțeles cu conotație sexuală, menit de obicei să rușineze și să înjosească sexul opus. Aceste duble înțelesuri sunt folosite ca să provoace râs lipsit de respect în filmele noastre sau la petreceri în cadrul așa-numitelor glume „pentru adulți".

Cred că există o nuanță de agresivitate (poate agresivitate pasivă) sau chiar de ostilitate în felul în care aceste cuvinte sunt folosite împotriva sexului opus. Uneori bărbații vor folosi aceste cuvinte împotriva altor bărbați, iar femeile le vor folosi împotriva altor femei. Nu ar trebui să ne surprindă că trăim într-o lume grosolană și vulgară în ceea ce privește manierele și comportamentul sau că acest lucru este chiar glorificat de către unii oameni. Dar noi, creștinii, trebuie să ne reamintim că, deși ne aflăm *în* această lume, nu suntem meniți să fim *din* această lume. Am fost scoși din această lume păcătoasă prin botezul cu apă și Duh Sfânt și am fost chemați să fim fii ai lui Dumnezeu. Amintiți-vă cuvintele Mântuitorului: *Dacă ați fi **din** lume, lumea ar iubi ce este al său; dar pentru că nu sunteți din lume, ci Eu v-am ales pe voi **din** lume, de aceea lumea vă urăște* (In 15, 19, *subl. aut.*).

Sunt sigur că vă puteți gândi și la alte metode prin care bărbații și femeile se devalorizează unii pe alții, poate metode prin care voi înșivă ați fost devalorizați sau i-ați devalorizat pe cei de sex opus. Vedem acest lucru în faptele de violență domestică, atunci când bărbații și femeile se agresează fizic unii pe ceilalți din mânie și/sau nevoia de a-și controla partenerul. De asemenea, cât de des ați auzit pe cineva spunând ceva de felul acesta:

„Toți bărbații sunt [cuvânt de devalorizare]" sau toate femeile sunt [cuvânt de devalorizare]"? Avem bărbați care critică și umilesc femeile și femei care critică și umilesc bărbații, iar cercul acesta vicios al represaliilor continuă. Atunci ne mirăm de ce copiii noștri au probleme cu sexul opus după ce cresc!

Discut acest concept al devalorizării în baza apartenenței de gen pentru că, dacă vă gândiți să vă căsătoriți într-o zi sau sunteți căsătoriți deja, s-ar putea să aveți nevoie să vă străduiți să renunțați la asemenea atitudini și obiceiuri sau poate să vă vindecați în urma devalorizării în baza apartenenței de gen, prin care este posibil să fi trecut de-a lungul vieții. Dacă nu o faceți, este posibil să vă aduceți mânia și suferința în căsnicie și să vă proiectați durerea și mânia asupra partenerului de viață, care nu merită nici el un asemenea tratament. Dacă ați fost devalorizați și/sau aveți tendința să devalorizați sexul opus, chiar în numele umorului, este posibil să vă devalorizați partenerul de viață și în cele din urmă să sfârșiți la terapia de cuplu sau, mai rău, în fața instanței de divorț.

O icoană a lui Hristos și a Bisericii Lui

Căsătoria creștină reprezintă chemarea bărbatului și a femeii de către Dumnezeu spre a se uni ca soț și soție în împlinirea voinței lui Dumnezeu în viața de cuplu. Această unire are loc oficial în Trupul lui Hristos – cu alte cuvinte, în Biserica Lui. Spun acest lucru deoarece cuplurile uită deseori că Dumnezeu este Cel Care ar trebui să îi cheme împreună, iar voia lui Dumnezeu este cea care trebuie împlinită prin și în cadrul cuplului. Ei trebuie să-și discearnă chemarea de a fi uniți ca soț și soție prin rugăciune și căutând să împlinească voia lui Dumnezeu. Dumnezeu le binecuvântează apoi unirea și le împărtășește harul Lui ca să primească puterea și înțelepciunea de a îndeplini voia Lui în viața lor de cuplu.

După facerea bărbatului și a femeii în grădina Raiului, Moise a scris: *Și a făcut Dumnezeu pe om după chipul Său; după chipul lui Dumnezeu l-a făcut; a făcut bărbat și femeie. Și Dumnezeu i-a binecuvântat, zicând: „Creșteți și vă înmulțiți..." De aceea va lăsa omul pe tatăl său și pe mama sa și se va uni cu femeia sa și vor fi amândoi un trup* (Fac. 1, 27-28; 2, 24). Iisus Însuși repetă acest adevăr:

> „Dar de la începutul făpturii, bărbat și femeie i-a făcut Dumnezeu. De aceea va lăsa omul pe tatăl său și pe mama sa și se va lipi de femeia sa. Şi vor fi amândoi un trup; așa că nu mai sunt doi, ci un trup. Deci ceea ce a împreunat Dumnezeu, omul să nu mai despartă" (Mc. 10, 6-9).

Iar Sfântul Apostol Pavel scrie în Epistola sa către Efeseni:

> „De aceea, va lăsa omul pe tatăl său și pe mama sa și se va alipi de femeia sa și vor fi amândoi un trup. Taina aceasta mare este; iar eu zic în Hristos și în Biserică. Astfel și voi, fiecare așa să-și iubească femeia ca pe sine însuși; iar femeia să se teamă de bărbat" (Efes. 5, 31-33).

Așadar Iisus, Moise și Sfântul Apostol Pavel ne spun cu toții că Dumnezeu unește bărbatul și femeia în căsătorie ca să devină un trup ca soț și soție. Sfântul Apostol Pavel spune în continuare că soțul și soția devin de fapt chipul viu sau icoana legăturii dintre Iisus și Mireasa Lui, Biserica. După cum ne dezvăluie Sfântul Ioan Botezătorul, Iisus este Mirele, iar credincioșii care Îl urmează sunt Mireasa Lui (v. In 3, 29). În Evanghelia după Sfântul Apostol Matei citim despre fecioarele cele înțelepte care erau pregătite să-și întâmpine mirele (v. Mt. 25, 1-13). Această povestire reprezintă din nou ceea ce ar trebui să fie legătura dintre Hristos și Biserica Lui. Observați că mireasa este reprezentată de fecioarele care își așteaptă răbdătoare mirele.

Biblia numește sexul în afara căsătoriei *preacurvie.* Ne învață de asemenea că a face sex cu cineva care nu îți este partener de viață înseamnă adulter. Iisus nu Se face vinovat nici de preacurvie, nici de adulter: prin urmare soțul, care trebuie să fie icoana vie a lui Hristos, nu ar trebui să se facă vreodată vinovat de preacurvie sau de adulter. Mireasa lui Hristos este văzută drept fecioară și nu comite nici preacurvie, nici adulter: prin urmare soția, care trebuie să fie icoana vie a Bisericii lui Hristos, nu ar trebui să comită vreodată preacurvie sau adulter. De altfel, Hristos Mirele nu este siluitor: prin urmare, soțul nu ar trebui să își siluiască soția. Iisus nu îi este necredincios Miresei Lui și nici nu o siluiește. Iisus Se așteaptă, de asemenea, ca Mireasa Lui, soția, să nu fie necredincioasă sau să ceară prea mult de la soțul ei. Aceste adevăruri ar trebui să se răsfrângă în icoana vie a căsătoriei dintre un bărbat și o femeie. Amintiți-vă, prima noastră chemare în căsătorie este să fim icoana vie a lui Hristos și a Bisericii Lui pe cât ne stă în puteri.

Trăim în ceea ce putem numi o *lume iconică* a creației lui Dumnezeu. Se poate spune că toată creația lui Dumnezeu poartă amprenta lui Dumnezeu Însuși. Nu că totul *este* Dumnezeu, ci că totul poartă slava lui Dumnezeu. Deoarece Dumnezeu a creat căsătoria, înțelegem că și căsătoria poartă amprenta lui Dumnezeu. Cu alte cuvinte, căsătoria este chipul viu sau icoana legăturii dintre Hristos și Biserica Lui. Aceasta este, într-adevăr, o mare taină. Am discutat deja faptul că suntem icoane vii ale lui Dumnezeu și că atunci când lumea se uită la noi ar trebui să-L vadă pe Iisus. Ceea ce Sfântul Apostol Pavel spune este că atunci când lumea se uită la niște soți creștini ar trebui să vadă oglindirea adevăratei legături dintre Hristos și Biserica Lui. De aceea avem atât de mare nevoie de harul lui Dumnezeu și de Duhul Sfânt în căsătorie ca să îndeplinim acest lucru și de aceea căsătoria este o taină.

Cei mai mulți soți creștini nu înțeleg sau nu cugetă profund asupra acestei mari taine la care sunt chemați ca să o exprime în fața lumii înconjurătoare. Mulți ar putea să creadă că ei sunt cei mai importanți în căsătorie, plăcerea lor, visurile lor, țelurile lor și îndeplinirea voinței lor. Unii ar putea vedea căsătoria drept o simplă cale de a face sex fără a se simți vinovați. Câți dintre ei Îi spun lui Dumnezeu: „Suntem aici ca să împlinim voia *Ta* în viața noastră de căsătorie"? Câți înțeleg cu adevărat că atunci când se căsătoresc și primesc taina Lui de har se transformă într-o icoană vie care are roluri noi și noi numiri ca ființe – și anume, cele de „soț" și „soție"?

Căsătoria nu se referă la flori sau la rochia elegantă ori la petrecerea bogată sau la luna de miere scumpă. Îmi aduc aminte că într-o zi, când schimbam posturile de televiziune, am văzut din întâmplare un fragment din emisiunea lui Oprah Winfrey în care se discuta despre o femeie care voia să cheltuiască zeci de mii de dolari pentru nunta ei, în timp ce logodnicul ei voia să cheltuiască *doar* zece mii pentru nuntă ca să poată folosi restul de bani pentru un avans ca să își cumpere o casă în care să locuiască. Femeia a protestat cu hotărâre și a întrebat ceva de felul acesta: „Ce poți să primești doar pentru zece mii de dolari?" Atunci Oprah a arătat cu înțelepciune către logodnicul femeii și a spus: „Ei bine, poți să-l primești pe el." Nu la acest lucru ar trebui să se refere căsătoria?

Atunci când un cuplu se căsătorește înțelegând că Dumnezeu îi cheamă să devină o icoană vie a lui Hristos și a Bisericii lui, atitudinea lor referitoare la natura căsătoriei se schimbă. Icoana căsătoriei este în primul rând chipul iubirii și al sprijinului. Bărbatul primește titlul de onoare și rolul de soț, iar femeia primește titlul de onoare și rolul de soție. Ca să înțelegem aceste roluri avem nevoie să privim arhetipurile lor, Iisus și Biserica Lui. Iisus a declarat: *Aceasta este porunca Mea: să vă iubiți unul pe altul, precum v-am iubit Eu. Mai mare dragoste decât aceasta nimeni nu are, ca sufletul lui să și-l pună pentru prietenii săi. Voi sunteți prietenii Mei, dacă faceți ceea ce vă poruncesc. De acum nu vă mai zic slugi, că sluga nu știe ce face stăpânul său, ci v-am numit pe voi prieteni* (In 15, 12-15).

Ce pasaj frumos din Sfânta Scriptură! Mai întâi Iisus îi spune Bisericii Lui, Mireasa Lui, că trebuie să se iubească unul pe altul. În al doilea rând li se spune că nu trebuie să își fie servitori supuși unul altuia, ci prieteni. În al treilea rând li se spune că nu există dragoste mai mare decât să fie gata să-și dea viața pentru prietenii lor. Așadar ce ar trebui să vadă lumea în icoana vie a familiei creștine? Ar trebui să vadă în primul rând că soțul și soția se iubesc cu adevărat unul pe celălalt. Așa cum v-am împărtășit mai devreme, atunci când spui că iubești pe cineva spui de fapt că acea persoană are o mare valoare pentru tine. Să iubești pe cineva înseamnă să prețuiești cu adevărat acea persoană, la fel ca pe un dar scump. Soțul și soția sunt primii care se iubesc și se prețuiesc cu adevărat unul pe celălalt și se poartă unul cu altul cu respect. Sfântul Apostol Pavel ne oferă o definiție a acestei iubiri:

> „Dragostea îndelung rabdă; dragostea este binevoitoare, dragostea nu pizmuiește, nu se laudă, nu se trufește. Dragostea nu se poartă cu necuviință, nu caută ale sale, nu se aprinde de mânie, nu gândește răul. Nu se bucură de nedreptate, ci se bucură de adevăr. Toate le suferă, toate le crede, toate le nădăjduiește, toate le rabdă. Dragostea nu cade niciodată" (I Cor. 13, 4-8).

Dacă cuplurile s-ar purta, într-adevăr, unul cu altul cu acest fel de iubire și prețuire, mă îndoiesc că mulți dintre ei ar mai avea nevoie de consiliere de cuplu.

Ascultați din nou cuvintele din epistola Sfântului Apostol Pavel despre iubire: Dragostea îndelung rabdă (este răbdătoare), este binevoitoare (blândă), nu pizmuiește (nu devine geloasă), nu se laudă (nu este lăudăroasă), nu se trufește (nu este îngâmfată), nu se poartă cu necuviință (este manierată sau politicoasă), nu caută ale sale (nu insistă să i se facă pe plac), nu se aprinde de mânie (nu este irascibilă), nu gândește răul (trece cu vederea sau nu insistă asupra unui rău suferit), nu se bucură de nedreptate (injustiție), ci se bucură de adevăr (atunci când adevărul triumfă), toate le suferă (rezistă la presiuni), toate le crede (crede numai lucruri bune despre o persoană), toate le nădăjduiește (crede că va avea parte de tot ce e mai bun), toate le rabdă (cu liniște sufletească) și nu cade niciodată (nu renunță niciodată). Cu ajutorul energiilor îndumnezeitoare necreate ale lui Dumnezeu (harul), toate aceste lucruri sunt posibile în viața unui cuplu. Aceasta este ceea ce un cuplu trebuie să răsfrângă unul asupra celuilalt, ca două oglinzi orientate una spre cealaltă și răsfrângând dragostea lui Dumnezeu de la una la cealaltă.

În al doilea rând, cuplurile căsătorite trebuie să fie *prieteni*. Prietenul este cel de care te leagă afecțiunea și respectul. Prietenul îți vrea numai binele și veghează asupra ta. Prietenul este un confident, cineva căruia îi poți încredința inima ta și cele mai de taină gânduri. Prietenul este credincios și vorbește adevărul în iubire. Prietenul este cel alături de care te poți relaxa, știindu-te în siguranță. Prietenul este fidel și demn de încredere. Prietenul nu este un servitor umil, ci egalul tău în respect și demnitate. Atunci când lumea se uită la icoana vie a lui Hristos și a Bisericii Lui, trebuie să vadă doi prieteni buni care țin unul la celălalt și se sprijină cât pot de mult unul pe celălalt.

În al treilea rând, un cuplu căsătorit ar trebui să își dea viața de bunăvoie unul pentru celălalt. Însuși Iisus a spus: *Mai mare dragoste decât aceasta nimeni nu are, ca sufletul lui să și-l pună pentru prietenii săi* (In 15, 13). El chiar a făcut acest lucru pentru prietenii Săi atunci când S-a lăsat crucificat pentru păcatele noastre. Ca soț, trebuie să fii pregătit să-ți dai viața de bunăvoie pentru soția ta la fel cum Hristos Și-a dat viața pentru Mireasa Lui, Biserica. Ca soție, trebuie să fii pregătită să-ți dai de bunăvoie viața pentru soțul tău la fel cum Mireasa lui Hristos s-a dat pe sine de-a lungul secolelor prin sacrificiul martirilor creștini pentru iubirea lui Iisus Hristos.

Un component important în orice căsătorie este darul de a-ți ierta partenerul de viață atunci când te simți nedreptățit, maltratat sau devalorizat. Atunci când apostolii L-au întrebat pe Iisus cum ar trebui să se roage, Iisus le-a dat rugăciunea *Tatăl Nostru*. La mijlocul acestei rugăciuni auzim: *Și ne iartă nouă greșalele noastre, precum și noi iertăm greșiților noștri* (Mt. 6, 12). Care este greșeala pentru care Îl rugăm pe Tatăl Ceresc să ne ierte? Cum am greșit față de Tatăl și cum am greșit față de ceilalți? Sfântul Apostol Pavel ne ajută să înțelegem mai bine ce datorie avem unul față de celălalt în Epistola lui către Romani, atunci când scrie: *Nimănui cu nimic nu fiți datori, decât cu iubirea unuia față de altul; că cel care iubește pe aproapele a împlinit legea* (Rom. 13, 8).

Mesajul pe care Iisus ni-l transmite în *Tatăl Nostru* este să ne cerem iertare pentru că nu L-am iubit pe Tatăl așa cum ar fi trebuit. Noi, ca soți și soții, putem cu siguranță să admitem că nu ne-am iubit sau nu ne-am prețuit întotdeauna partenerul de viață așa cum ar fi trebuit. Aceasta este greșeala pentru care ne rugăm partenerul de viață să ne ierte – iubirea pe care ar fi trebuit să i-o arătăm și nu am făcut-o. Pe de altă parte, atunci când partenerii noștri de viață sunt cei care ne cer să îi iertăm pentru greșeala lor sau pentru lipsa lor de iubire pentru noi, trebuie și noi să îi iertăm la rândul nostru, să nu le mai purtăm pică pentru păcatul lor. Îi iertăm de datoria iubirii pe care nu au reușit în vreun fel să ne-o ofere.

Iertarea nu înseamnă că trebuie să acceptăm că răul sau devalorizarea pe care partenerul nostru de viață le-au manifestat față de noi au fost corecte – *au fost* greșite. Iertarea se referă la cei care ne-au greșit. Dacă nimeni nu ar fi fost rănit, atunci de ce ai mai avea nevoie să ierți? Toate cele ce nu provin din dragoste sunt greșite. Dar le iertăm oricum greșeala și nu ținem în noi mânia, ranchiuna sau amărăciunea, care provin din sentimentul de devalorizare. De asemenea, Iisus a lămurit că nici Tatăl nostru Ceresc nu ne va ierta datoria de iubire pentru El dacă noi nu iertăm datoria de iubire pe care alții nu reușesc să ne-o ofere. Iisus a spus: *Iar când stați de vă rugați, iertați orice aveți împotriva cuiva, ca și Tatăl vostru Cel din ceruri să vă ierte vouă greșealele voastre*" (Mc. 11, 25).

Este creștinește să te rogi pentru cei care ți-au greșit. Dacă te rogi la Dumnezeu să aibă milă de ei, te rogi asemenea lui Iisus: *Părinte, iartă-le lor, că nu știu ce fac!* (Lc.

23, 34). Iisus pare să fi chibzuit: „Dacă ar fi știut *cu adevărat* ce fac, atunci nu Mi-ar fi făcut Mie acest lucru." Noi, la rândul nostru, ne rugăm ca Dumnezeu să îi ierte și să aibă milă de ceilalți. Rugându-ne, Îi cerem lui Dumnezeu să intervină cu iubirea Lui. Ne ajută să scăpăm de otrava mâniei din lăuntrul inimilor noastre și să îi iertăm pe ceilalți cu mai multă ușurință.

Noi toți i-am devalorizat pe alții: am dat dovadă de lipsă de iubire față de alții, deseori față de partenerul nostru de viață, devalorizându-i cu bună știință sau doar din obișnuință. Datoria față de partenerul nostru de viață este mare și, dacă urmăm să fim icoane vii ale lui Hristos și ale Bisericii Lui, trebuie să învățăm smerenia și să ne cerem iertare că nu am iubit așa cum am fost chemați să iubim. Iubirea tămăduiește inima și sufletul partenerului de viață și dă naștere posibilității unei fericiri mai mari în familie. De asemenea, trebuie să fim pregătiți să ne iertăm partenerul de viață atunci când simțim că ne-a devalorizat fără să îi purtăm pică sau ranchiună. Sfântul Apostol Petru ne reamintește că iubirea este mai presus de păcatele altora, referindu-se la Pildele lui Solomon 10, 12: *Dar mai presus de toate, țineți* ***din răsputeri*** *la dragostea dintre voi, pentru că dragostea acoperă* ***mulțime*** *de păcate* (I Ptr. 4, 8, *subl. aut.*).

Haideți acum să discutăm un subiect care a fost deseori greșit înțeles. Sfânta Scriptură ne spune că soțul, ca icoană, trebuie să fie cap femeii, precum și Hristos este cap Bisericii (v. Efes. 5, 23). A fi cap înseamnă să conduci în mod responsabil, și a conduce în mod responsabil ca soț înseamnă să conduci iubindu-ți soția. Înseamnă că trebuie să conduci fiindu-i prieten soției tale, să conduci fiind gata să îți dai viața de bunăvoie pentru soția ta și să conduci slujindu-ți soția în iubirea lui Hristos. Iisus S-a oferit pe Sine Însuși drept exemplu: *Căci cine este mai mare: cel care stă la masă, sau cel care slujește? Oare, nu cel ce stă la masă? Iar Eu, în mijlocul vostru, sunt ca unul ce slujește* (Lc. 22, 27).

Din nou, Hristos le spune Apostolilor Săi:

> „Știți că cei ce se socotesc cârmuitori ai neamurilor domnesc peste ele și cei mai mari ai lor le stăpânesc. Dar între voi nu trebuie să fie așa, ci care va vrea să fie mare între voi, să fie slujitor al vostru. Și care va vrea să fie întâi între voi, să fie tuturor slugă. Că și Fiul Omului n-a venit ca să I se slujească, ci ca El să slujească și să-Și dea sufletul răscumpărare pentru mulți" (Mc. 10, 42-45).

Soțului i se dă responsabilitatea de a fi capul familiei. Dar aceasta implică datoria de a-și sluji cu smerenie soția și copiii. Iisus îi spune Bisericii Sale că El este Cel Care ne slujește și la fel trebuie să fie și soțul pentru soția lui. Soția este chemată să se supună și să primească slujirea plină de iubire din partea soțului ei, iar în schimb, ea își slujește soțul așa cum Biserica Îl slujește și I se supune lui Hristos. Cercul este complet.

O soție nu ar trebui doar să își lase soțul să creadă că el îi este cap atunci când ea nu îl consideră, de fapt, drept cap. Nu, ea trebuie să admită faptul că Dumnezeu l-a făcut să fie cap soției sale în iubire! Nici nu înseamnă că soțul trebuie doar să își lase soția să creadă că este un partener egal atunci când el nu crede de fapt astfel.

Nu, el trebuie să admită că Dumnezeu a făcut-o partener egal în căsătorie, prieten egal! La urma urmelor, atât bărbatul, cât și femeia sunt chemați să își slujească unul altuia în iubire, iar soțul trebuie să conducă în responsabilitatea acestei strădanii sfinte.

Este extrem de important ca un cuplu să înțeleagă că, fiind icoana vie a lui Hristos și a Bisericii Lui, își înapoiază de fapt unul altuia ceea ce fiecare este chemat să îi dăruiască celuilalt. Soțul își iubește soția, iar soția răspunde iubindu-și soțul; soțul își dă de bunăvoie viața pentru soția lui, iar soția își dă de bunăvoie viața pentru soțul ei. Soțul îi oferă prietenie soției sale, iar soția îi oferă prietenie soțului său. Soțul nu vine să fie slujit, ci să își slujească soția, iar soția lui nu vine să fie slujită, ci să își slujească soțul. Ceea ce Hristos îi dă Miresei Sale, Mireasa Lui răsfrânge înspre Hristos. Ceea ce un soț evlavios îi dă soției sale, soția lui evlavioasă înapoiază soțului său. Cu cât crește această răsfrângere, cu atât soțul și soția devin icoana vie a lui Hristos și a Bisericii Lui înaintea lumii.

Aceasta este chemarea cuplului căsătorit: să lase lumea să întrevadă adevărata natură și legătură iubitoare dintre Hristos și Mireasa Lui, Biserica. Hristos nu este un dictator tiranic căruia Îi datorăm supunere, dar nici Biserica nu este o primadonă pretențioasă care trebuie venerată. Atunci când soțul este un prieten iubitor care își slujește soția în adevăratul înțeles creștin, ea este chemată să se supună acelei iubiri și acelui adevăr și să îl răsfrângă spre soț susținându-l cu iubire. Trebuie să înțelegem că o căsătorie nu se încheie numai pentru plăcerea personală a cuplului, oricât de plăcut ar fi acest lucru. Este o slujire pentru lume, ca lumea să poată vedea cum este legătura dintre Hristos și Biserica Lui, în măsura în care putem să o exprimăm. Cum ne arătăm prețuirea față de partenerul de viață? Atunci când soțul își îndeplinește rolul sfânt ca Hristos slujindu-i cu iubire soției sale și soția îndeplinindu-și rolul sfânt ca Mireasă a lui Hristos, Biserica, slujindu-i cu iubire soțului său. Aceasta este ceea ce lumea vede în căsătoria voastră?

În încheiere, vreau să vă amintesc că tot ceea ce spuneți, fiecare expresie facială pe care o aveți, fiecare acțiune pe care o faceți, va transmite fie un mesaj de prețuire, fie un mesaj de devalorizare către partenerul vostru de viață. Dacă vă rugați în fiecare zi să vă ridicați la înălțimea rolului vostru sfânt și a chemării matrimoniale, veți fi mai bine pregătiți să deveniți o binecuvântare pentru partenerul vostru de viață și nu un blestem. Partenerul vostru de viață vrea ca voi să îl doriți, să îi recunoașteți valoarea, să îl prețuiți și să îl iubiți, fie că sunteți soție sau soț. Cred că și voi vreți același lucru, la rândul vostru. Biblia ne învață că secerăm ceea ce semănăm (v. Gal. 6, 7). Întrebați-vă dacă semănați în relația voastră ceea ce Dumnezeu v-a chemat să semănați ca soț și soție.

Trebuie, de asemenea, să ne amintim că și dacă partenerii noștri de viață nu țin pasul cu rolul și cu chemarea lor, Dumnezeu ne va judeca în cele din urmă pe fiecare în funcție de ceea ce am făcut în rolul și în chemarea noastră. Rugați-vă pentru partenerul vostru de viață în fiecare zi și credeți că fidelitatea cu care vă urmați chemarea va îmblânzi inima partenerului vostru de viață, ca și acesta să-și urmeze mai bine chemarea lui sau a ei.

Desigur, sacrificiul conjugal are limitele lui. Acestea ar include tolerarea adulterului, a abuzului sexual, a violenței domestice sau a acelor forme de dependență care pot distruge o căsnicie. Aceste acțiuni păcătoase dăunează grav sau chiar distrug structura unirii sfinte dintr-un cuplu. Intervenția familiei și consilierea de specialitate pot ajuta la vindecarea rănilor cauzate de acest fel de abuzuri și pot chiar să restabilească sănătatea conjugală. Din păcate, dacă unul dintre parteneri refuză să abordeze aceste probleme în mod serios cu ajutorul harului lui Dumnezeu, căsătoria poate sfârși până la urmă tragic, chiar în divorț, ceea ce nu Îi place lui Dumnezeu (v. Mal. 2, 16).

Sper ca persoanele care intenționează să se căsătorească să caute o bună consiliere creștină de cuplu chiar înainte de a se logodi. Acest lucru îi va ajuta să învețe și să înțeleagă marea responsabilitate la care se angajează atunci când se căsătoresc ca un cuplu creștin, atât de dragul lor, cât și de dragul copiilor cu care i-ar putea binecuvânta Dumnezeu. Este înțelept să lase să treacă o perioadă informativă înainte de logodnă: aș recomanda cel puțin un an. Aceasta este perioada în care puteți să vă dați seama dacă Dumnezeu vă cheamă cu adevărat împreună ca să deveniți soți creștini.

Dacă simțiți, într-adevăr, că Dumnezeu vă cheamă să vă căsătoriți, atunci urmați consiliere *înainte* de logodnă timp de zece până la douăsprezece ședințe, ca să învățați ce înseamnă cu adevărat a fi icoana vie a lui Hristos și a Bisericii Lui și să vă dați seama dacă sunteți dedicați împlinirii chemării și rolului vostru în căsătorie. În această perioadă de consiliere oficială cu preotul sau cu o persoană educată să ofere acest fel de consiliere în cadrul Bisericii, înainte de a anunța logodna, rămâneți deschiși și continuați procesul de discernere. Preotul sau consilierul vă pot sugera anumite cărți pe care să le citiți ca să vă ajute în timp ce discerneți.

Dacă încă mai simțiți că este voia lui Dumnezeu să vă căsătoriți după ce consilierea ia sfârșit și preotul sau consilierul dau un verdict favorabil, împărtășiți-vă dorința părinților voștri. Unele cupluri ar putea chiar să vrea ca părinții să le cunoască planul de a începe consilierea înainte de logodnă ca să vadă dacă părinții lor au ceva de spus referitor la ideea căsătoriei dintre cei doi. Părinții pot vedea lucruri pe care voi nu le vedeți și pe care le puteți discuta în cadrul ședințelor de consiliere. Poate că nu este necesar să obțineți binecuvântarea părinților, dar este posibil ca această binecuvântare să vă ofere o viață mai bună împreună cu părinții și socrii voștri. Decizia finală de a vă căsători vă aparține încă vouă drept cuplu înaintea lui Dumnezeu.

După ce ați parcurs toate aceste etape, vă puteți anunța logodna în mod oficial și puteți să începeți pregătirile pentru ziua nunții. Rămâneți caști, ceea ce demonstrează cât de mult vă prețuiți cu adevărat viitorul partener de viață și cât de mult respectați voia lui Dumnezeu pentru amândoi în viața voastră. Atunci când va sosi ziua nunții veți deveni icoana vie a lui Hristos și a Bisericii Lui, veți primi titlurile prestigioase de *soț* și *soție* și veți deveni un trup în unire plină de iubire cu binecuvântarea și cu harul lui Dumnezeu de a fi roditori și de a vă înmulți.

CAPITOLUL AL ȘASELEA

Cum să-ți apreciezi copiii

Păcatul de moarte

Iisus iubește îndeosebi copiii. În ziua în care oamenii și-au adus copiii să fie binecuvântați de Iisus, ucenicii Lui au încercat să îi țină departe de El. Iisus S-a arătat foarte nemulțumit de acest lucru și a declarat: *Lăsați copiii să vină la Mine și nu-i opriți, căci a unora ca aceștia este împărăția lui Dumnezeu!* (Mc. 10, 14).

Atunci când Iisus a vorbit despre felul în care trebuie să ne apropiem de împărăția lui Dumnezeu, a spus că ar trebui să facem acest lucru cu smerenia și cu credința unui copil. De asemenea, Iisus Și-a dojenit ucenicii: *Și cine va primi un prunc ca acesta în numele Meu, pe Mine Mă primește. Iar cine va sminti pe unul dintr-aceștia mici care cred în Mine, mai bine i-ar fi lui să i se atârne de gât o piatră de moară și să fie afundat în adâncul mării* (Mt. 18, 5-6).

Păcatul împotriva unui copil este un păcat de moarte. Cum păcătuim împotriva copiilor? În același fel în care păcătuim împotriva adulților, devalorizându-i. Să devalorizezi pe cineva înseamnă să agresezi acea persoană înaintea lui Dumnezeu. Agresiunea vine într-o varietate de forme: vătămare fizică, vătămare sexuală, vătămare emoțională și neglijare fizică și emoțională.

Dumnezeu i-a făcut pe Adam și pe Eva și i-a unit în căsătorie pentru ca ei să *împreună-creeze* după neamul lor. Iar ei au făcut acest lucru, împreună-creând cu Dumnezeu copii făcuți după chipul lui Dumnezeu, dar și după propriul lor chip. Ați fost vreodată prezenți atunci când un nou-născut este adus acasă și le este prezentat rudelor? Auziți deseori pe cineva spunând: „Ah, seamănă leit cu tatăl lui" sau „Seamănă cu mama ei" sau „Are ochii mamei ei și nasul tatălui ei". Nu păstrăm doar chipul lui Dumnezeu în lăuntrul nostru, ci și chipurile părinților și bunicilor noștri, cu multe generații în urmă.

Copiii sunt un dar de la Dumnezeu pentru soț și pentru soție, care au privilegiul și responsabilitatea de a și-i crește până la vârsta maturității, mereu pregătiți să își împartă cu ei cunoștințele și experiența părintească de-a lungul întregii lor vieți. Nu ar trebui să considerăm că suntem *îndreptățiți* să avem copii: ar trebui să considerăm că avem *privilegiul* de a putea împreună-crea cu Dumnezeu ca să purtăm și să creștem copii pentru Împărăția Lui.

Am discutat că atunci când un bărbat și o femeie se unesc cu harul și binecuvântarea lui Dumnezeu, primesc rolurile iconice și titlurile prestigioase de *soț* și *soție*. Apoi, atunci când creează împreună cu Dumnezeu în conceperea unui copil, ei primesc rolurile iconice ulterioare și titlurile de mare cinste de *tată* și *mamă*. Așa cum Dumnezeu-Tatăl Își iubește, Își apără și Își învață fiii și îi înzestrează cu lucruri bune, la fel al trebui să facă și tatăl omenesc. Așa cum Biserica lui Dumnezeu își iubește, își apără, își învață și își crește copiii duhovnicești care s-au născut în Trupul lui Hristos, la fel ar trebui să se îngrijească și mama omenească de copiii săi. Cu toate că atât Dumnezeu-Tatăl, cât și Biserica Lui, care este mama noastră duhovnicească, îndeplinesc roluri similare pentru copiii aflați în grija lor, Dumnezeu-Tatăl este văzut drept izvorul și dătătorul a toate, ceea ce am putea numi *furnizorul* ceresc pentru toți fiii Lui. Biserica (Mama) primește lucrurile pe care le dă Tatăl și se folosește de ele pentru a *hrăni* copiii aflați în grija ei.

Părinții creștini sunt reprezentanții acestor funcții în rolurile lor iconice de tată și mamă. Cu alte cuvinte, modelul unui tată pământesc este Tatăl Ceresc, iar modelul unei mame pământești este Biserica, Mama noastră duhovnicească. Ca reprezentanți ai acestor roluri iconice, tatăl pământesc este furnizorul, în timp ce mama pământească primește lucrurile pe care le dă tatăl și se folosește de ele pentru a îngriji copiii aflați în grija ei. Tatăl omenesc își iubește, își apără și își învață copiii despre calea de a trăi în harul lui Dumnezeu, dar în mod ideal este și principalul furnizor al bunurilor materiale necesare pentru creșterea copiilor lui. Mamei omenești, cu toate că are capacitatea de a furniza bunuri materiale pentru copiii ei, în mod ideal i se îngăduie libertatea de a se concentra asupra îngrijirii copiilor ei de-a lungul zilei, imitând rolul iconic al Bisericii, care este Mama noastră.

Darul dat de Dumnezeu al intimității sexuale dintre soț și soție este menit creației copiilor împreună cu Dumnezeu. Intimitatea sexuală este invitația lui Dumnezeu pentru soț și soție de a participa la acea împreună-creație. Această împreună-creație nu ar trebui niciodată să fie forțată: acest lucru înseamnă viol și un păcat îngrozitor în căsnicie. Dumnezeu îi invită pe soț și pe soție, odată ce sunt uniți în căsătorie, să aibă copii. Soțul și soția trebuie să decidă apoi dacă vor să răspundă de bunăvoie invitației lui Dumnezeu.

Odată ce împreună-creația are loc în lăuntrul femeii, iar sperma soțului (sămânța) este implantată în ovulul soției sale (oul), atât bărbatul, cât și femeia sunt chemați să îngrijească și să apere ceea ce a fost creat. De aceea creștinii insistă că momentul concepției reprezintă începutul vieții omenești pentru copilul pe care Dumnezeu l-a creat împreună cu ei. Ceea ce se află în pântecele mamei nu trebuie văzut drept „o viață potențială", ci „o viață cu potențial", care trebuie apărată din îndatorirea sfântă între cuplu și Dumnezeu.

De aceea creștinii consideră avortul drept păcat de moarte. Avortul ucide acea viață care are potențialul de a trăi pentru Dumnezeu. *Să nu ucizi* (Ieș. 20, 13) este cea de-a șasea poruncă pe care Dumnezeu ne-a dat-o prin Moise. Cuvântul *a ucide* este definit în *Dicționarul Webster* drept „a pune capăt". Cuvântul din limba ebraică folosit aici pentru *a ucide* înseamnă „a sparge în bucăți sau a asasina". Înțelesul obișnuit al cuvântului *asasinat* este luarea voită a unei vieți omenești. Nu spunem de obicei „am asasinat o muscă", deși am putea spune „am ucis o muscă". Dar putem vorbi despre asasinat în privința unei ființe umane.

În concepția Bisericii, avortul este luarea voită a unei vieți omenești. Ceea ce se află în pântecele femeii nu este o viață de pisică sau o viață de fluture: din punct de vedere genetic este o viață omenească făcută, din momentul concepției, după chipul lui Dumnezeu cu trup, suflet și duh omenesc. Definiția noastră a *vieții* nu ar trebui să depindă de dorința noastră (sau de lipsa de dorință) pentru o anume sarcină: ființa umană, chiar și în prima etapă de dezvoltare, rămâne totuși o ființă umană.

După cum am aflat, diavolul *umblă, răcnind ca un leu, căutând pe cine să înghită* (I Ptr. 5, 8). El vrea să distrugă și să înghită omenirea în mânia și în setea lui de răzbunare. Și cum este mai ușor să distrugi o ființă umană decât înainte chiar de a se naște? Am văzut cum diavolul încearcă să îi facă pe bărbați și femei, pe soți și soții să se devalorizeze unul pe altul. Ce devalorizare mai mare poate exista decât să pătrunzi în protecția pântecului unei mame ca să „spargi în bucăți" un copil nenăscut, lipsit de apărare?

Diavolul a convins cu succes milioane de mame să caute moartea propriilor copii, deseori cu sprijinul tatălui ori la îndemnul lui. Sau un tată poate să neglijeze mama și copilul, lăsându-i să supraviețuiască pe cont propriu. În alte dăți, chiar părinții femeii o constrâng să facă avort. Prietenii ei sau cei care lucrează într-o clinică pentru avorturi pot încerca să depersonalizeze viața pe care femeia o poartă în lăuntrul ei drept un simplu țesut nedorit, „produsul concepției", ca să o convingă să avorteze. Regimul comunist din China impune politica unui „singur copil" cu restricții care forțează în fond multe femei să își avorteze copiii. Cu toate că propria noastră țară nu are aceste restricții, avortul este mult prea des folosit drept mijloc de a le ajuta pe mame să evite greutăți reale sau închipuite.

Atunci când Maica Tereza a primit Premiul Nobel pentru Pace (11 decembrie 1979), a vorbit despre lucrurile care distrug pacea în lume:

> „Dar am o convingere: cel mai mare distrugător al păcii în zilele noastre este avortul, pentru că este o ucidere directă, o crimă directă comisă chiar de către mamă. Și citim în Sfânta Scriptură că Dumnezeu spune limpede: *Oare femeia uită pe pruncul ei și de rodul pântecelui ei n-are ea milă? Chiar când ea îl va uita, Eu nu te voi uita pe tine. Iată, te-am însemnat în palmele Mele.*[1] Suntem însemnați în palmele Lui: atât de aproape de El, încât copilul nenăscut a fost însemnat în palmele lui Dumnezeu... dar milioane întregi mor cu premeditare din voința mamei. Iar acesta este cel mai mare distrugător al păcii în zilele noastre. Deoarece o mamă își poate ucide propriul copil, ce mă mai împiedică pe mine să te ucid pe tine și pe tine să mă ucizi pe mine? Nimic nu mai stă în cale."[2]

Maica Tereza a explicat mai departe, atunci când s-a adresat Adunării Generale a Națiunilor Unite pe 14 ianuarie 2004:

---

[1] Isaia 49, 15-16.

[2] Kathryn Spink, *Mother Teresa: A Complete Authorized Biography*, Harper One, New York, 1998, p. 297.

„Cu toții vrem să fie pace și totuși ne temem de bombele nucleare, ne temem de boala aceasta nouă. Dar nu ne temem să ucidem un copil nevinovat, copilașul nenăscut care a fost creat pentru același scop: de a-L iubi pe Dumnezeu și de a ne iubi pe tine și pe mine. Aceasta este o mare contradicție, iar în ziua de azi consider că avortul a devenit cel mai mare distrugător al păcii. Ne temem de bombele nucleare pentru că ne afectează pe noi, dar nu ne temem, mama nu se teme să comită acea crimă îngrozitoare. ...Distrugând copilul nenăscut, distrugem prezența lui Dumnezeu. Am distrus iubirea. Am distrus cel mai sfânt lucru pe care o ființă umană îl poate avea: bucuria de a iubi și bucuria de a fi iubit."[1]

Cuvintele ei vor insulta probabil anumite grupări activiste sau persoane care cred că este dreptul fundamental al unei femei să își întrerupă sarcina distrugând viața copilului său nenăscut. Propunând să „întrerupă o sarcină", personalul medical dezumanizează și depersonalizează copilul nenăscut. Felul în care Maica Tereza asociază războiul cu procedura avortului este descurajant: „Nu trebuie să fim uimiți când auzim de crime, de ucideri, de războaie, de ură. Dacă o mamă își poate ucide propriul copil, ce ne mai oprește să ne ucidem unii pe alții?"[2]

O afirmație simplă, dar profundă din partea acestei călugărițe smerite din Calcutta. Este adevărat că legile

---

[1] Maica Tereza, *One Strong Resolution: I Will Love,* 26 octombrie 1984, www.pierced hearts.org/purity_heart_morality/mother_teresa_address_united_nations.htm.

[2] Maica Tereza, *A guide to Daily Living: The Joy in Loving,* Penguin Compass, New York, 2000, p. 122.

țării noastre îi dau femeii dreptul de a lua viața copilului ei nenăscut, dar nu înseamnă că este corect din punct de vedere moral înaintea Creatorului tuturor. Mă întreb câte femei văd cu adevărat copilul din lăuntrul lor drept o împreună-creație cu Dumnezeu Însuși, făcută după chipul Lui. Multe își văd copilul nenăscut doar ca pe o formațiune de celule, un simplu morman de carne sau, în cel mai bun caz, o potențială ființă umană, dar nu tocmai un om, încă. Această atitudine este rezultatul depersonalizării care provine din devalorizarea copiilor în lumea din ziua de astăzi.

Este o ironie faptul că multe dintre feministele din zilele noastre protestează împotriva depersonalizării femeii în societatea noastră, în timp ce par să accepte depersonalizarea unui copil nenăscut. În mod interesant, există un grup feminist pro-viață.[1] Organizația lor se numește Feminists for Life of America[2] (FFLA) și consideră că feministele din perioada de început, cum ar fi Susan B. Anthony, nu erau numai pro-femeie, ci și pro-viață. Ele citează pe pagina lor de Internet din scrierile lui Susan B. Anthony și ale altora din generația ei care luptau pentru demnitatea și drepturile femeilor, dar care vorbeau și împotriva răului avortului. FFLA ne informează că Susan însăși se referea la avort drept „ucidere de prunci".[3] Ele susțin, de asemenea, că altă feministă renumită la vremea ei, Elizabeth Stanton, clasifica,

[1] Cf. www.feministsforlife.org.

[2] Feministe pentru viața Americii *(n. trad.)*.

[3] Susan B. Anthony, *Voices of Our Feminist Foremothers*, The Revolution 4 (1): 4, 8 iulie 1869, www.feministsforlife.org/history/foremoth.htm.

se pare, avortul într-un mod similar, numindu-l „uciderea pruncilor".[1]

Cred că o mare parte din mișcarea feministă de la sfârșitul secolului al XIX-lea era menită să atragă atenția asupra devalorizării femeii în societate. Deseori aceste femei erau obligate să își avorteze copiii chiar de către bărbații care le lăsau însărcinate. Avortul nu era numai problema femeilor, ci și problema bărbaților. Bărbații își constrângeau prietenele sau soțiile să facă avort, ceea ce putea să fie contrariul dorinței femeii de a-și naște copilul. Feministele din perioada de început protestau împotriva acestei constrângeri. După cum am discutat în ultimul capitol, femeile nu erau tratate în general ca adulți cu drepturi egale cu ale bărbaților, ci mai degrabă drept copii care aveau nevoie să fie îngrijiți și protejați împotriva acestei lumi rele. Erau deseori devalorizate de către bărbați, care le tratau binevoitor, dar cu un aer de superioritate, nu ca parteneri egali ai soților lor înaintea Creatorului. Devalorizarea duce deseori la mânie și ranchiună, iar în cazul unora dintre femei la ură ascunsă, dacă nu chiar deschisă, față de bărbați.

Calea pe care o parte dintre femei au luat-o de-a lungul anilor le-a făcut, pe de o parte, să își câștige o independență financiară mai mare față de bărbați: și totuși, din păcate, i-a scăpat în același timp atât pe femei, cât și pe bărbați de o mare parte din vina pe care o au înaintea lui Dumnezeu și de dizgrația din partea

[1] Elizabeth Stanton, *Voices of Our Feminist Foremothers*, The Revolution 1 (5): 4, 5 februarie 1868, www.feministsforlife.org/history/foremoth.htm.

societății care apăreau odată cu luarea vieții propriului copil nenăscut. Societatea nu numai că a început să vadă unele sarcini drept obstacole nedorite în calea fericirii și a viitorului succes în viață al unei persoane, ci să și considere copilul nenăscut drept *înlocuibil*, o percepție care a dus la moartea multor copii nenăscuți. Pentru creștini *nici un* copil nu este nedorit sau înlocuibil înaintea lui Dumnezeu, nici măcar cei cu dizabilități sau care sunt rezultatul unui viol. De ce ar trebui să fie distruși? După cum cineva a spus odată despre un copil neașteptat: „Poate că ești mica greșeală a *părinților* tăi, dar nu ești greșeala lui *Dumnezeu.*"

Vreau să le vorbesc acum acelor femei care au făcut avort și poate și bărbaților care și-au obligat soția sau prietena să facă avort. Cu toate că avortul este un păcat grav, Dumnezeu este gata oricând să îi ierte pe cei care se căiesc. Afirmând crezul creștin despre răul avortului, noi, creștinii, nu suntem aici ca să îi respingem pe cei care au făcut avort sau au participat la el. Suntem păcătoși cu toții și avem nevoie de mila și de harul lui Dumnezeu. Sfântul Apostol Pavel scrie în Epistola către Romani: *Fiindcă toți au păcătuit și sunt lipsiți de slava lui Dumnezeu* (Rom. 3, 23).

Ne vine deseori greu să credem că Dumnezeu ne poate ierta *fiecare* păcat atunci când acționăm împotriva voinței Lui și a propriei noastre naturi făcute după chipul Domnului. Avem tendința să subestimăm conceptul pe care îl avem despre iubirea iertătoare a lui Dumnezeu ca să îl echivalăm cu capacitatea noastră necorespunzătoare de a-i ierta pe alții sau chiar pe noi înșine pentru ceea ce am făcut. Adevărul este că această atitudine provine din aroganța noastră. Este arogant din partea noastră să credem că puterea lui Dumnezeu de a ierta păcate nu este mai mare decât propria noastră putere de a ierta păcatele altora. În loc să ne reamintim că am fost făcuți după chipul lui Dumnezeu, Îl facem pe Dumnezeu după chipul *nostru*, cu limitările *noastre*.

Puterea lui Dumnezeu de a ne ierta și a ne uita păcatele este infinit mai mare decât orice ne-am putea imagina. Citim în Ieremia: *Pentru că Eu voi ierta fărădelegile lor și păcatele lor nu le voi mai pomeni* (Ier. 31, 34). Atunci când Îl rugăm pe Dumnezeu cu sinceritate și cu smerenie să ne ierte păcatele, El ne iartă. Regele David a cunoscut iertarea lui Dumnezeu în propria lui viață, cântând: *Ci cât este de departe cerul de pământ, atât este de mare mila Lui, spre cei ce se tem de El. Pe cât sunt de departe răsăriturile de la apusuri, depărtat-a de la noi fărădelegile noastre* (Ps. 103, 11-12).

Așadar, dacă ești o femeie care a făcut avort sau faci parte din personalul unei clinici pentru avorturi sau ești un doctor care a participat la avort sau dacă ești tatăl sau o rudă sau un prieten care a constrâns o femeie să facă avort, există iertare pentru toți, adevărata iertare veșnică îi așteaptă pe toți cei care își recunosc păcatul și își cer iertare cu smerenie de la Dumnezeu. Cu toate acestea, este absolut necesar să vă amintiți că Iisus i-a poruncit femeii prinse în timpul adulterului, după ce a iertat-o: *Mergi; de acum să nu mai păcătuiești* (In 8, 11). Este esențial să înțelegeți pe deplin acest adevăr important dacă vreți să mergeți mai departe în viață cu bucurie reală în inimă în prezența Creatorului. Dumnezeu ne iubește, cu toate că ne condamnă păcatul. Să nu vă fie teamă să-I cereți iertare și vindecare în lăuntrul inimii și minții voastre! El se află aproape ca să le-o ofere celor care Îi cheamă mila.

Atunci când îți devalorizezi copilul

Distrugerea chipului lui Dumnezeu prin avort este cu siguranță o cale prin care devalorizăm un copil creat împreună cu Dumnezeu, dar există multe alte căi prin care îi devalorizăm pe copii. Mai întâi vom discuta despre felul în care părinții își devalorizează copiii, iar apoi vom lămuri cele mai bune metode prin care aceștia le pot insufla copiilor adevărata lor valoare.

Deoarece un copil este creat după chipul lui Dumnezeu din momentul concepției, el poartă amprenta lui Dumnezeu de la bun început. Felul în care mama se tratează pe sine însăși în timpul sarcinii și atitudinea ei față de copilul din pântec sunt de o importanță covârșitoare pentru dezvoltarea sănătoasă a copilului. Copiii încă nenăscuți sunt afectați în mod negativ, atât din punct de vedere fizic, cât și cognitiv, atunci când mamele fac abuz de droguri sau de alcool. Rezultatul poate consta în sindromul alcoolismului fetal sau sugari dependenți de droguri. Există niște ferestre în dezvoltarea creierului unui copil încă din stadiile primare de dezvoltare, când acesta este deosebit de sensibil la traume de natură chimică, incluzând consumul de alcool.

De asemenea, o dietă săracă poate să impună deficite nutriționale, iar stresul emoțional și fizic resimțit de mamă poate să elibereze hormoni puternici ai stresului, care pot afecta abilitățile cognitive ulterioare ale copilului. Retardul mintal, dizabilitățile fizice, deficiențele de învățare, deficiențele motorii și de comportament, deficitul de atenție sau tulburările pervazive de dezvoltare pot fi cauzate sau înrăutățite de gradul stării proaste de sănătate a mamei din punct de vedere fizic, emoțional sau psihologic în timpul sarcinii. Evitarea comportamentelor care expun copiii nenăscuți la factori care îi vor afecta în mod negativ reprezintă un mod de a-ți prețui copiii. Lipsa evitării acestor tipuri de comportamente poate fi o formă de devalorizare a copilului sau poate chiar de abuz.

Esențialul este că ar trebui să vedem copiii din pântec drept daruri de preț din partea lui Dumnezeu pentru noi și pentru lume, care nu trebuie agresate sau devalorizate prin dorințele noastre egoiste sau prin abuz și neglijare. Mamele sunt prima linie de apărare a copilului împotriva oricărui fel de traumă în pântecele lor. Din cauza încercărilor pe care o viitoare mamă le înfruntă în mod inerent și a încercărilor pe care le adaugă această lume deseori crudă și abuzivă, ea trebuie să fie ajutată ca să îi ofere copilului întreaga valoare de care el are nevoie. Tatăl se află acolo în acest scop. Tatăl i se alătură mamei pentru protecția copilului lor. Tatăl este principalul apărător al mamei și al copilului lor împotriva lumii. Mamele au nevoie de această adaptabilitate pentru a-și concentra majoritatea atenției asupra dezvoltării sănătoase a copilului nenăscut. Tatăl se află acolo ca să o susțină pe mamă și să o scape de tensiunea și de stresul nedorit. De asemenea, el o va încuraja să aibă cu adevărat grijă de ea și de copilul lor nenăscut prin comportamente și practici sănătoase.

Din nefericire, prea multe cupluri nu sunt nici măcar căsătorite atunci când au copii și, prin urmare, nivelul angajamentului tatălui față de copilul nenăscut poate fi mai scăzut decât al unui tată care este căsătorit cu mama și înțelege că *amândoi* sunt responsabili pentru îngrijirea copilului lor. Se întâmplă foarte des ca un tată iresponsabil să-și abandoneze efectiv, dacă nu literalmente, copilul și pe mama acestuia. Unii tați chiar supun mama la agresiuni fizice în timpul sarcinii.

De asemenea, am văzut mame necăsătorite care rămân însărcinate cu scopul principal de a crea pe cineva, un copil, care le va iubi necondiționat, în așa fel încât mama să simtă că are valoare pentru că îngrijește o altă ființă umană și să se simtă în schimb prețuită de către copilul ei. Aceste dorințe sunt egoiste și depersonalizează copilul. Uneori aceste femei au fost chiar ele depersonalizate de către alții, ceea ce contribuie la orientarea lor egoistă.

Apoi mai există și mama care nu vrea ca tatăl să se implice în viața copilului, preferând să locuiască cu părinții ei (sau singură cu copilul), în loc să se mărite cu tatăl. Am cunoscut tați care își doreau cu disperare să ia parte la viața copilului lor, dar erau înstrăinați și chiar respinși de către mamă și de către părinții ei. Uneori respingerea are un motiv întemeiat, alteori nu. Soluția pentru unii dintre acești tați este tribunalul.

Tații sunt *foarte* importanți pentru dezvoltarea completă a copiilor lor. Oricât de greu ar fi de crezut, există persoane în societate care ar avea obiecții la această afirmație. Mamele ar putea spune: „Nu am nevoie de un bărbat în viața mea!” Răspunsul meu la această afirmație este că, totuși, copiii au nevoie de un tată în viețile lor aflate la început.

Îmi amintesc că am crescut urmărind comedii cum ar fi *Cei trei fii ai mei*, *Aventurile lui Beaver* și *Tata știe mai bine*, în care tatăl este prezentat drept capul înțelept, responsabil și iubitor al familiei. În comediile de televiziune din zilele noastre se pare că am trecut de la *Tata știe mai bine* la *Tata este o pacoste*. În ziua de astăzi, tații din serialele de comedie și din filme sunt prezentați drept bufoni, cerșind atenție ca niște copii, proști, egoiști și inferiori soțiilor mai înțelepte și mai mature decât ei. În general, societatea consideră vechile seriale de comedie din anii ’50 și ’60 drept demodate și nerealiste. Din anumite puncte de vedere erau nerealiste, dar ne oferă imaginea unei familii mai blânde și mai respectuoase decât imaginea pe care multe familii o văd sau o cunosc în ziua de astăzi.

După ce am urmărit mai multe episoade din *Aventurile lui Beaver,* am ajuns să apreciez această așa-numită prezentare învechită a vieții de familie. Tatăl din serial era Ward Cleaver. Nu se comporta ca un asupritor patriarhal, încrezut și sexist față de soția sa, June, și nici ca un dictator egocentric față de cei doi fii ai săi, Wally și Beaver (Theodore). Din contră, Ward părea un soț iubitor pentru soția lui și un tată iubitor și interesat pentru copiii lui. Se pricepea, de asemenea, să asigure cele necesare familiei. Își lua în serios responsabilitățile de tată și de soț.

Au existat episoade în care Ward își cerea iertare de la soția și fiii lui atunci când făcea sau spunea ceva nepotrivit sau atunci când făcea o greșeală. Uneori atât el, cât și June greșeau cu ceva în ceea ce îi privea pe fiii lor și trebuia să își ceară împreună iertare de la ei. Episoadele aveau o influență pozitivă, căci părinții se străduiau să își învețe fiii normele de comportament și respectul în relațiile cu ceilalți, cum ar fi fetele de seama lor, profesorii și cei mai în vârstă decât ei. Cu alte cuvinte, părinții își învățau fiii să îi respecte pe ceilalți, în general. Ward și June, la rândul lor, dădeau dovadă de respect unul față de celălalt, contrazicându-se uneori fără să se insulte.

Nu, nu cred că femeile au nevoie să creadă că ar trebui să poarte o rochie la modă cu un șorț cu volănașe deasupra și un colier de perle la gât în timp ce spală vasele, așa cum făcea June Cleaver! Lăsând la o parte stereotipiile derutante ale anilor '50, părinții Cleaver au crescut *într-adevăr* doi fii respectuoși și demni de încredere ca buni cetățeni ai comunității lor. Familia Cleaver nu era perfectă – mai făceau și greșeli uneori –, dar era o familie iubitoare, ai cărei membri dădeau dovadă de respect unul față de celălalt prin felul în care se prețuiau între ei. Se ascultau unul pe celălalt. Ward și June aveau grijă unul de celălalt ca soț și soție și aveau grijă de fiii lor. Atunci când părinții trăgeau o concluzie pripită despre comportamentul sau atitudinea unuia dintre fiii lor, își recunoșteau greșeala până la sfârșitul episodului.

De ce acest fel de familie nu este prezent în serialele de comedie din ziua de astăzi? Ai putea susține că unele aspecte ale culturii acelor vremuri erau diferite, dar se pare că balanța culturală s-a înclinat acum în cealaltă direcție. În ziua de astăzi, societatea a devalorizat importanța căsătoriei înainte de a procrea și importanța faptului că tații *și* mamele trebuie să dea dovadă de respect unul față de celălalt și, la rândul lor, față de copii. Dacă ne dorim familii iubitoare și pline de respect, care își prețuiesc copiii, trebuie să începem să trăim în credința că Dumnezeu este Cel Care cheamă un bărbat și o femeie să se unească în sfânta Taină a Căsătoriei și cu binecuvântarea și harul Lui să creeze împreună copii care să devină ceea ce Dumnezeu i-a chemat să fie: fii ai Celui Preaînalt.

O mare parte a acestei lumi pare să fi respins acest concept al unui cămin asemeni celui al familiei Cleaver ca model de valori și comportament sănătos. Mulți copii se nasc într-o situație implicând o mamă tânără și imatură care cerșește atenție, fără un soț iubitor, responsabil și protector alături de ea. Cum se presupune că acești copii se vor simți prețuiți într-un astfel de mediu de egocentrism parental? Mulți bărbați și femeii fac alegeri proaste înainte de a ajunge părinți: nu devin mai întâi un cuplu căsătorit matur, nici nu se asigură că au mijloacele materiale necesare pentru a întreține un copil în mod corespunzător. Băgați de seamă că nu am spus *în lux,* ci *în mod corespunzător.*

Nu numai tații sunt deseori considerați înlocuibili în creșterea propriilor copii, ci și mamele. În loc ca tatăl să o sprijine pe mamă eliberând-o de cerințele și de stresul serviciului, mamelor li se cere deseori *de către tată* să lucreze în afara casei în timp ce își lasă copiii la creșă. În ziua de astăzi spunem că nu este nevoie ca mamele să rămână acasă și să se îngrijească de copiii lor, interpretând rolul iconic al Mamei-Biserici. Sunt de părere că situația în care tații sunt cei care asigură bunăstarea financiară a familiei, iar mamele se îngrijesc de copii, mai ales în prima copilărie a acestora, reflectă mai bine rolurile iconice ale lui Dumnezeu-Tatăl și ale Bisericii-Mame care se îngrijește de fiii ei duhovnicești.

Dar cum rămâne cu mamele care simt nevoia sau vor să lucreze în afara casei? Pot să o facă, dar amândoi părinții trebuie să se gândească în rugăciune dacă fac acest lucru pentru binele copiilor lor, fără justificări egoiste. Nevoia ca amândoi părinții să lucreze în afara casei reprezintă trista realitate pentru multe dintre familiile din ziua de astăzi. A devenit dificil să cumperi o casă dintr-un singur venit.

Noi, creștinii, suntem chemați să fim imaginea iconică a lui Iisus și a Miresei Lui, îndeplinindu-ne rolurile de soți și soții. Și noi, creștinii, suntem chemați să fim imaginile iconice ale lui Dumnezeu-Tatăl și ale Bisericii, Mama noastră, îndeplinindu-ne rolurile de mamă și de tată pentru copiii noștri. Acesta este idealul la care ar trebui să aspirăm și pentru care să muncim. Cunosc familii cu opt sau mai mulți copii în care tatăl muncește în afara casei, iar mama este casnică și chiar le este profesoară copiilor. Nu spun că le este ușor, dar o fac pentru binele copiilor.

Nu există nimic mai natural decât o mamă care își alăptează copilul sugar și legătura fizică și atașamentul care se dezvoltă între mamă și copilul ei în primii ani de dezvoltare mintală, emoțională și socială a acestuia. Nu vreau să minimalizez importanța construirii unei relații între tată și copil, care este la rândul ei esențială, dar cineva trebuie, de obicei, să obțină un câștig în urma muncii lui pentru a întâmpina nevoile financiare ale familiei, iar acest lucru este făcut de obicei de către tată în rolul lui iconic de furnizor al bunurilor materiale necesare familiei.

Unele dintre mamele din ziua de astăzi spun că au nevoie să muncească în afara casei din motive financiare sau simt că munca în afara casei le oferă un sentiment mai profund al valorii personale decât l-ar fi avut fiind „doar" mamă casnică și crescând următoarea generație de cetățeni. Pot să înțeleg presiunile financiare cărora le sunt supuși părinții, chiar și într-o familie cu două venituri. Este greu să cumperi sau chiar să închiriezi o casă dacă nu ai o familie cu două venituri. Este încă și mai greu atunci când ești părinte singur.

De aceea, prin înțelepciunea lui Dumnezeu, este menit ca atât tatăl, cât și mama să fie responsabili pentru copiii lor, să aleagă unde locuiesc și unde muncesc, în așa fel încât nevoia de a munci în afara casei să fie minimă pentru amândoi. În acest fel, unul dintre părinți poate fi liber să-și concentreze atenția asupra copiilor în primii lor ani, mai ales înainte de a intra la școală.

În ceea ce privește urmărirea unei cariere pentru a câștiga un sentiment mai profund al valorii personale, am aflat din primele patru capitole ale acestei cărți că adevăratul sentiment al valorii noastre personale nu provine din genul de serviciu pe care îl avem, ci din cunoașterea valorii pe care o avem înaintea Creatorului nostru și nu înaintea șefului nostru sau a colegilor sau a partenerilor de afaceri sau a prietenilor (acest adevăr se aplică și în cazul taților). Valoarea noastră personală nu provine nici din casa pe care o putem cumpăra atunci când avem două venituri în familie, nici din mașinile mai frumoase pe care le putem avea. Valoarea noastră provine din iubirea lui Dumnezeu pentru noi, iar sentimentul de realizare personală, din cât de bine ne îngrijim și ne călăuzim copiii pe care ni i-a dat Dumnezeu.

Acest lucru nu are nimic de a face cu inegalitatea dintre sexe sau cu abilitatea femeilor de a concura cu bărbații la locul de muncă și nici cu baza de cunoștințe a unei femei – în ziua de astăzi există mai multe femei decât bărbați care termină o facultate.[1] Din contră, este vorba despre ceea ce e mai bine pentru copii și pentru sentimentul lor de valoare personală înaintea părinților și a lui Dumnezeu. Din păcate, poziția unei mame care rămâne acasă și are grijă de copiii ei, mai ales în anii de preșcolarizare, este considerată drept învechită și cu un statut mai puțin important decât a-și păstra o carieră cu normă întreagă, cu recompensele acesteia financiare și independența pe care o asigură. Odată cu răspândirea creșelor, rolul iconic al unei mame ca Biserica-Mamă în-

[1] Miranda Koerner, *More Women Graduate from College*, 20 mai 2010, http://www.mysanantonio.com/community/northwest/news/article/More-women-graduate-from-college-793606.php.

grijindu-se de fiii ei duhovnicești a devenit ușor de înlocuit și pare uneori desuet.

Este trist să vezi un cuplu trecând prin procesul de divorț pentru că unul dintre ei sau amândoi refuză să urmeze calea smereniei și să învețe cum să îl prețuiască pe celălalt cu adevărat și să fie prețuit la rândul său. Acum, în fața tribunalului, părinții descoperă că au predat deciziei judecătorului controlul asupra îngrijirii copiilor lor. Am auzit mame spunându-le taților și tați spunându-le mamelor cum se va desfășura vizitarea copilului ca să afle în cele din urmă că, odată ce se află în fața tribunalului, judecătorul este cel care decide asupra acestei chestiuni (de obicei în urma recomandărilor mediatorului din cadrul tribunalului pentru familie), și nu părinții. Judecătorul își bazează decizia privitoare la custodia copilului nu pe ceea ce este mai bine pentru mamă sau pentru tată, ci pe ceea ce consideră a fi mai bine pentru copil (sau copii). Aceasta este atitudinea pe care părinții înșiși ar fi trebuit să o adopte și să o dorească pentru copiii lor de la bun început.

În mod tragic și regretabil, există situații în care divorțul pare să fie singura opțiune, dar părinții ar trebui să facă tot ce le stă în puteri ca să își salveze și să își vindece căsnicia de dragul copiilor lor. Întotdeauna, cel mai bun lucru pentru copii este ca părinții să învețe să se iubească și să se înțeleagă unul cu celălalt. Uneori este extrem de greu să te înțelegi cu cineva, mai ales dacă la mijloc se află agresiuni emoționale sau psihice, abuz de droguri sau adulter. Dacă amândoi părinții sunt lipsiți de maturitate, smerenie, empatie și capacitatea de a ierta și de a fi iertați, copiii vor sfârși deseori în pierdere. Ei se simt de multe ori devalorizați, o devalorizare care le afectează chiar și viața de adulți.

Birourile terapeuților noștri sunt pline de adulți cu părinți divorțați și/sau familii disfuncționale din alte puncte de vedere. Copiii au toate șansele să cunoască devalorizarea atunci când părinții lor și societatea devalorizează demnitatea și importanța unirii dintre bărbat și femeie în Taina Căsătoriei, iar părinții lor nu se ridică la înălțimea rolurilor lor iconice de mamă și de tată pentru copiii lor, pe care le-au primit de la Dumnezeu. Nu este necesar ca lucrurile să se petreacă astfel – există o cale de a rectifica problema.

Devalorizarea extremă: abuzul și neglijarea

Un alt domeniu al devalorizării copiilor este direct implicat în cazurile îngrozitoare de abuz împotriva copiilor. Trauma care rezultă din formele de abuz fizic și sexual asupra copiilor poate dura întreaga viață dacă persoanele implicate nu primesc vindecarea minții și a inimii din partea lui Dumnezeu. Abuzul fizic și sexual poate duce la tulburări mintale, cum ar fi tulburarea disociativă sau depresia și anxietatea gravă, care pot sabota abilitatea unei persoane de a funcționa normal în viața de zi cu zi și în viitoarele interacțiuni personale cu alții. Aceste forme de abuz pot duce și la numeroase tulburări de personalitate, cum ar fi tulburarea borderline sau tulburarea paranoidă. După cum am menționat mai devreme, tulburările de personalitate reprezintă un tipar de trăsături caracteristice inadaptate care sabotează în mod semnificativ relațiile sănătoase și mature cu alte persoane, acasă sau în public.

Fără harul lui Dumnezeu, victimei îi este greu să se vindece de cicatricile emoționale sau mintale rămase în urma acestor forme de abuz. Procesul implică renunțarea la mânia, ura și rușinea pe care victima continuă să le simtă. Problemele în stabilirea granițelor sau problemele de atașament pot urmări victima ani în șir.

Problemele în stabilirea granițelor apar atunci când o persoană se confruntă cu dificultăți de respectare a spațiului sau a sensibilității altora. Uneori, aceste granițe devin ziduri emoționale, iar alteori sunt atât de transparente, încât acelei persoane îi poate fi greu să își diferențieze gândurile de ale altora. Uneori o persoană își încalcă propriile valori și principii în compania altora, încălcându-și propriile granițe de comportament sănătos și corect. Problemele de atașament pornesc dintr-o deficiență a îngrijirii pline de iubire pe care un copil ar trebui să o primească din partea celor care se ocupă de el, de obicei a părinților, mai ales când se confruntă cu stres sau cu anxietate în perioada primei copilării. Atât din cauza problemelor în stabilirea granițelor, cât și din a celor de atașament, adultul poate întâmpina dificultăți cu privire la încrederea în ceilalți sau la apropierea emoțională și fizică față de ceilalți.

Abuzul sexual și fizic asupra copiilor este întotdeauna un păcat grav și devalorizează profund copiii. Din păcate, aceste forme de abuz se pot internaliza într-un sentiment al identității scăzut chiar în viziunea copilului. Cred că am fi șocați să aflăm câți copii sunt abuzați, de fapt, în zilele noastre sau câți dintre adulți au fost abuzați în copilărie. Conform organizației Childhelp[1], statistica privind abuzul asupra copiilor la nivel național arată că 3,3 milioane de copii din Statele Unite sunt abuzați sau neglijați în fiecare an.[2] Folosirea unei persoane pentru propria ta plăcere sau pentru propriile nevoi reprezintă un abuz.

Oricât de tragic ar fi abuzul de natură fizică și sexuală asupra copiilor, cred că uităm deseori de o altă formă de abuz: neglijarea. Neglijarea poate să fie fizică, emoțională, psihologică sau duhovnicească. Să începem cu neglijarea fizică. Nu vorbesc doar despre nesatisfacerea nevoilor nutriționale ale unui copil sau de nevoia de protecție împotriva forțelor naturii care sunt, bineînțeles, esențiale. Una dintre cele mai importante nevoi ale unui copil este cea a atingerii bune și sănătoase.

Poate vă amintiți că ați studiat la cursurile de psihologie despre un studiu făcut pe maimuțe rhesus. Dr. Harry Harlow a așezat un pui nou-născut de rhesus într-o cușcă împreună cu o maimuță modelată numai din sârmă, care să reprezinte mama puiului. A așezat un alt rhesus nou-născut într-o cușcă separată împreună cu o maimuță din sârmă acoperită cu blană, reprezentând mama acelui pui. Diferențele dintre acești pui de maimuță cu cele două tipuri de mame-surogat au fost

[1] Organizație non-profit pentru prevenția și tratamentul abuzului asupra copiilor fondată în America în 1959 *(n. trad.)*.

[2] Childhelp, Statistica privind abuzul asupra copiilor la nivel național, 2010, http://www.childhelp.org/pages/statistics.

izbitoare. Puiul cu mama din sârmă fără blană a devenit anxios și retras, în timp ce puii cu mamele-surogat acoperite cu blană au dezvoltat trăsături comportamentale mai sănătoase.[1] Este vital ca părinții să le ofere atingeri mângâietoare copiilor nou-născuți, deoarece acestea dețin un rol important în dezvoltarea mintală sănătoasă a copiilor.

Neglijarea fizică a unui copil lasă cicatrici psihologice și emoționale de lungă durată și este o formă de devalorizare ca și celelalte, un păcat împotriva copilului.[2] S-ar putea să fi auzit deja știrile îngrijorătoare despre niște nou-născuți orfani din Europa de Est care au fost pur și simplu așezați în leagăne fără să li se ofere prea multă atingere umană. Au dezvoltat probleme psihologice multiple, inclusiv tulburări de atașament. Se legănau singuri fără încetare. Unii dintre nou-născuți, cu toate că erau hrăniți și schimbați, au murit din cauza lipsei unei atingeri grijulii și iubitoare.

Dr. John Bowlby a făcut cercetări în jurul acestui subiect al atașamentului și al dezvoltării din timpul primei copilării. Nou-născuții și copiii trebuie ținuți în brațe cu iubire și alinați prin atingerea grijulie a părinților lor. De aceea familiile sănătoase au nu numai părinți sănătoși, ci și rude sănătoase, care îi pot îndruma pe tinerii părinți în satisfacerea nevoilor fizice ale copiilor lor.

---

[1] Erin Schultheis, Harry F. Harlow, Muskingum College College, New Concord, OH, mai 1999, www.muskingum.edu/~psych/psycweb/history/harlow.htm.

[2] Inge Bretherton, *The Origins of Attachment Theory: John Bowlby and Mary Ainsworth*, Developmental Psychology, 1992, pp. 28, 759-775, http://www.psychology.sunysb.edu/attachment/online/inge_origins.pdf.

Neglijarea le trimite copiilor mesajul că nu sunt doriți sau iubiți cu adevărat. Acest mesaj rănește profund sentimentul identității unei persoane și importanța existenței lor în lume. Mă întreb uneori dacă mai mulți copii pe lume suferă în urma neglijării decât suferă în urma abuzului fizic și sexual. Neglijarea reprezintă un mesaj îngrozitor de devalorizare pentru copil și un păcat de moarte.

Cum să ne prețuim copiii prin smerenie

În legea mozaică, fiecare copil nou-născut trebuie binecuvântat și adus la templu înaintea lui Dumnezeu. Aici își primește binecuvântarea de la Dumnezeu și numele. Iisus Însuși a fost adus înaintea lui Dumnezeu în acest fel (v. Lc. 2, 21-24).

Aducerea la templu este momentul de recunoaștere că, înainte de toate, copilul este fiul lui Dumnezeu. Părinților li se dau privilegiul și responsabilitatea înaintea lui Dumnezeu de a-și îngriji copilul cu dragoste și cu credință și de a-l crește pentru a deveni fiul lui Dumnezeu. Creștinii ortodocși au obiceiul ca, la 40 de zile după nașterea copilului, mama să fie binecuvântată, iar copilul să fie adus împreună cu părinții lui la altarul bisericii și oferit Domnului. Acest lucru se face pentru pregătirea botezului și a mirungerii în Trupul lui Hristos. Prin botezul cu apă copilul devine în mod oficial membru cu drepturi depline în Trupul lui Iisus Hristos, iar prin mirungere copilul primește Duhul Sfânt, la fel ca și apostolii în ziua de Rusalii. Îi putem numi copiii *noștri*, dar trebuie să ne amintim că sunt, în primul rând, fiii lui Dumnezeu.

Într-un fel, copiii noștri pot fi, de asemenea, considerați drept frații și surorile noastre în Hristos din generația următoare, căci împărțim cu toții același Dumnezeu drept Tată și suntem cu toții îngrijiți și crescuți de către Mama noastră, Biserica. Întrebarea pe care părinții trebuie să și-o pună în fiecare zi este: „Cum mă port cu fiii lui Dumnezeu pe care El mi i-a lăsat în grijă?" Sfântul Apostol Pavel le dă taților niște îndrumări care ar putea să le includă cu ușurință și pe mame: *Și voi, părinților, nu întărâtați la mânie pe copiii voștri, ci creșteți-i întru învățătura și certarea Domnului* (Efes. 6, 4).

Analizând această propoziție în limba greacă, vedem că Sfântul Apostol Pavel pare să încerce să le spună părinților că nu ar trebui să permită propriei lor mânii să dea naștere la mânie în copilul lor. Părinții ar trebui să-și educe și să își crească fiii și să le atragă atenția asupra lucrurilor pe care ar trebui să le știe cu un avertisment (dojană) rezonabil și plin de iubire. Câți dintre părinți se enervează atât de tare pe copiii lor, încât, în mânia lor, îi provoacă pe copii să se mânie și ei, iar apoi se mânie pentru că fiii lor s-au mâniat? Cât de nedrept este acest lucru! Părinții ar trebui, cu răbdare și iubire, să își învețe, să își călăuzească și să își dojenească fiii în felul în care ar trebui să pășească înaintea lui Dumnezeu, fără mânie sau voci ridicate. Acest lucru îmi amintește de un alt verset al Sfântului Apostol Pavel: *Fraților, chiar de va cădea un om în vreo greșeală, voi cei duhovnicești îndrep-*

tați-l pe unul ca acesta cu duhul blândeții, luând seama la tine însuți, ca să nu cazi și tu în ispită (Gal. 6, 1).

Cu acest duh și cu această atitudine ar trebui să ne tratăm copiii atunci când sunt surprinși vinovați de ceva – și anume, cu o atitudine de blândețe (bunătate și smerenie) –, ca nu cumva să ne găsim noi înșine vinovați înaintea Tatălui nostru ceresc pentru mânia și nerăbdarea noastră.

Lucrul pe care vreau să îl explic nu este menit să diminueze amprenta foarte reală a lui Dumnezeu în sufletul fiecărui copil în momentul concepției și nici grija plină de iubire pe care Mama noastră, Biserica, o acordă fiilor săi. Este vorba de faptul că primul chip al lui Dumnezeu, pe care copilul probabil că îl va cunoaște, se găsește în brațele mamei și ale tatălui său pământesc. Așa cum sentimentul valorii personale ne este dezvăluit în privirile Creatorului, la fel și copilul nostru capătă primul sentiment al valorii personale prin privirile părinților lui pământești.

Ce anume văd și înțeleg copiii în privirile noastre atunci când ne uităm la ei? Oare percep bucuria părinților lor, grija, încurajarea și iubirea necondiționată? Sau văd nefericirea, nerăbdarea, descurajarea, dezamăgirea și iubirea condiționată? De aceea este atât de important să înțelegeți primele patru capitole ale acestei cărți înainte de a avea copii. Sfântul Teofan Zăvorâtul scrie despre felul în care privirea din ochii părinților deschide o cale către sufletul copilului:

„În timp ce în toate celelalte sensuri sufletul rămâne ascuns, ochii își deschid privirea către ceilalți. Acesta este locul de întâlnire dintre două suflete. Fie ca aceste deschideri să fie folosite pentru trecerea sentimentelor sfinte din sufletul mamei și al tatălui în sufletul copilului! Sufletele lor nu au cum să nu miruiască sufletul copilului cu acest ulei sfânt."[1]

Nu ai posibilitatea să oferi ceea ce nu ai văzut sau trăit chiar tu sub privirile Dumnezeului tău iubitor. Dacă nu înțelegi cât ești de valoros înaintea Creatorului, nu ai cum să le împărtășești copiilor tăi același sentiment al valorii atunci când ei se uită în ochii tăi și îți observă comportamentul față de ei.

Să spunem că ai oarecare experiență în cunoașterea valorii tale personale înaintea lui Dumnezeu și că încerci să îți trăiești viața mulțumindu-L pe Dumnezeu. Cum arată un părinte bun și cum le comunică părinții buni iubirea lui Dumnezeu copiilor lor? I-am auzit deseori pe oameni plângându-se că nu au avut niciodată un „manual al părinților" după care să se ghideze atunci când și-au crescut copiii. De fapt există numeroase cărți pentru părinți, cursuri și pagini de Internet, unele mai bune decât altele. Pe lângă consilierea înainte de logodnă și maritală, ar fi minunat ca mai multe cupluri să caute informații despre creșterea copiilor înainte de a deveni părinți.

Primul lucru cu care ar trebui să le începem pe toate atunci când ne creștem copiii este *smerenia.* Acesta este principiul de bază în creșterea copiilor noștri pentru Dumnezeu. Amintiți-vă definiția pe care eu o dau

---

[1] Sf. Teofan Zăvorâtul, *Calea spre mântuire sau manualul desăvârșitei prefaceri duhovnicești,* cap. 1, par. 7, Editura Egumenița, Galați, 2013.

smereniei: „Cred că am dreptate, dar s-ar putea să mă înșel și sunt cu totul deschis posibilității că aș putea să mă înșel." Acest lucru înseamnă că nu considerăm de la sine înțeles că ne descurcăm ireproșabil în creșterea și îngrijirea copiilor noștri. Chiar dacă am crescut alături de părinți buni și iubitori de Dumnezeu, nu există nici o garanție că vom fi părinți minunați pentru copiii noștri. De fapt, dacă smerenia lipsește din viața noastră, nu vom fi părinți buni.

Smerenia începe cu atitudinea noastră față de Dumnezeu. Oare ne-am supus întreaga viață – trupul, sufletul și duhul – voinței lui Dumnezeu? În relația noastră cu Dumnezeu, ne îndeamnă acea dragoste să ne căutăm frații și surorile întru Iisus Hristos – cu alte cuvinte Trupul lui Hristos, Biserica Lui? Avem un tată duhovnicesc sau o mamă duhovnicească în cadrul Bisericii cărora putem să ne adresăm atunci când avem o întrebare despre viața noastră și despre creșterea fiilor lui Dumnezeu pe care El ni i-a lăsat în grijă? Oare smerenia noastră ne îndeamnă să dezvoltăm o viață duhovnicească sănătoasă de unul singur sau alături de partenerul de viață? Pe scurt, am îngenuncheat înaintea Împăratului împăraților și a Stăpânului stăpânilor, Mântuitorul nostru înviat, Iisus Hristos, în toate privințele?

Smerenia ne spune că vom face greșeli ca părinți: fiecare părinte omenesc face acest lucru. Smerenia ne ajută să înțelegem mai bine că nu ne creștem singuri copiii. Dumnezeu-Tatăl și Biserica, Mama noastră, se află alături de noi ca să ne ajute – dacă ne lăsăm la o parte mândria și le cerem smeriți ajutorul.

Egocentrismul este opusul smereniei. Soţii trebuie să asculte de soţii, iar soţiile trebuie să asculte de soţi în creşterea copiilor lor. Dumnezeu a avut un motiv să aşeze în casă un tată şi o mamă ca să Îi crească fiii. Din punct de vedere practic este mult mai greu să creşti copii dacă eşti părinte singur, mai ales dacă ai mai mult de un copil. Dar şi mai important este faptul că Dumnezeu a creat genul drept parte a propriei noastre fiinţe iconice: ne-a făcut parte bărbătească şi parte femeiască pentru un motiv anume. Există o dimensiune a naturii unică pentru partea bărbătească şi alta pentru partea femeiască, iar amândouă îl ajută pe copil să trăiască într-o lume alcătuită atât din bărbaţi, cât şi din femei.

În psihologia dezvoltării învăţăm că există perioade în creşterea copilului când acesta are nevoie de atenţia unui părinte mai mult decât a celuilalt – uneori mama, alteori tatăl. Unii taţi s-ar putea simţi puţin răniţi în timpul unor perioade în dezvoltarea copilului când mama pare să prezinte mai mult interes pentru copil, dar apoi poate veni o etapă în dezvoltarea copilului când tatăl pare să prezinte mai mult interes pentru copil decât mama. Taţii, datorită faptului că sunt parte bărbătească, au unele experienţe de viaţă diferite de cele ale femeilor. Mamele, datorită faptului că sunt parte femeiască, au unele experienţe de viaţă diferite de cele ale bărbaţilor. Copilul beneficiază în mare măsură de pe urma experienţelor bogate ale *ambilor* părinţi, mai ales în domeniul identităţii de gen şi al viitoarei alegeri a unui partener de căsătorie sănătos. Atunci când are amândoi părinţii, copilul are posibilitatea de a vedea bărbatul şi femeia adulți lucrând și trăind împreună în iubirea lui Dumnezeu și în grija unuia față de celălalt. Acest lucru îi oferă copilului nu numai siguranță și securitate emoțională, ci și speranță pentru o viitoare relație pe care Dumnezeu l-ar putea chema să o aibă.

O inimă plină de smerenie le va permite ambilor părinți să aprecieze rolurile și influența pozitivă pe care celălalt părinte le oferă copilului. De asemenea, smerenia ne amintește că fiii noștri sunt în primul rând fiii lui Dumnezeu pe care avem privilegiul să îi creștem pentru El. Din păcate, nu aceasta este atitudinea pe care o observ atunci când un cuplu trece prin procesul de divorț și pare să creadă că are un anume drept de proprietate asupra copiilor. Nu este chiar atât de neobișnuit să auzim un părinte susținând: „Sunt copiii mei", în loc de „copiii noștri" și în loc să spună că sunt copiii lui *Dumnezeu.* Părinții nu înțeleg că aceștia sunt copiii lui Dumnezeu pe care s-ar putea să nu reușească să îi crească așa cum se cuvine pentru că nu își păstrează căsnicia intactă și sănătoasă.

Citim în Pilde: *Înaintea prăbușirii merge trufia și semeția înaintea căderii* (Sol. 16, 18). Cuvântul din limba ebraică pentru *mândrie* înseamnă „aroganță, o ruptură, ceea ce este distrus". Câte căsnicii au fost distruse din cauza mândriei unuia sau a ambilor parteneri, pricinuind o ruptură în familie și făcându-i astfel pe copii să sufere! Atitudinea de afecțiune cu care ar trebui să îți crești copiii și să îi ajuți să își cunoască valoarea personală drept fii ai lui Dumnezeu începe cu atitudinea de smerenie.

Cum să îți prețuiești copiii prin empatie

Părinții trebuie să dea dovadă de empatie sinceră față de copiii lor. Este vorba de același talent necesar în relația dintre soț și soție. Empatia este diferită de compătimire. Compătimirea constă mai mult în exprimarea compasiunii față de altă persoană pentru suferința ei. Înseamnă să îți pară rău pentru situația unei alte persoane. Empatia, pe de altă parte, constă mai degrabă în înțelegerea sentimentelor ascunse, a gândurilor și a motivelor unei alte persoane, în măsura în care se poate. Reprezintă capacitatea de a asculta în profunzime sentimentele altora, de a vedea lumea prin ochii lor, de a te pune în pielea lor ca să înțelegi mai bine percepția lor despre lume. Acest lucru este extrem de important pentru sănătatea emoțională și psihologică a unui copil. Comunică de asemenea mesajul că acel copil este cu adevărat valoros pentru părinții lui. Exemplul următor îmi ilustrează punctul de vedere.

Să spunem că ai un fiu în vârstă de cinci ani și o fiică în vârstă de zece. Într-o zi, fiul vostru iese în fugă din dormitorul surorii lui și intră în camera de zi, unde tu îți urmărești emisiunea preferată la televizor. Copilul plânge și este supărat pentru că sora lui mai mare tocmai i-a rupt un desen pe care îl colorase. Tu ești iritat pentru că fiul tău te întrerupe în timp ce îți urmărești emisiunea preferată. Atunci când fiul tău vine să îți ceară ajutorul, tu strigi cu o voce exasperată:

– Ce naiba e cu tine? Nu vezi că mă uit la televizor?

Fiul tău se uită în sus la tine și explică:

– Surioara mi-a rupt desenul!

Lacrimile îi șiroiesc pe obraji.

– Atunci desenează altul! strigi tu mânios.

Fiul tău iese împleticindu-se din cameră, scâncind învins, și se îndreaptă spre camera lui. Ai dat dovadă de empatie față de fiul tău? Răspunsul este, bineînțeles, ***nu***. Nu i-ai arătat nici măcar compătimire sau compasiune. A simțit fiul tău că îl prețuiești? Răspunsul este categoric nu.

Să derulăm din nou această scenă, folosind de data aceasta compătimirea și empatia. Atunci când fiul tău vine la tine, apeși butonul de înregistrare (dacă televizorul tău are această funcție) și apoi stingi televizorul. Poți să îți urmărești emisiunea mai târziu și, chiar dacă nu poți, fiul tău este mai important. Te uiți apoi în ochii fiului tău și îl întrebi cu blândețe și cu îngrijorare:

– Ce s-a întâmplat, fiule?

Atunci el îți explică:

– Surioara mi-a rupt desenul!

Tu îi răspunzi, arătându-i compătimire:

– Îmi pare rău să aud asta! Ești mânios și trist din cauza asta, nu-i așa?

Această întrebare arată empatie.

După ce fiul tău îți răspunde că da, te interesezi:

– Ți-a luat mult timp să faci desenul?

Fiul tău încuviințează din nou cu capul.

Tu, mijlocitorul plin de compasiune care se ocupă de situație, răspunzi:

– Înțeleg de ce te simți mânios și trist, așa că hai să mergem amândoi și să vorbim cu sora ta!

Te ridici și îl prinzi cu blândețe de mânuță în timp ce intrați amândoi în dormitorul surorii lui ca să discutați de ce a rupt desenul fratelui ei. Între timp, fiul tău s-a mai calmat puțin și este în stare să discute problema.

În acest exemplu i-ai arătat fiului tău nu numai compătimire, ci și empatie. I-ai arătat că este mai valoros decât emisiunea la care te uitai. Ai oglindit sentimentele pe care credeai că le avea fiul tău (și anume, că părea trist și mânios din cauza faptei surorii lui), comunicându-i că ai înțeles cum se simțea în acea clipă. Aceasta înseamnă să îi arăți empatie. Ai fost blând și binevoitor cu el, oferindu-te să rezolvi problema în urma unei discuții între cei doi frați.

Acum, dacă am putea să dăm dovadă de aceeași compătimire și empatie de fiecare dată când copilul vine la noi, am trăi cu toții într-o lume mai bună. Desigur, realitatea este că nu dăm mereu dovadă de aceeași compătimire și empatie față de copiii noștri. Cu toate acestea, suntem chemați să dăm tot ce avem mai bun și să învățăm prin exercițiu.

Empatia înseamnă, în primul rând, să asculți în profunzime ceea ce încearcă să îți comunice o altă persoană. Acest lucru presupune să nu întrerupi sau să nu judeci importanța a ceea ce spune copilul tău. Datoria ta este pur și simplu să înțelegi cât de bine poți ceea ce el sau ea simte și încearcă să îți comunice în acea clipă. Tentația este să întrerupi, să ignori, să judeci sau să adopți o atitudine de apărare față de ce auzi. Datoria ta de empatie este să taci din gură și să asculți până când copilul a terminat mesajul pe care încearcă să ți-l împărtășească.

Odată ce acest lucru a avut loc, tu vei încerca să oglindești către copilul tău ceea ce crezi că încearcă să îți spună și ceea ce crezi că simte în această clipă. „Se pare că ești trist și te-ai mâniat pe sora ta pentru că ți-a rupt desenul, nu-i așa?" Atunci când copilul răspunde „da" la încercarea ta de a oglindi ceea ce el îți spune, înseamnă că ai reușit să dai dovadă de empatie față de copilul tău, iar el va vedea că îl prețuiești cu adevărat: va simți că este cu adevărat important pentru tine. Aceasta este atitudinea pe care vrei să o cultivi în copiii tăi pentru ca ei, la rândul lor, să o cultive într-o zi în copiii lor.

Odată ce ai dat dovadă de empatie, iar fiul tău simte că înțelegi cu adevărat ce încearcă să îți comunice, poți atunci și numai atunci să te oferi să te ocupi de problemă. Te poți oferi să discuți cu sora lui mai mare ca să afli de ce i-a rupt desenul. Atunci când începi să vorbești cu sora lui trebuie mai întâi să dai dovadă de empatie și față de ea. Vrei să înțelegi ce crede și ce simte ea despre acea situație și apoi să oglindești către ea faptul că ai înțeles ce ți-a spus. Trebuie să îi oferi fiicei tale ocazia să îți explice punctul ei de vedere și să își exprime frustrările față de fratele ei mai mic. Știu că acest lucru ia timp, dar merită până la urmă pentru sănătatea psihologică a copiilor tăi și pentru pacea și fericirea din familie.

Odată ce înțelegi ce simt amândoi copiii, tu, ca părinte, ai posibilitatea de a aborda mai eficient faptele rele care au fost poate făcute de către cei doi frați. S-ar putea să afli că fiul tău în vârstă de cinci ani a rupt unul dintre desenele surorii sale mai întâi, așa că ea i-a plătit cu aceeași monedă. Numai după procesul de empatie și de ascultare în profunzime reușești, ca părinte, să apreciezi situația și să stabilești consecințele purtării copiilor tăi. Cu toate că s-ar putea să fie nevoie să impui o anumită consecință, vei vrea să pui accent în același timp pe împăcarea dintre fiul și fiica ta.

Este important să îți înveți copiii cum să dea dovadă de empatie unul față de celălalt în așa fel încât fiul tău să înțeleagă cum se simte sora lui, iar fiica ta să înțeleagă cum s-a simțit fratele ei atunci când ea i-a rupt desenul. Acest lucru va duce, sper, la un anumit nivel de iertare și împăcare între ei și va diminua certurile viitoare. Ar putea fi și o modalitate de a-i ajuta pe copii să dezvolte o conștiință sănătoasă.

Munca de părinte este grea, dar bună – cea mai bună muncă. Îți ajuți copiii să obțină un fundament psihologic solid, în așa fel încât să devină adulți care dau dovadă de blândețe, respect, empatie și înțelegere față de alții. Empatia poate duce la compasiune atât în cel care o oferă, cât și în cel care o primește, un lucru de care întreaga lume are multă nevoie.

Mai există și altă modalitate de a le demonstra copiilor noștri propria valoare. Fiecare gest pe care îl facem, fiecare cuvânt pe care îl rostim, fiecare ton al vocii noastre, fiecare expresie a feței noastre, fiecare acțiune pe care o facem, le comunică fiilor noștri un mesaj despre valoarea lor înaintea noastră, părinții lor, și înaintea lui Dumnezeu. După cum am văzut deja, roadele Duhului pe care Sfântul Apostol Pavel le enumeră credincioșilor galateni nu sunt altceva decât însușirile lui Dumnezeu, și ar trebui să fie și însușirile noastre ca drept-credincioși creștini (v. Gal. 5, 22-23).

Copiii au tendința să imite comportamentul părinților lor. Suntem atât mentorii copiilor noștri, cât și reprezentanții lui Dumnezeu pe pământ. Oare copiii noștri văd și simt rodul Duhului în lăuntrul nostru? Oare copiii noștri văd niște părinți care îi iubesc și îi prețuiesc cu adevărat? Oare copiii noștri văd niște părinți care sunt plini de dragoste, bucurie, pace, răbdare, blândețe, bunătate, credință, bunăvoință și care își controlează propriul comportament și propriile cuvinte? Acesta este modelul pe care copiii noștri îl văd în noi? Răspunsul poate să fie puțin incert. Cu tot stresul zilnic și cerințele vieții noastre, rodul Duhului pare să se micșoreze puțin în practică, dar este extrem de important să îl cultivi în creșterea unor copii sănătoși.

Și dacă le-am pune copiilor noștri aceste întrebări: „Simți că te iubim și că te prețuim? Atunci când ne urmărești comportamentul și ne observi atitudinea, vezi niște părinți pașnici în tot ceea ce fac? Simți că suntem răbdători și binevoitori? Ai spune că suntem părinți buni? Ne respectăm cu credință responsabilitățile noastre de părinți și Îi suntem credincioși lui Dumnezeu și poporului Său? Atunci când îți vorbim sau te corectăm o facem cu blândețe? Ne consideri drept niște părinți care își pot controla cuvintele și comportamentul?" Cum credeți că ne-ar răspunde sincer copiii noștri la aceste întrebări? Poate că întrebarea ar trebui să fie: câți dintre părinți au curajul să le pună copiilor lor aceste întrebări și, mai important, să le ia răspunsurile în serios? Este important să nu adoptăm o atitudine de apărare și să nu ne simțim copleșiți de ceea ce am putea auzi.

Vedeți, nu numai că oglindim sentimentele și gândurile copiilor atunci când le arătăm empatie, dar copiii noștri pot și ei să fie oglinda comportamentului nostru față de ei și față de lumea înconjurătoare. Deseori ne este foarte greu să auzim ce spun copiii noștri despre noi atunci când aceștia îndreaptă o oglindă înspre noi. Ar trebui spus, de asemenea, că ei reflectă deseori ceea ce văd la noi. Da, avem o experiență de viață mai bogată decât ei, dar dacă noi înșine nu înțelegem cât de valoroși suntem înaintea Creatorului nostru și dacă rodul Duhului nu se manifestă prin cuvintele și acțiunile noastre, atunci nu suntem decât copii imaturi, care au și ei nevoie de ajutorul lui Dumnezeu.

Ceea ce ne readuce la faptul pe care vi l-am împărtășit mai devreme în acest capitol – și anume, creșterea unor copii sănătoși din punct de vedere duhovnicesc și psihologic – trebuie să înceapă cu smerenia față de Dumnezeu și față de propriii noștri copii. Credeți că sunteți văzuți drept o persoană smerită de către copiii voștri, cineva care ar putea crede că percepțiile și opiniile sale sunt corecte, dar care poate recunoaște că s-ar putea înșela și este cu adevărat deschis posibilității de a se înșela?

Putem găsi un exemplu concret al acestei atitudini de smerenie în filmul *Rudy*, în care este vorba despre un tânăr care nutrește pasiunea și dorința puternică de a juca fotbal în echipa Universității Notre Dame. Este refuzat de mai multe ori. Într-o scenă, el se roagă în biserica din campus, iar un preot se apropie de el ca să își ofere ajutorul. În timpul conversației, preotul declară: „Fiule, în 35 de ani de studii teologice am descoperit numai două adevăruri de neclintit și incontestabile: există un Dumnezeu, iar eu nu sunt Acela." Ca părinți, este posibil să fi învățat deja unele adevăruri despre lume și să avem un oarecare simț al binelui și al răului în adâncul conștiinței noastre. Dar nu ar trebui să ținem niciodată la adevărurile noastre cu atâta aroganță încât să nu avem timp să îi ascultăm cu adevărat pe copiii noștri și să auzim ce au ei de spus.

În activitatea mea de consiliere, am fost contactat uneori de părinți care voiau să verifice dacă am un loc liber pentru fiul sau fiica lor de vârsta adolescenței. Părinții păreau disperați și se așteptau ca eu să le repar cumva copilul. Eu încerc de obicei să mă întâlnesc mai întâi cu părinții în biroul meu ca să înțeleg de ce aceștia cred că fiul lor ar avea nevoie de consiliere și să ascult punctul lor de vedere asupra „problemei".

Atunci când adolescentul vine pentru ședința lui, îl întreb cum aș putea să îl ajut și de ce părinții lui cred că ar trebui să mă întâlnească. Uneori adolescenții îmi povestesc foarte deschis despre lumea lor de acasă și ce nu le place în legătură cu ea. Alții au tendința să rămână tăcuți, iar eu am impresia că nu își doresc cu adevărat să se afle în biroul meu. Unii spun că nu știu de ce i-au adus părinții lor aici. Cu toate acestea, dacă se întorc pentru alte câteva ședințe, încep de obicei să se simtă destul de în siguranță ca să se deschidă și să îmi vorbească despre viața lor de acasă și de la școală. În unele cazuri încep să îmi formez impresia că acel copil reprezintă numai o parte din problemă, iar părinții cealaltă parte. În curând, „repară-mi copilul" devine „repară sistemul familial" de acasă.

Cu toate că acest lucru nu se aplică la fiecare caz, se întâmplă totuși destul de des să se demonstreze că problemele apar rareori într-un vid. Comportamentul și cuvintele părinților pot contribui la purtarea urâtă a copiilor lor, iar ei pur și simplu nu își dau seama. Este de datoria mea să îi ajut pe părinți să își identifice rolul, mare sau mic, în crearea unei atmosfere acasă care a devenit problematică pentru creșterea copiilor lor.

Uneori părinții sunt mult prea stricți și chiar despotici în pretențiile lor față de copil. În alte situații, părinții sunt prea timizi sau temători ca să stabilească reguli sănătoase, granițe în familie sau consecințe drepte și echilibrate pentru comportamentul urât al copiilor lor. Și mai există părinți care par cu adevărat să facă treabă bună, și totuși copilul lor încă se poartă rău, uneori din cauza unor tulburări psihologice, a unor influențe negative la școală sau în cartier ori, pur și simplu, din cauza a ceva îngropat adânc în lăuntrul copilului care trebuie schimbat. În cele din urmă, există cazuri în care nu copilul este problema, ci părinții. Smerenia părinților este esențială în toate aceste scenarii.

Concluzie

Ca să recapitulăm, acestea sunt căile prin care le arătăm copiilor noștri că sunt valoroși:

1. Purtați-i până la termen – nu îi avortați.

2. Oferiți-le un mediu sigur și sănătos din punct de vedere fizic, sexual și emoțional. Nu îi abuzați.

3. Oferiți-le atingeri sănătoase și nu le neglijați nevoile de bază fizice, emoționale, psihologice și duhovnicești.

4. Fiți protectorii lor.

5. Folosiți-vă de empatie ca să înțelegeți mai bine cum se simt și ce gândesc.

6. Lăsați rodul Duhului Sfânt să fie exprimat prin voi pentru copiii voștri.

În cele din urmă, amintiți-vă că noi, părinții, ne luăm angajamentul să facem cum este mai bine pentru copiii noștri și nu cum este bine doar pentru noi. Dumnezeu ne-a dat copii ca să îi creștem pentru a deveni fiii Lui.

CAPITOLUL AL ŞAPTELEA

Cum să preţuim Biserica Sa

Cei de o credinţă cu noi

Cum trebuie să înţelegem valoarea Trupului lui Hristos, Biserica? Sfântul Apostol Pavel scrie: *Deci, dar, până când avem vreme, să facem binele către toţi, **dar mai ales** către cei de o credinţă cu noi* (Gal. 6, 10, *subl. aut.*). Ceea ce ne spune, de fapt, Sfântul Apostol Pavel este că trebuie să facem bine tuturor, dar mai ales celor din Biserică, Mireasa lui Hristos. Cea dintâi responsabilitate a unui mire este să poarte de grijă miresei sale şi să-i arate cât de mult o preţuieşte. Iisus are o mireasă: pe cei ce sunt în comuniune cu El – şi anume, Biserica Sa. Cei ce-L urmează sunt cea dintâi responsabilitate a Lui, cei pe care Dumnezeu-Tatăl I-a dat. De aceea, Iisus vrea ca mai ales membrii Bisericii Sale să aibă grijă unii de alţii şi să se respecte.

În capitolul anterior am vorbit despre felul în care părinţii au grijă de copiii lor şi îi preţuiesc, căsătoria şi familia fiind un microcosmos iconic al lui Hristos şi al Bisericii Sale. Acum vom analiza microcosmosul iconic al lui Hristos şi al Bisericii Sale, care îi cuprinde atât pe clerul hirotonit, cât şi pe laici (poporul lui Dumnezeu)[1] şi cât de mult trebuie să ne preţuim unii pe alţii.

Cu toate că numărul creştinilor a crescut mult de-a lungul celor două mii de ani, evlavia majorităţii creştinilor de azi cu greu s-ar putea compara cu aceea a primilor creştini – cel puţin în America de Nord şi în Europa de Vest. Primii creştini se adunau în taină din cauza autorităţilor evreieşti şi a celorlalţi (mai ales a romanilor). Evreii îi vânau pe aceşti creştini. Ştefan, un diacon, a devenit primul martir creştin. A fost ucis cu pietre de un grup de evrei. Romanii au omorât multe mii de creştini pentru că nu voiau să aducă tămâie şi jertfe zeilor lor şi idolilor romani sau să-l venereze pe Cezar ca semizeu.

Persecuţia creştinilor a fost ceva obişnuit aproape trei sute de ani după învierea lui Hristos, iar creştinii au fost torturaţi şi/sau ucişi în multe locuri până astăzi. Pentru creştinii din primele secole, a fi creştin era adesea o chestiune de viaţă sau de moarte. În mod surprinzător, cu cât torturau şi omorau mai mulţi creştini – doar pentru mărturisirea credinţei lor în Iisus Hristos şi pentru respingerea idolilor mincinoşi –, cu atât mai mulţi oameni deveneau creştini, iar biserica creştea. Este de ajuns să citeşti istoria Bisericii, mai ales istoria vieţilor martirilor, ca să ajungi la concluzia că Biserica lui Iisus Hristos s-a ridicat pe sângele martirilor creştini care şi-au dat viaţa pentru credinţa lor în Iisus Hristos, Fiul lui Dumnezeu.

---

[1] Laos *(n. trad.)*.

În mijlocul acestei întregi persecuţii citim despre creştini cum ajutau alţi creştini. De exemplu, creştinii susţineau anumite comunităţi bisericeşti în nevoile lor financiare. În Noul Testament citim despre Biserica din Filipi că trimitea bani Sfântului Apostol Pavel ca să-l ajute pe el şi pe alţi creştini în nevoile lor (v. Fil. 4, 10-20). În Ierusalim, pe vremea apostolilor, vedem că biserica se aduna şi împărţea voluntar cele ce avea în comun, cu alţi credincioşi aflaţi în necazuri (v. F. Ap. 4, 32). Astăzi, în cadrul naţiunilor mai industrializate şi mai mari, creştinii evită adesea responsabilitatea lor de a purta de grijă surorilor şi fraţilor creştini şi a-i preţui, chiar şi pe cei din comunitatea locală sau din alte comunităţi ori pe cei către care se îndreaptă misiunile creştine din întreaga lume. Devenim prea distraşi de propriile griji şi de propriul confort pentru a mai fi atenţi la cei aflaţi în nevoi din mijlocul nostru. Uneori oamenilor le este teamă sau chiar ruşine să se afle că au necazuri, şi, în consecinţă, alţii nu au şansa să-i poată ajuta. Este important ca membrii bisericii noastre să înţeleagă nu numai cât de valoroşi sunt înaintea lui Dumnezeu, dar şi pentru biserică şi pentru preoţi. Am auzit preoţi care estimau numărul familiilor din parohia lor, dar spuneau apoi că doar jumătate vin regulat duminica la biserică sau poate nici atât. Ce se întâmplă? De ce cealaltă jumătate nu vine duminica la biserică (scuzându-i pe cei bolnavi sau în concediu ori angajaţi în altă parte)?

Am putea specula, în mod corect sau incorect, că unii membri ai comunităţii sunt supăraţi sau nemulţumiţi ori au ceva împotriva preotului sau a consiliului parohial sau chiar împotriva cuiva din parohie. Am putea crede că poate unii nu se mai simt bineveniţi în biserici, sau că poate în singurătatea lor se simt nedoriţi sau trecuţi cu vederea de cineva din biserică. Poate că aceşti membri absenţi sunt distraşi de grijile lumii şi nu găsesc necesară sau importantă participarea la biserică. Unora dintre membrii mai în vârstă li se poate părea greu să ajungă la biserică pentru că nu mai pot conduce sau nu-şi mai pot permite să aibă o maşină. Altora li se poate părea că biserica lor e interesată doar de banii lor pentru vreun proiect nou de construcţie.

Lista poate continua, dar sincer, nu ştim exact de ce aceşti membri ai bisericii nu mai vin, până când, cu smerenie, nu ajungem noi la ei să ne spună (ca să ne împărtăşească motivele lor). Când îi abordăm, trebuie să ne folosim de toată capacitatea noastră de înţelegere şi să-i ascultăm cu multă atenţie, apoi să vedem cum putem să facem binele, mai ales faţă de cei care sunt „de o credinţă cu noi".

Din nefericire, sunt şi din aceia care vin regulat la biserică, care stau de obicei în spate şi pleacă imediat ce slujba s-a terminat. Nu vorbesc cu nimeni şi, mai trist, nimeni nu ajunge să vorbească cu ei. Poate din cauză că unii oameni consideră că membrii bisericii bârfesc sau vorbesc prea mult ori sunt critici în discuţiile lor cu alţii.

Când lucrurile stau aşa, trebuie să ne aducem aminte că Iisus ne-a poruncit să ne iubim unii pe alţii; asta înseamnă că trebuie să-i preţuim cu adevărat pe cei de o credinţă cu noi. Sfântul Ioan scrie: *Dacă zice cineva: iubesc pe Dumnezeu, iar pe fratele său îl urăşte, mincinos este! Pentru că cel ce nu iubeşte pe fratele său, pe care l-a văzut, pe Dumnezeu, pe Care nu L-a văzut, nu poate să-L iubească. Şi această poruncă avem de la El: cine iubeşte pe Dumnezeu să iubească şi pe fratele său* (I In 4, 20-21).

Iisus Însuşi a spus: *Poruncă nouă dau vouă: Să vă iubiţi unul pe altul. Precum Eu v-am iubit pe voi, aşa şi voi să vă iubiţi unul pe altul. Întru aceasta vor cunoaşte toţi că sunteţi ucenicii Mei, dacă veţi avea dragoste unii faţă de alţii* (In 13, 34-35). Aici Iisus şi Sfântul Ioan vorbesc pentru cei *din* Biserică. Iubirea dintre noi ar trebui să fie atât de vădită, încât oamenii să cunoască astfel că suntem ucenicii Domnului nostru Iisus Hristos. Văd oamenii în noi acest lucru astăzi?

Unii credincioşi din bisericile noastre sunt interiorizaţi şi tind să nu împărtăşească cu alţii problemele financiare sau familiale şi nici lupta spirituală pe care o au în viaţă. Săptămână de săptămână participă regulat la slujbe fără să vorbească cu fraţii şi cu surorile lor în Hristos, care stau lângă ei, ştiind prin ce trec. Poate că aceşti oameni aflaţi în necaz se tem că ceea ce ar împărtăşi altora nu ar rămâne confidenţial. Poate se simt stânjeniţi de situaţia neplăcută. Poate din pricina culturii sau a mândriei au o reţinere în a încredinţa altora problemele lor temporare, sau poate se luptă cu un gol emoţional şi spiritual. Realitatea poate fi aceea că pur şi simplu nu se simt destul de liberi să-şi încredinţeze altora din biserică problemele vieţii.

Grija pentru alţii nu înseamnă o invadare zgomotoasă a intimităţii cuiva dintr-o curiozitate fără sens. Nimănui nu-i place un băgăcios. Este necesar să creăm un climat în biserică, unde oamenii să simtă că pot avea încredere în alţi membri pentru a le împărtăşi problemele şi nevoile. Ei trebuie să simtă că cei cărora le vorbesc până la urmă le doresc tot binele în inima lor. Cum vom transmite fraţilor că ne pasă de ei şi că în grija noastră faţă de ei respectăm ceea ce ne încredinţează din nevoile şi problemele lor? Care sunt cele câteva lucruri pe care le putem face pentru a arăta respect real faţă de cei de o credinţă cu noi?

Cum ne manifestăm preţuirea

Unul dintre modurile fundamentale prin care ne manifestăm preţuirea faţă de semenii noştri creştini este rugăciunea pe care o facem pentru ei.

Am crescut într-o familie creştină, am fost botezat şi miruns, am primit Sfânta Împărtăşanie (Euharistie) aproape în fiecare duminică. Dar în anii adolescenţei m-am îndepărtat de biserică şi poate de o parte din credinţa mea creştină. Timp de un an, un an şi ceva, m-am apucat chiar să investighez practicile orientale, cum ar fi Yoga, aşa cum făceau mulţi pe la sfârşitul anilor 1960 şi începutul anilor 1970. În vara când am absolvit liceul am început să mă gândesc la Persoana lui Iisus în timp ce urmăream o cruciadă de-a lui Billy Graham la televizor. Îmi amintesc cât de impresionat eram de credinţa sa aparent adâncă în Iisus Hristos.

Când m-am dus, ca proaspăt admis în acea toamnă la universitatea din California, la săptămâna de orientare am cunoscut nişte grupuri creştine din campusul universitar. Unul dintre ele m-a invitat la un eveniment de noapte într-o vineri, în afara campusului. Şi m-am dus. Un grup de 50 de tineri au cântat cântece creştine. Cineva ne-a transmis un mesaj scurt despre credinţa lui în Iisus şi apoi a venit timpul de rugăciune care s-a încheiat cu fraternizare.

Când întâlnirea a luat sfârşit iar eu mă îndreptam spre dormitorul meu, un frate creştin cu care nu vorbisem s-a apropiat de mine, m-a privit adânc în ochi şi mi-a spus: „Frate, mă rog pentru tine!" Să se roage pentru mine! Cuvintele lui m-au surprins pentru o clipă. Mi-am spus: *De ce să se roage el pentru mine?* Grija şi preţuirea lui m-au atins profund. Cineva să-şi ia din timpul preţios al zilelor sale pline ca să se gândească la mine şi la nevoile mele şi să se roage ca Dumnezeu să mi le preîntâmpine de-a lungul vieţii, m-a făcut să mă simt cu adevărat special. Ştiam că mama şi tata se roagă pentru mine, dar cine era acest străin şi de ce s-a oferit să se roage pentru mine? M-am simţit deosebit în ochii lui. M-a atins până în adâncul inimii, şi câteva zile mai târziu mi-am încredinţat din nou întreaga viaţă lui Iisus Hristos. Nimic nu a mai fost la fel după aceea.

Ne arătăm preţuirea faţă de cei din biserică rugându-ne regulat pentru ei. Ne rugăm ca voia lui Dumnezeu să se împlineacă în viaţa lor. Ne rugăm pentru sănătatea şi bunăstarea lor fizică, mintală şi duhovnicească. Ne rugăm să li se dăruiască din plin harul şi mila lui Dumnezeu. Ne rugăm ca ei să cunoască plinătatea Duhului

Sfânt în viaţa lor şi, dacă ştim că au anumite nevoi, ne rugăm şi pentru ele.

Cunosc o biserică unde, în stânga, lângă altar, se află o cutie pentru cereri de rugăciune. După fiecare slujbă se adună lângă cutie un grupuleț de membri ai bisericii. Mai întâi fac rugăciuni generale și apoi, fiecare pe rând, se roagă pentru nevoile speciale pe care le găsesc în cutie. Am fost la biserici unde problemele oamenilor sunt pomenite în timpul slujbei. Poate cineva merge la o operație sau are alte cereri importante. La rugăciunea mea îi pomenesc nu numai pe membri familiei mele, în mod special, dar și pe alții. Acest lucru arată valoarea pe care o au ei pentru mine.

Am învățat un lucru interesant despre rugăciunea pe care o fac pentru alții. În timp ce mă rog pentru ei, Dumnezeu lucrează în mine, îmi schimbă inima în bine. Nu ne rugăm doar pentru cei care ne simpatizează, ci și pentru cei care nu ne plac, chiar și pentru cei pe care îi putem percepe ca dușmani. Iisus ne-a învățat să ne rugăm și să facem bine celor care ne disprețuiesc, chiar și celor care ne prigonesc și spun tot cuvântul rău împotriva noastră. Rugăciunea îmi ajută inima să se transforme, să treacă de la răzbunare la compasiune, de la mânie la iertare, de la tulburarea lăuntrică la iubire și la pacea minții.

Acest fel de rugăciune și de schimbare lăuntrică este atât de necesar astăzi în comunitatea bisericii! Rugăciunea noastră pentru alții nu numai că îi face valoroși în ochii noștri și ai lor (dacă știu că ne rugăm pentru ei), dar ne curățește inima și începem să-i iubim și să îi prețuim și pe cei care poate nu merită (ca și cum noi am merita) ori care s-au purtat urât cu noi. Sfântul Iacov scrie: *Mărturisiți-vă deci unul altuia păcatele și vă rugați unul pentru altul, ca să vă vindecați, că mult poate rugăciunea stăruitoare a dreptului...* (Iac. 5,16).

Acesta este un verset puternic al Scripturii. Ca să ajungem drepți trebuie să avem o dreaptă legătură cu Dumnezeu și să împlinim cerințele acestei legături. O dreaptă legătură cu Dumnezeu ne cheamă la pace cu frații și cu surorile noastre. Un mod important de a ajunge la pace cu frații și surorile este să ne mărturisim greșelile unii altora și să ne rugăm unii pentru alții. Când avem o dreaptă legătură cu Dumnezeu și cu frații noștri, rugăciunea devine mai rodnică. Întrucât, atunci când ne mărturisim neputințele, păcatele sau greșelile, este nevoie de smerenie. Mărturisirea păcatelor nu este numai un lucru sănătos pentru noi și pentru cei cărora le-am greșit, dar, rugându-ne unul pentru altul, primim și tămăduire. Pentru o legătură dreaptă cu Dumnezeu este nevoie de smerenie.

Pe lângă smerenie, este importantă și perseverența în rugăciune. Amintiți-vă că unul dintre aspectele rugăciunii este vorbirea cu Dumnezeu, comuniunea cu Dumnezeu, faptul că Îi faci cunoscută cererea ta. Iisus ne-a spus: *Cereți și vi se va da; căutați și veți afla; bateți și vi se va deschide. Căci tot cel ce cere va primi* (Mt. 7, 7-8). În altă versiune a Bibliei, acest verset este așa: *Cereți și vi se va da; căutați și veți afla; bateți și vi se va deschide. Că oricine cere, ia; cel care caută, află; și celui care bate i se va deschide* (Mt. 7, 7). Această traducere a Scripturii pune în evidență necesitatea perseverenței în rugăciunile noastre de cerere. Prea adesea renunțăm să mai sperăm că Dumnezeu va răspunde rugăciunilor noastre. Acestea sunt tocmai momentele în care trebuie să continuăm să ne rugăm.

Rugăciunea nu ne costă nimic. Nu durează mult, dar pentru cei pentru care ne rugăm poate fi faptul crucial care le atinge inima și îi face să simtă cât de prețiosi sunt pentru tine, când află că te rogi pentru ei. Lasă-i pe cei din biserică să știe că te rogi pentru ei regulat pentru orice nevoie anume despre care ți-au vorbit. Acest lucru le demonstrează că, într-adevăr, îi prețuiești.

Rugăciunea trebuie să fie sinceră, desigur; cu alte cuvinte, trebuie să fie reală, adevărată, curată, autentică, din inimă. Trebuie să fim pe de-a-ntregul sinceri în rugăciunile noastre către Dumnezeu pentru ceilalți. Dacă oamenii află că ne rugăm sincer pentru ei, pot deveni mai deschiși și harului lui Dumnezeu în viața lor. Este adevărat că unii dintre ei se pot deja simți importanți în această lume, într-o anumită măsură și fără Dumnezeu în viața lor. Diferența este că rugăciunea ne ajută să descoperim adevărata noastră valoare în ochii Creatorului – valoare care nu se bazează pe lucruri false. Valoarea pe care ți-o dă lumea este, de obicei, superfluă și temporară. Valoarea pe care ți-o dă Dumnezeu este veșnică și ne ajută să avem o legătură mai strânsă cu Creatorul nostru.

Pe lângă rugăciunea pentru frați și surori, a le da timp din timpul nostru este un alt mod de a arăta cât de importanți sunt pentru Dumnezeu și pentru noi. Se spune că „timpul înseamnă bani”. Majoritatea oamenilor consideră banii ca pe ceva de valoare; cu siguranță că muncim mult timp ca să-i câștigăm. Reprezintă sudoarea noastră și o porție din viață. Așa încât, atunci când ne facem timp să-i ascultăm cu atenție pe ceilalți, arătăm că prețuim ceea ce au să ne spună sau, și mai important, că îi prețuim pe ei.

Cu toții știm că într-o zi vom muri; trupurile noastre vor înceta să mai trăiască. Duhul nostru va părăsi trupul și se va odihni întru Domnul. Asta înseamnă că avem un timp limitat pe pământ. Ni s-a dat voință liberă să-l folosim așa cum dorim. Unii, ca să acumuleze averi, alții, ca să consume droguri și alcool cu care să-și aline durerile, iar alții lucrează pentru o cauză socială în care cred sau călătoresc prin lume. Unii își folosesc timpul ca să se plângă de tot ce-i înconjoară. Sunt atâtea feluri în care ne putem folosi timpul prețios pe care îl avem aici, pe pământ...

Cât petrecem personal cu cei din biserică, care au nevoie, într-un fel sau altul, de ajutorul nostru? Acest rol este pentru toți, nu doar pentru cei din comitete sau din cler. Unul dintre cele mai rele cuvinte care pot exista este *ei*. Nu numai expediind pe cineva zicând: „*Ei* nu contează” sau „*Ei* sunt altfel”, dar și lăsând în seama altora datoriile și dragostea noastră: „Se descurcă și singuri”. În biserică nu este loc de a te debarasa de alții sau de a ignora iubirea și responsabilitatea creștină.

Într-adevăr, clerul și-a dedicat viața îngrijirii speciale a credincioșilor, a celor din casa lui Dumnezeu, dar și a celorlalți din afara ei. Aceasta nu înseamnă însă că laicatul, poporul lui Dumnezeu, nu are responsabilitatea de a acorda timp celor din biserică. Laici sau preoți, Dumnezeu ne-a dat timp pe pământ să facem bine altora, mai ales celor din casa Domnului. Ca mirean, se poate să nu ai la fel de mult timp ca un cleric pentru a-i ajuta pe alții, dar trebuie să ajuți. De ce? Pentru că a-i ajuta pe ceilalți și a da timp comunității este un act de iubire, și toți suntem chemați să ne iubim unul pe altul.

Te poți întreba: cum să încep să dau timp celor din biserică? Poți să începi prin a face cunoștință cu cei de lângă tine, la sfârșitul slujbei. Invită pe cineva la o cafea, cândva în timpul săptămânii. Ai putea chiar să-i spui că vrei să o cunoști sau să îl cunoști mai bine. Nu te supăra dacă te refuză. Poate este o persoană timidă sau se simte stânjenită de invitație. Poate a avut un incident neplăcut cu altcineva din biserică și acum ezită să se deschidă față de o altă posibilă rănire sau trădare.

Există diverse motive pentru care oamenii pot fi precauți înainte de a accepta o invitație sau de a vrea să se cunoască mai bine. Nu lua numaidecât personal un refuz. Nu știi ce au trăit și ce îi face să rămână rezervați. Desigur, refuzul poate însemna și faptul că nu au momentan vreme de socializare. Acest lucru se poate schimba mai târziu. Motivul pentru care spun „nu" poate să nu fie atât de profund pe cât ai crede. Mergi mai departe și încearcă din nou cu un alt membru al bisericii. Până la urmă trebuie să găsești persoane doritoare să vă cunoașteți.

Un mod foarte bun de a-i cunoaște pe alții este să te înscrii în diverse activități de grup sau în comitete din parohie. Majoritatea bisericilor au o serie de activități bisericești, de slujire a aproapelui și de grup, precum studiul Bibliei, corul, vizite la cămine, sponsorizarea grupurilor misionare, comitete de întrajutorare și activități caritabile. Unele biserici organizează, prin rotație, grupuri pentru curățenia bisericii sau pregătirea tratațiilor. Dacă vezi că biserica are o nevoie pentru care nu s-a înscris nimeni, poți să începi să formezi tu însuți un grup, invitând pe alții să te ajute. Sunt sigur că preotul îți va aprecia ajutorul și, în plus, vei avea ocazia să cunoști alți oameni din parohie.

În orice mod ai deveni disponibil pentru a cunoaște alte persoane din biserică sau pentru a le ajuta într-un fel sau altul, vei descoperi că fiecare are o poveste de viață de spus dacă i se dă ocazia sau dacă se simte în siguranță, emoțional, să se deschidă față de altă persoană. Cred că toți avem o problemă pe care am vrea să o spunem cuiva sau să ne împărtășim povestea și să ascultăm povestea alcuiva. Întrucât nici unul dintre noi nu a venit pe lume din greșeală, ci am fost în planul lui Dumnezeu de dinaintea conceperii noastre, toți avem un rost de împlinit în această lume și o călătorie de parcurs. Dând din timpul tău altora ca să le asculți povestea, este un mod minunat de a-i face să simtă că au valoare în ochii tăi.

Astfel, preotul nu va fi singurul către care se pot îndrepta membrii parohiei spre a-și exprima nevoile și a-și descrie situația. Dacă cineva are curajul să-ți împărtășească povestea vieții sale, acordă-i toată atenția și ascultă cu respect.

Nu te grăbi să-l faci să-și scurteze povestea ca să ți-o spui și tu pe a ta, înainte ca celălalt să termine. A asculta cu adevărat este un dar de iubire pentru celălalt.

Maica Tereza de Calcutta îi vedea pe ceilalți, mai ales pe cei săraci și suferinzi, ca pe Iisus Hristos pătimind (v. Mt. 25, 40). Dacă vedem în fiecare pe Hristos, vom asculta mai mult decât vom vorbi. Ascultă și nu întrerupe. Încearcă să empatizezi. Prețuiește zbuciumul altora, prin care trec în viața aceasta.

Pe lângă rugăciune și disponibilitatea de a asculta și de a te întovărăși, îi putem prețui pe ceilalți sfătuindu-i. Lucrul acesta poate veni firesc, în urma istorisirii experienței sau a necazurilor sale (deși trebuie făcut cu grijă). Avem tendința să dăm sfatul înainte de a ni se cere. Am învățat ceva în urma consilierii altora, aceea că nu le poți rezolva problemele. Oameni cu bune intenții pot uneori înrăutăți situația cuiva care le urmează sfatul. Pe de altă parte, unii ar putea beneficia de sfat, dar nu sunt pregătiți să-l primească.

Înainte de a da sfaturi, ar fi înțelept să te rogi mai întâi pentru ei. În primul rând, Dumnezeu ne poate face să înțelegem mai bine problema și, în al doilea rând, Dumnezeu ne poate pregăti inima ca să știm cum să împărtășim mai bine înțelegerea noastră celuilalt. Dacă credem că fratele sau sora noastră se află în necaz din cauza vreunui păcat făcut în viață, Sfântul Pavel ne dă un sfat duhovnicesc: *Copii, ascultati pe părinții voștri în Domnul, că aceasta este cu dreptate. Cinstește pe tatăl tău și pe mama ta, care este porunca cea dintâi cu făgăduința: Ca să-ți fie ție bine și să trăiești ani mulți pe pământ* (Gal. 6, 1-3).

Iisus Însuși ne arată cum să sfătuim pe cineva:

„De ce vezi paiul din ochiul fratelui tău și bârna din ochiul tău nu o iei în seamă? Sau cum poți să zici fratelui tău: Frate, lasă să scot paiul din ochiul tău, nevăzând tu bârna care este în ochiul tău? Făţarnice, scoate mai întâi bârna din ochiul tău, şi atunci vei vedea să scoţi paiul din ochiul fratelui tău!" (Lc. 6, 41-42).

Aceste două fragmente din Scriptură ne învaţă să fim atenţi, să umblăm în smerenie şi în cunoaştere de sine, înainte de a sfătui pe altul. Manifestându-ne grija, se poate întâmpla să fie necesar să-l îndreptăm pe acel membru al bisericii spre a discuta cu preotul sau chiar cu un terapeut creştin. Chiar şi atunci când cineva îţi cere sfatul, înţelept este să îi spuneţi că nu ştiţi tocmai cum să-i abordaţi situaţia şi să-l încurajaţi să vorbească cu preotul sau să caute ajutor specializat. Întotdeauna să-i spuneţi că vă veţi ruga pentru problema lui, chiar dacă nu aveţi un sfat de dat.

Sunt situaţii în care ar fi neînţelept să daţi sfat imediat, chiar dacă vi se cere. În acelaşi timp, sunt persoane care uneori nu vor să vorbească nici cu preotul, nici cu un terapeut. Nu trebuie să vă simţiţi presat sau forţat să oferiţi sfat sau să ajutaţi îndată dacă nu vă simţiţi pregătit să o faceţi. Îi puteţi spune că vă veţi ruga pentru problema pe care o are şi că veţi reveni mai târziu. Poate veţi dori să discutaţi chiar dumneavoastră cu preotul fără a încălca confidenţialitatea, pentru a primi un răspuns ca mod de abordare a problemei.

Amintiti-vă că şi confidenţialitatea are anumite limite. Nu promiteţi că discuţia va rămâne personală, dacă acea persoană vă cere să faceţi ceva ilegal sau dacă ar putea să-şi facă rău ei sau altora. Acest rău ar include abuz asupra copiilor, adulţilor dependenţi sau bătrânilor.

În astfel de cazuri, poți considera necesar să iei legătura cu poliția sau cu serviciile de protecție din orașul sau din județul tău. Ei îți vor spune ce să faci în astfel de situații. Odată ce ai aflat ce trebuie să faci, acționează așa cum este normal și legal.

Grija pentru alții se poate manifesta și prin lucruri mici pe care le poți face pentru frații și surorile tale în Hristos. Când îți dai seama că cineva din biserică are o problemă, întreabă-te dacă poți ajuta și dacă ești dispus să o faci. Are biserica un buletin informativ sau un spațiu unde poate fi afișată deschiderea unor locuri de muncă? Se poate întâmpla să afli că se oferă locuri de muncă și poți afișa informația, ajutând astfel oameni din biserică să fie reangajați.

Un alt exemplu de grijă față de membrii bisericii este acela de a afla când cineva trece printr-o operație chirurgicală sau prin vreo altă procedură medicală care îl pune la pat pentru o vreme. Împreună cu un grup de membri ai bisericii sau personal, poți pregăti hrana pe care să o duci persoanei aflate în stare de recuperare. Poți să te oferi să-i faci curat în casă câtă vreme nu se poate descurca pe cont propriu. Chiar biserica poate organiza slujirea aproapelui cu mai mulți dintre membrii ei, care să-și concentreze atenția asupra unor astfel de situații.

Un alt mod de a-ți manifesta grija pentru ceilalți în biserică este acela de a lucra pentru bătrânii din parohie. Viața poate fi însingurată și plictisitoare pentru cei închiși în casă, care și-au pierdut abilitatea de a merge la farmacie sau la aprozar în timpul săptămânii. Te poți oferi să-i iei și să-i duci cu mașina acolo unde au nevoie, o dată pe săptămână. Mai poți da o mână de ajutor în educarea creștină a copiilor la biserică. Gândește-te la talentele și la abilitățile personale și la felul cum ai putea să le folosești în special pentru slujirea fraților tăi creștini.

După cum vedem, în multe feluri îi poți ajuta pe membrii bisericii care au nevoie de grija ta lucrătoare. Trebuie să ne amintim că și noi putem ajunge la un moment dat în viață să avem nevoie de ajutor din partea lor. Regula de aur este aceea de a face altora așa cum am vrea să ne facă și ei nouă. Roagă-te, ascultă, lucrează cu dragoste pentru alții: acestea sunt trei căi prin care putem să le arătăm fraților cât sunt de valoroși pentru noi. Aș dori să vă amintesc să vă gândiți și la cei din afara parohiei voastre, la toată Biserica, fapt ce include o lucrare misionară în țară și în lume.

Clerul nostru

Este bine ca preoții să-și poarte de grijă și să-și arate unul altora cât de valoros este fiecare pentru Dumnezeu. Unul dintre modurile de a-și exprima dragostea este acela de a se ruga unul pentru altul. De vreme ce Satana face tot ce îi stă în putință să-i atace pe cei care călăuzesc Biserica, este important ca pentru ei să se roage nu numai mirenii, ci și frații din cler, pentru a fi binecuvântați de Dumnezeu și a li se dărui tot curajul de care au nevoie spre a conduce poporul lui Dumnezeu în tot adevărul și în toată dragostea pentru Dumnezeu și pentru oameni. O rugăciune specială a clerului pentru frații slujitori este aceea de a se arăta întru ei roadele Duhului Sfânt – și anume, dragostea, bucuria, pacea, răbdarea, bunătatea, credincioșia, blândețea și înfrânarea (v. Gal. 5, 22-23).

Membrii clerului trebuie să se iubească și să se prețuiască, să caute să-și arate dragostea cu orice ocazie. Mi-a spus odată un preot cu tristețe că simțea că fiecare biserică din zona sa este ca o franciză separată. Am înțeles-o în sensul că parohiile sunt ca niște insule una față de alta, într-un fel de competiție. Care are o biserică mai mare sau o sală mai mare? Care are credincioși mai mulți sau mai multe slujiri în biserică? Unii preoți fac remarci răutăcioase despre alți preoți și despre practicile lor. Dacă se întâmplă așa, atunci nu va fi dragoste între ei, nici prețuire. Toți clericii creștini, fie ei episcopi, preoți sau diaconi, sunt slujitori ai Domnului nostru Iisus Hristos. De ce un slujitor al lui Hristos să disprețuiască un alt slujitor al lui Hristos?

Episcopul este cel dintâi slujitor al slujitorilor lui Dumnezeu. Această atitudine trebuie să se manifeste și printre clericii de sub conducerea lui. Avem un arhetip frumos al acestei smerenii a slujirii în Cina cea de Taină, când Iisus a spălat picioarele ucenicilor Săi.

> „Iisus [...] S-a sculat de la Cină, S-a dezbrăcat de haine și, luând un ștergar, S-a încins cu el. După aceea a turnat apă în vasul de spălat și a început să spele picioarele ucenicilor și să le șteargă cu ștergarul cu care era încins. A venit deci la Simon-Petru. Acesta I-a zis: «Doamne, oare Tu să-mi speli mie picioarele?» A răspuns Iisus și a zis:

«Ceea ce fac Eu, tu nu știi acum, dar vei înțelege după aceasta.» Petru i-a spus: «Nu-mi vei spăla picioarele în veac!» Iisus i-a răspuns: «Dacă nu te voi spăla, nu ai parte de Mine»" (In 13, 4-8).

Aici Iisus Se smerește și spală picioarele ucenicilor Săi, care Îi vor călăuzi Biserica după Înălțarea Sa la cer. Iisus le dădea viitorilor conducători ai Bisericii Sale un exemplu de smerenie pe care ei trebuie să o arate față de cei pentru care sunt responsabili din punct de vedere duhovnicesc. În Evanghelia după Luca Îl găsim pe Iisus spunându-le ucenicilor că El nu a venit să I se slujească, ci să slujească, și voia ca ei să aibă aceeași atitudine unii față de alții (v. Lc. 22, 25-27). Aceasta era o regulă radicală, ca cel ce conduce să fie slujitorul celor conduși.

Un preot mi-a povestit că episcopul său îngenunchează în fața preoților și diaconilor lui la sinaxa preoțească anuală și le cere iertare pentru orice lucru greșit pe care l-ar fi spus sau l-ar fi făcut de-a lungul anului ce a trecut. Aceasta dovedește smerenie și portretizează un exemplu frumos de a fi slujitorul slujitorilor lui Hristos. Acest episcop le arată preoților săi, așa cum Iisus le-a arătat ucenicilor, cum este smerenia. Acest episcop le-a prezentat un model pe care trebuie să-l urmeze toți preoții, nu doar față de episcop. Când acest episcop îngenunchează în fața preoților săi și le cere iertare, le arată cât de mult îi prețuiește. Iar preoții, la rândul lor, ar trebui să arate același model de smerenie unii altora și față de laicii pe care îi slujesc în parohia lor.

În bisericile ortodoxe, duminica de dinaintea începerii Postului Mare se numește Duminica iertării.

Este o mărturisire generală a greșelilor în comunitate, fără a înlocui necesitatea spovedaniei personale regulate a păcatelor săvârșite de-a lungul anului. În Duminica iertării, în mod ideal, fiecare membru al comunității parohiale, începând cu preotul, cere iertare fiecăruia și îl iartă pe fiecare, la rândul său.

Unele parohii practică ceremonia de spălare a picioarelor în Joia Mare, așa cum a făcut Iisus când a spălat picioarele ucenicilor. Doisprezece membri ai parohiei sunt aleși să stea cu fața spre credincioșii parohiei, în fața bisericii, în timp ce clerul spală picioarele fiecărei persoane în parte. Este o experiență deosebită a smereniei să speli picioarele cuiva – te simți nevrednic și, în același timp, prețuit. Pentru cler este o aducere-aminte vie a felului cum ar trebui să slujească oamenilor tot anul, cu smerenie.

Toți suntem chemați, indiferent de rang sau de poziție socială, să ne îmbrăcăm în haina umilinței, unul în fața altuia (v. I Ptr. 5, 5). Acest lucru trebuie să înceapă de la cler – și mai întâi de la episcop și să se întindă la fiecare membru al parohiei. Când se lucrează astfel, fiecare preot sau diacon va ști și va simți dragostea și purtarea de grijă personală a episcopului său. Am auzit despre preoți care așteaptă cu nerăbdare să primească vizita pastorală a episcopului lor, însă am auzit și despre alții stresați, chiar înfricoșați de o vizită episcopală. Cât de tragic! Unii episcopi se văd cu adevărat pe ei înșiși ca slujitori ai slujitorilor lui Dumnezeu, începând cu preoții lor, arătându-le dragoste, încurajare, grijă și o adevărată preocupare pentru toată smerenia. Dar se pare că alți episcopi doresc mai mult să fie slujiți decât să slujească; se pare că nu știu să fie prietenoși față de preoții lor și nu știu să-i ușureze. Acești preoți nu se simt nici iubiți, nici prețuiți de episcop, ci singuri cu problemele cu care se confruntă, putând chiar suferi depresii sau anxietate clinică.

Nu vrem să spunem că episcopii nu au preoți, diaconi sau laici dificili, cu care este greu să te înțelegi și care chiar au nevoie de îndreptare sau de disciplinare câteodată. După cum am văzut mai devreme, Sfântul Apostol Pavel zice: *Fraților, chiar dacă va cădea un om în vreo greșeală, voi, cei duhovnicești, îndreptați-l pe unul ca acesta cu duhul blândeții, luând seama la tine însuți, ca să nu cazi și tu în ispită. Purtați-vă sarcinile unii altora și așa veți împlini legea lui Hristos* (Gal. 6, 1-2). Acesta este duhul cu care vine episcopul la clerul său și la rândul său, preotul sau diaconul la membrul parohiei sale care are nevoie de ajutor? Sunt clericii din bisericile noastre cei mai smeriți și mai blânzi dintre oameni? Se iubesc și se prețuiesc unul pe altul indiferent de rangul lor? Acestea sunt întrebări pe care trebuie să ni le punem și la care trebuie să ne gândim.

Abuzul în Biserică

Abuzul, sub orice formă, este condamnat de Biserică în rândurile ei. Acest lucru este adevărat mai ales cu privire la cler și la cei ce au roluri de conducere duhovnicească. Din păcate, am auzit de abuz sexual în

Biserică. Nu numai copiii pot cădea victime ale abuzului sexual, ci și adulții vulnerabili. Este un păcat grav și trebuie scos la lumină și discutat când se descoperă. Nu putem tolera abuzul în biserică, cu atât mai puțin când vine din partea conducerii spirituale.

Abuzul spiritual al conducătorilor ecleziali poate fi încă și mai subtil decât abuzul sexual deschis. Dați-mi voie să vă împărtășesc un cuvânt scurt despre acest abuz. Din nefericire, un număr de clerici și laici au trecut, timp de ani de zile, prin experiența suferinței și a izolării provocate de abuzul spiritual al unor figuri ale autorității religioase. Aceștia fac tot ce este mai bine pentru ei, nu pentru cei cărora ar trebui să le poarte de grijă. Ce este abuzul spiritual?

> „Abuzul spiritual poate avea loc atunci când un conducător spiritual face uz de poziția sa spirituală pentru a controla sau a domina o altă persoană. Acest lucru implică desființarea sentimentelor sau a opiniilor altuia, fără a ține cont de felul cum îi poate afecta acelei persoane viața, sentimentele și buna sa ființare [...]. Puterea este folosită în interesul conducătorului spiritual, trecând peste cel care vine la el cu nevoile lui."[1]

Iisus Însuși i-a mustrat pe liderii religioși ai vremii Sale pentru abuzul spiritual: *Iar El a zis: Vai vouă, învățătorilor de Lege! Că împovărați pe oameni cu sarcini anevoie de purtat, iar voi nu atingeți sarcinile nici cel puțin cu un deget* (Lc. 11, 46). Iisus Se împotrivește acestei îm-

---

[1] David Johnson, Jeff Van Vonderen, *The Subtle Power of Spiritual Abuse,* Bethany House Publishers, Minneapolis, MN, 1991, pp. 20, 21.

povărări spirituale spunându-ne tuturor: *Veniți la Mine toți cei osteniți și împovărați, și Eu vă voi odihni pe voi. Luați jugul Meu asupra voastră și învățați-vă de la Mine, că sunt blând și smerit cu inima, și veți găsi odihnă sufletelor voastre. Căci jugul Meu e bun și povara Mea este ușoară* (Mt. 11, 28-30). Dacă simțiți că ați fost ținta abuzului spiritual, vorbiți cu cineva din afara bisericii la care mergeți, chiar cu un specialist, care poate fi obiectiv în această privință. Se poate să nu fiți singura victimă a abuzului spiritual din biserica dumneavoastră.

Laicatul: poporul lui Dumnezeu

Unirea cu Dumnezeu duce la dorirea unirii cu toți oamenii, mai ales cu cei de o credință cu noi. Sfântul Apostol Pavel le scrie efesenilor:

> „De aceea vă îndemn eu, cel întemnițat pentru Domnul, să umblați cu vrednicie, după chemarea cu care ați fost chemați. Cu toată smerenia și blândețea, cu îndelungă răbdare, îngăduindu-vă unii pe alții în iubire. Silindu-vă să păziți unitatea Duhului, întru legătura Păcii. [...] Până vom ajunge toți la unitatea credinței și a cunoașterii Fiului lui Dumnezeu, la starea bărbatului desăvârșit, la măsura vârstei deplinătății lui Hristos" (Efes. 4, 1-3, 13).

Trebuie să ne arătăm unii altora, ca fii ai lui Dumnezeu, dragoste milostivă, smerenie, blândețe și răbdare și să ne purtăm povara unii altora în legătura păcii. Din nefericire, privim astăzi la parohiile noastre și vedem că nu se întâmplă mereu așa. Dimpotrivă, vedem ciorovăială, certuri, mândrie, înverșunare, resentimente și lipsă de unitate – nu numai în credință, dar și între persoane.

Banii sunt adesea cauza certurilor. Neînțelegerile asupra fondurilor financiare ale bisericii pot deveni motiv de ceartă atunci când se discută un proiect de construcție sau planuri de lungă durată. Preotul vrea să ia o anumită direcție, alții din comitetul parohial o altă direcție, iar alți membri laici o cu totul alta. Sau devin partizani. Nu mai este de găsit unitatea, nici legătura păcii. Din nefericire, sunt chiar persoane sau familii care, după ce donează o sumă mare de bani bisericii pentru un proiect sau altul, se simt îndreptățiți să aibă mai multă influență în procesul de luare a deciziilor în parohie. Cu siguranță nu par să-și fi adus darul ca pe o jertfă de bunăvoie, necondiționată.

Legătura de iubire dintre membrii bisericii arată prezența lui Dumnezeu, căci Domnul este Dumnezeul păcii. Iisus a spus: *Întru aceasta vor cunoaște toți că sunteți ucenicii Mei, dacă veți avea dragoste unii față de alții* (In 13, 35). La fel și Sfântul Apostol Pavel scrie: *Pentru că Dumnezeu nu este al neorânduirii, ci al păcii* (I Cor. 14, 33). Când lipsește această legătură, fiii luminii pot deveni din nou fii ai întunericului.

Toți pot să spună ceea ce cred, dar nu trebuie să devină încrezuți. Oamenii încrezuți au întotdeauna tendința să considere că părerea lor este corectă și a altora greșită, astfel încât sunt înclinați să nu asculte părerile altora și nici măcar să le ia în considerare. În asemena situații, toți membrii bisericii trebuie să se roage ca Duhul Sfânt să-i călăuzească în adevărul problemei și în ceea ce au de făcut. Să așteptăm ca Domnul să ne orienteze, să ne rugăm ca El să vorbească fiecăruia și fiecare să asculte. Psalmul 127, 1 spune: *Dacă nu ar zidi Domnul casa, în zadar s-ar osteni ziditorii.* Întrebarea pe care ar trebui să ne-o punem este: „Ce vrea Dumnezeu să facem?" Când suntem în unire cu Dumnezeu, aflăm mai multă unitate și pace între noi.

Este important ca laicii să trăiască mai mult în prietenie adevărată. Prietenia poate lua forme diferite. În scrierile lui Aristotel, *Etica nicomahică* și *Etica eudemonistă*, se vorbește despre trei feluri de prietenie.[1] Primul se bazează pe plăcere, de obicei fără durată, fiindcă atunci când se termină plăcerea, se sfârșește și prietenia. Nu se referă doar la plăcerea senzuală, ci la acel fel de prietenie care spune: „Mă simt bine în compania ta." Dar când apare un conflict major sau când un prieten ajunge să dea de greu și plăcerea prieteniei încetează, la fel încetează și prietenia. Poate că va fi posibil să se restabilească altădată, dar, în general, este de scurtă durată.

Al doilea tip de prietenie discutat de Aristotel este acela bazat pe utilitate. Cu alte cuvinte, prietenia se bazează pe ceea ce poți să-mi oferi sau pe cât de folositor ai putea să-mi fii la un moment dat. Este felul de prietenie care spune: „Îmi ești prieten până când nu mai am nevoie de tine sau până când altcineva îmi va putea oferi

[1] Daniel N. Robinson, *The Great Ideas of Philosophy*, The Teaching Company, ed. a II-a, 2004, pp. 58, 59.

mai mult." Se poate numi prietenie egoistă. Relațiile din lumea modernă a afacerilor, pe care le numim „rețele de comunicare", fac parte din această categorie.

Al treilea tip de prietenie, descris de Aristotel ca *teleia philia* în greacă, se referă la prietenia completă sau desăvârșită. Această prietenie se bazează pe virtuți împărtășite între două persoane: fiecare completează și încurajează creșterea celeilalte. Este o iubire, o prietenie altruistă, pentru că prietenul poartă în inima sa interesul și binele celuilalt. În legătura lor prietenească reciprocă se bucură și poartă nădejdea binelui pentru prietenul lor, prea puțin gândindu-se la ei înșiși. Aristotel recunoaște că o astfel de prietenie este extrem de rară, dar este un lucru pe care îl putem dori și la care sperăm să ajungem.

Al treilea fel de prietenie descrie cel mai bine cum trebuie să fie prietenia creștină. O iubire și o grijă altruistă. Vrei binele prietenului tău. Aceasta este prietenia care durează, spre deosebire de celelalte două forme prezentate de Aristotel. Iisus ne descoperă adevărata profunzime a prieteniei:

> „Aceasta este porunca Mea: Să vă iubiți unul pe altul, precum v-am iubit Eu. Mai mare dragoste decât aceasta nimeni nu are: ca sufletul lui să și-l pună pentru prietenii săi. Voi sunteți prietenii Mei dacă faceți ceea ce vă poruncesc. De acum nu vă mai zic slugi, căci sluga nu știe ce face stăpânul său, ci v-am numit pe voi prieteni, pentru că toate câte am auzit de la Tatăl Meu vi le-am făcut cunoscut" (In 15, 12-15).

Dacă Iisus ne poate numi pe noi prieteni, atunci ce ne împiedică să-i numim și noi prieteni pe alți membri ai Trupului Său, Biserica? Este felul de prietenie dintre membrii care arată slujire plină de grijă, blândețe, dragoste, răbdare și bunătate. Este felul de prietenie pe care o are pentru noi Hristos și pe care și noi trebuie să o avem unii față de alții, până la a ne da viața pentru fratele sau pentru sora noastră.

Am auzit de la veterani de război că această prietenie mai profundă crește între camarazi printr-o totală încredere a unuia în celălalt. Nu numai că poartă în inima lor interesele și binele unității, dar au grijă de fratele lor, veghează unul asupra celuilalt, își asumă riscuri ca să-și salveze un tovarăș rănit sau căzut, își pun chiar viața în pericol. Sigur, acesta este modul de a demonstra cât de mult prețuim o altă ființă umană.

Indiferent că este vorba de cler, care își arată prețuirea unul față de altul și față de laici, sau că este vorba de laicii care își manifestă prețuirea față de cler și față de alți membri ai bisericii, totul arată cât de mult Îl prețuim pe Hristos: *Ceea ce ați făcut celui mai mic dintre frați, Mie Mi-ați făcut.* Prin dragostea, rugăciunea, ascultarea și prietenia noastră plină de grijă demonstrăm cât de mult prețuim un alt membru al bisericii.

Să reflectăm din nou la cuvintele Sfântului Ioan: *Dacă zice cineva: „Iubesc pe Dumnezeu!", iar pe fratele său îl urăște, mincinos este. Pentru că cel ce nu iubește pe fratele său, pe care l-a văzut, pe Dumnezeu, pe Care nu L-a văzut, nu poate să-L iubească. Și această poruncă avem de la El: cine iubește pe Dumnezeu, să iubească și pe fratele său* (I In 4, 20-21).

CAPITOLUL AL OPTULEA

Cum să îi apreciezi pe cei din lume

Să ieși în întreaga lume

Cu toate că trăim în această lume, Iisus ne spune că noi, creștinii, nu mai suntem *din* această lume. Prin urmare, Hristos ne spune că lumea ne va urî așa cum L-a urât pe El. Iisus le-a spus apostolilor Săi: *Dacă vă urăște pe voi lumea, să știți că pe Mine mai înainte decât pe voi M-a urât. Dacă ați fi din lume, lumea ar iubi ce este al său; dar pentru că nu sunteți din lume, ci Eu v-am ales pe voi din lume, de aceea lumea vă urăște* (In 15, 18-19).

Iisus ne spune că, dacă oamenii din această lume ne urăsc pentru iubirea pe care I-o purtăm Lui, acest lucru se întâmplă din cauză că noi nu mai suntem *din* lume.[1] De ce ne-ar urî lumea pe noi, care suntem creștini? Sfântul Apostol Petru ne oferă o anumită perspectivă

[1] Desigur, trebuie spus că, în realitate, creștinii au fost deseori urâți nu din cauza iubirii lor de Hristos, ci din cauza felului lipsit de iubire și de respect cu care i-au tratat pe alții de-a lungul istoriei.

atunci când îi descrie pe creștini drept *seminție aleasă, preoție împărătească, neam sfânt, popor agonisit de Dumnezeu* (I Ptr. 2, 9). Noi, creștinii, suntem un popor deosebit, însă simplul fapt de a spune acest lucru poate crea dușmani și contestatari. Acest concept al seminției alese de Dumnezeu drept un popor deosebit sau neobișnuit pornește de la fiii lui Israel din vremea lui Moise legiuitorul. Moise scrie: *Căci voi* ***sunteți*** *poporul sfânt al Domnului Dumnezeului vostru și pe voi v-a ales Domnul ca să-I fiți poporul Lui de moștenire dintre toate popoarele câte* ***sunt*** *pe pământ... Și Domnul ți-a făgăduit astăzi că tu vei fi poporul Lui adevărat, precum ți-a grăit El, de vei păzi toate poruncile Lui* (Deut. 14, 2; 26, 18).

Asemenea cuvinte îi pot face pe cei care nu fac parte din poporul ales al lui Dumnezeu să se simtă devalorizați sau nerespectați. După cum am menționat mai devreme în această carte, ori de câte ori ne simțim devalorizați avem obiceiul să ne mâniem pe cei care ne devalorizează. Dușmanii fiilor lui Israel îi urau pe aceștia deoarece israeliții suțineau că slujesc singurului Dumnezeu adevărat și că erau aleși dintre toate popoarele drept o seminție deosebită și separată înaintea acelui Dumnezeu.

Unul dintre profesorii mei din colegiu preda faptul că în societate există o linie care este considerată drept standard. Dacă viața ta coboară sub acel standard, atunci probabil că vei fi *dat în judecată*, dar dacă te ridici deasupra acelui standard, ești deseori *persecutat*. Fiii lui Israel au fost aleși să se ridice deasupra acelui standard, mâniindu-i pe cei care au rămas la nivelul standardului. Vedem limpede acest lucru în vremea lui Moise, atunci când fiii lui Israel erau persecutați de către Faraon, și mai ales atunci când Moise a sugerat că aceștia erau poporul Dumnezeului Cel adevărat.

Mai târziu în trecerea timpului, Îl găsim pe Iisus Hristos sfidând standardele fiilor lui Israel, ceea ce i-a făcut pe mulți dintre conducătorii religioși evrei să se mânie pe El. S-au mâniat într-o asemenea măsură încât, în cele din urmă, l-au rugat pe Pilat, trimisul Romei la Ierusalim, să Îl condamne pe Iisus la moarte. Chiar și după moartea lui Iisus, conducătorii evrei și cei care îi urmau au încercat să îi întemnițeze sau să îi omoare pe ucenicii lui Iisus. Înainte de a deveni ucenicul lui Iisus, Saul (mai târziu Sfântul Apostol Pavel), ca și alți frați evrei, era atât de „înverșunat împotriva lui Dumnezeu", încât îi persecuta pe mulți dintre cei care Îl urmau pe Hristos, ucigându-i sau trimițându-i la închisoare (v. F. Ap. 22, 2-4).

În general, atunci când cineva se prezintă drept deosebit dintr-un anumit punct de vedere, oamenii îl pot considera îngâmfat și se pot simți iritați sau mânioși pe el. Acest sentiment poate duce până și la ură. Creștinismul ne învață că numai cei care cred în Hristos Îl vor vedea pe Dumnezeu-Tatăl. La urma urmei, Dumnezeu a declarat: *Eu sunt Calea, Adevărul și Viața. Nimeni nu vine la Tatăl Meu decât prin Mine* (In 14, 6). Nu a spus că este *o* cale sau *un* adevăr sau *o* viață, ci Calea, Adevărul și Viața. Auzind această afirmație îndrăzneață, L-am putea considera pe Iisus drept cel mai arogant sau mai amăgit om de pe pământ.

Citim și despre Sfântul Apostol Petru vorbind cu îndrăzneală înaintea marilor preoți evrei și a Sanhedrinului, descriindu-L pe Cel pe Care aceștia Îl respinseseră și Îl crucificaseră și Care S-a ridicat din morți, chiar acest Iisus, drept piatra de temelie. Apoi, Sfântul Apostol Petru declară: *Și întru nimeni altul nu este mântuirea, căci nu este sub cer nici un alt nume, dat între oameni, în care trebuie să ne mântuim noi* (F. Ap. 4:11, 12).

Cum Îl înalță pe Iisus deasupra standardului! Iisus este singura cale prin care putem fi mântuiți de păcate și singura cale care duce spre Rai. Dar cum rămâne cu aceia care practică alte religii sau nici una? Înțeleg cum cei care nu sunt creștini s-ar putea simți cuprinși de ranchiună sau chiar de mânie la auzul unei astfel de păreri sau afirmații. Sugerează faptul că religiile celor care nu sunt creștini sunt deficiente, le lipsește ceva anume sau sunt pur și simplu greșite.

Desigur, atunci când creștinii răspândesc declarații ale lui Iisus de felul: *Eu sunt Calea, Adevărul și Viața. Nimeni nu vine la Tatăl Meu decât prin Mine*, este posibil ca unii dintre ascultători să se simtă jigniți de o asemenea afirmație, iar alții ar putea chiar să-i urască pe acești oameni numiți creștini. Dar nu așa le-a spus Iisus apostolilor Săi că se va întâmpla? *Dacă vă urăște pe voi lumea, să știți că pe Mine mai înainte decât pe voi M-a urât* (In 15, 18). Cu toate acestea, Iisus le-a poruncit apostolilor Săi înainte să Se ridice la ceruri: *Mergeți în toată lumea și propovăduiți Evanghelia la toată făptura. Cel ce va crede și se va boteza se va mântui; iar cel ce nu va crede se va osândi* (Mc. 16, 15-16).

Iisus a explicat exact ce voia ca ucenicii Lui să facă și i-a avertizat că nu toți vor primi cu brațele deschise mesajul pe care El l-a transmis lumii. În ciuda acestui lucru, Își îndeamnă ucenicii să se bucure atunci când alții îi persecută din cauza mesajului Scripturii. În pasajul numit Predica de pe Munte, Iisus Își consolează ucenicii:

> „Fericiţi veţi fi voi când vă vor ocărî și vă vor prigoni și vor zice tot cuvântul rău împotriva voastră, minţind din pricina Mea! Bucuraţi-vă și vă veseliţi, că plata voastră multă este în ceruri, că așa au prigonit pe prorocii cei dinainte de voi!" (Mt. 5, 11-12).

Așadar, chiar dacă Iisus ne-a spus că nu suntem din această lume, El ne poruncește să rămânem în această lume, știind că s-ar putea să fim persecutați.

Acest mesaj incontestabil cu privire la Iisus necesită o adevărată iubire pentru omenire. Trebuie să îi iubim atât de mult pe toți cei pe care îi întâlnim, încât să îndurăm de bunăvoie persecuția în misiunea noastră de a răspândi cuvântul lui Dumnezeu în lume. Nu mergem în lume cu aroganța prezumțioasă că am fost aleși de către Tatăl să credem în Fiul Său, așa cum au făcut din nefericire unii creștini. Este cu siguranță de înțeles că putem fi înjosiți și persecutați de către ceilalți pentru o asemenea atitudine. Nu, mesajul nostru și îndemnul de a crede în Iisus Hristos ar trebui transmise cu toată smerenia și recunoștința față de Dumnezeu pentru mila nețărmurită pe care ne-a arătat-o nouă tuturor, cei păcătoși și mântuiți prin har. Pur și simplu, nimic din ceea ce nu este făcut cu smerenie nu vine de la Dumnezeu.

Mesajul nostru din Scriptură nu este împărtășit doar prin cuvinte, ci și prin modul nostru de viață. Sfântul

Francisc din Assisi ne-a oferit aceste cuvinte de inspirație: „Predicați mereu Evanghelia și, atunci când este necesar, folosiți cuvinte." De asemenea: „Nu are rost să mergeți undeva să predicați dacă viața voastră nu este o predică în ea însăși."[1] Și: „Faptele voastre ar putea fi singura predică pe care unii oameni o vor auzi astăzi."[2] Sfântul Francisc subliniază aici faptul că acțiunile noastre izvorâte din dragoste ar trebui să exprime mesajul Scripturii într-un fel care vorbește mai convingător decât orice cuvinte pe care le-am putea spune. Iisus ne-a îndemnat: *Așa să lumineze lumina voastră înaintea oamenilor, așa încât să vadă faptele voastre cele bune și să slăvească pe Tatăl vostru Cel din ceruri* (Mt. 5, 16).

Atunci când le împărtășim tuturor Evanghelia iubirii lui Hristos, avem nevoie de dorința și de curajul de a îndeplini voia lui Dumnezeu. Și totuși, ni se amintește de mai multe ori în Scripturi că nu vom fi singuri. Dumnezeu ne va da ajutor ca să ne întărească și să ne dea curajul și credința de care avem nevoie ca să răspândim vestea cea bună a lui Hristos într-o lume întunecată și păcătoasă. Ajutorul despre care a vorbit Iisus poate fi găsit în cea de a treia Persoană a Sfintei Treimi, Sfântul Duh. Chiar înainte să Se ridice la ceruri, după învierea din morți, Iisus le-a spus apostolilor Săi:

> „Așa este scris și așa trebuie să pătimească Hristos și așa să învieze din morți a treia zi. Și să se propovăduiască în numele Său pocăința spre iertarea păcatelor la toate neamurile, începând de la Ierusalim. Voi sunteți marto-

[1] www.brainyquote.com/quotes/authors/s/st_francis_of_assisi.html.
[2] www.goodreads.com/author/quotes/149151.St_Francis_of_Assisi.

rii acestora. Și iată, Eu trimit peste voi făgăduința Tatălui Meu; voi însă ședeți în cetate, până ce vă veți îmbrăca cu putere de Sus" (Lc. 24, 46-49).

De asemenea, Sfântul Apostol Luca scrie în Faptele Sfinților Apostoli ceea ce Iisus le-a spus ucenicilor Săi: *Ci veți lua putere, venind Duhul Sfânt peste voi, și Îmi veți fi Mie martori în Ierusalim și în toată Iudeea și în Samaria și până la marginea pământului* (F. Ap. 1, 8).

Cuvântul din limba greacă *dynamis* înseamnă putere, sau mai exact putere minunată. Noi, creștinii, avem nevoie de tăria și de puterea lui Dumnezeu lucrând în lăuntrul nostru atunci când ieșim plini de curaj în lume, împărtășind cuvintele lui Iisus Hristos. Lumea este deseori indiferentă, uneori chiar ostilă și intolerantă față de cei care predică plini de iubire și de respect adevărurile incontestabile ale Domnului nostru Hristos. Care este acest adevăr incontestabil? Că am fost cu toții creați după chipul lui Dumnezeu și am fost chemați să devenim asemenea Lui, în măsura în care o ființă umană o poate face, prin harul Lui. De asemenea, că Dumnezeu ne prețuiește mai presus de orice altă creație a Lui. Putem cunoaște iubirea pe care El ne-o poartă recunoscând faptul că avem nevoie de ajutorul Lui ca să devenim ceea ce am fost chemați să fim: fiii lui Dumnezeu. Ca să se întâmple acest lucru, trebuie să ne pocăim și să cerem iertare pentru toate păcatele noastre, iar apoi să Îl respectăm și să Îl iubim pe Fiul lui Dumnezeu, Iisus Hristos. Noi, creștinii, credem că Tatăl Și-a trimis Fiul (Dumnezeu întrupat) ca să facă posibilă intrarea noastră în Împărăția cerească a lui Dumnezeu. Avem nevoie de puterea divină a lui Dumnezeu pentru ca acest lucru să se întâmple.

În ziua sărbătorii iudaice a Rusaliilor, după ce apostolii L-au primit pe Sfântul Duh în foișor, Sfântul Apostol Petru a primit acea putere și a predicat cu îndrăzneală mesajul Scripturii pentru frații săi evrei. Auzind cuvintele Sfântului Apostol Petru, aceștia și-au recunoscut păcatul și s-au căit de contribuția lor la moartea lui Iisus. Apoi, evreii l-au întrebat pe Sfântul Apostol Petru și pe ceilalți apostoli: *Bărbați frați, ce să facem?* Sfântul Apostol Petru a răspuns:

> „Pocăiţi-vă şi să se boteze fiecare dintre voi în numele lui Iisus Hristos, spre iertarea păcatelor voastre, şi veţi primi darul Duhului Sfânt. Căci vouă este dată făgăduinţa şi copiilor voştri şi tuturor celor de departe, pe oricâţi îi va chema Domnul Dumnezeul nostru" (F. Ap. 2, 38-39).

După ce Sfântul Apostol Petru s-a adresat mulțimii, trei mii de oameni au crezut în Domnul Iisus Hristos, au fost botezați spre iertarea păcatelor și s-au alăturat Trupului lui Hristos, Biserica Lui. Din Vechiul Testament și de-a lungul Noului Testament, Dumnezeu este un Dumnezeu milostiv, și nici un păcătos nu e nevrednic de iertarea lui Dumnezeu sau de o casă primitoare alături de Tatăl Lui Ceresc. Ni se amintește din nou de cuvintele Sfântului Apostol Ioan: *Dacă mărturisim păcatele noastre, El este credincios și drept, ca să ne ierte păcatele și să ne curățească pe noi de toată nedreptatea* (I In 1, 9).

Prin iubirea lui Iisus și suferința Lui pe cruce pentru noi toți, El ne-a demonstrat cât de valoroși suntem pentru Dumnezeu. Iisus Însuși ne ajută să înțelegem iubirea profundă a Tatălui pentru noi: *Căci Dumnezeu așa a iubit [prețuit] lumea, încât pe Fiul Său Cel Unul-Născut L-a dat ca oricine crede în El să nu piară, ci să aibă viață veșnică* (In 3, 16).

Ați permite ca fiul vostru adult să îndure suferința groaznică pe care Iisus a trăit-o pentru ca voi amândoi să vă exprimați dragostea și prețuirea față de ceilalți? Dumnezeu-Tatăl și Domnul Nostru Iisus au făcut tocmai acest lucru prin suferința groaznică, moartea, înmormântarea solitară, învierea atotputernică și ridicarea slăvită la ceruri a propriului Fiu al lui Dumnezeu, Iisus. Dumnezeu ne cere acum să îi iubim pe cei din lume, chiar dacă și noi suferim totodată.

Două cetățenii

Din cauza urmărilor păcatului, nu ne naștem de la sine în Împărăția lui Dumnezeu. Ne naștem mai întâi în această lume, mai precis într-o anume națiune sau împărăție pământească. Lumea noastră are multe națiuni cu structuri politice și valori diferite. Fiecare națiune are mai multe lucruri în comun cu anumite națiuni decât cu altele.

Atunci când ne naștem într-o națiune, supuși legilor și structurii ei specifice, suntem considerați cetățeni ai acelei țări. Poți fi cetățean chinez sau cetățean german sau cetățean american. Cu oricare cetățenie te-ai fi născut, ți se cere să-ți slujești și să-ți sprijini țara natală. Cu toate acestea, atunci când devii creștin, câștigi o dublă cetățenie: pe lângă faptul că ești cetățean al pământului în țara ta de baștină, devii și cetățean al cerurilor în Împărăția lui Dumnezeu. Citim într-o cântare de Crăciun a Sfântului Efrem (din secolul al IV-lea):

> „Domnul Se naște astăzi în cetatea lui David, mântuirea tuturor, Mântuitorul veșnic; și va stăpâni veșnic în acea cetate, care este Biserica, păzind-o și călăuzind-o până la sfârșitul veacurilor. Fie ca domnia Lui să fie întreagă și desăvârșită, și să se întindă în toată lumea, ca să se împărtășească ea din veșnicia celor ce locuiesc în Ceruri."[1]

Sfântul Apostol Pavel le scrie filipenilor, învățându-i care este adevărata lor cetățenie: *Cât despre noi, cetatea noastră este în ceruri, de unde și așteptăm Mântuitor, pe Domnul Iisus Hristos* (Fil. 3, 20). Împărăția lui Dumnezeu din ceruri nu este o împărăție pe care o putem vedea pe de-a-ntregul cu ochii noștri, cu toate că o întrezărim sau o anticipăm în lăuntrul Bisericii.

Fariseii L-au întrebat pe Iisus când va veni Împărăția lui Dumnezeu. Ei așteptau întemeierea unei împărății pământești pentru evrei, poporul ales al lui Dumnezeu. Dar Iisus le-a răspuns astfel: *Împărăția lui Dumnezeu nu va veni în chip văzut. Și nici nu vor zice: Iat-o aici sau acolo. Căci, iată, împărăția lui Dumnezeu este înăuntrul vostru* (Lc. 17, 20-21). Cum poate Împărăția lui Dumnezeu să se afle în lăuntrul nostru? Pentru că acolo unde este Iisus Hristos este și Împărăția Lui. Da-

---

[1] www.crossroadsinitiative.com/library_category/9/Advent_Christmas.html.

că Iisus domnește în inima noastră, atunci și Împărăția Lui sălășluiește în lăuntrul nostru. Acest lucru nu înseamnă că alții pot vedea întotdeauna Împărăția Lui în noi, în starea noastră nedesăvârșită. Expresia deplină a Împărăției Lui se va face până la urmă cunoscută la A Doua Venire a Lui pe pământ, în ziua Judecății de Apoi. Atunci cu toții Îi vor vedea Împărăția.

Atunci când a fost adus înaintea lui Ponțiu Pilat, guvernatorul roman al Ierusalimului, Iisus l-a informat în mod clar că Împărăția lui Dumnezeu nu este din această lume: *Împărăția Mea nu este din lumea aceasta. Dacă împărăția Mea ar fi din lumea aceasta, slujitorii Mei s-ar fi luptat ca să nu fiu predat iudeilor. Dar acum împărăția Mea nu este de aici* (In 18, 36). Sfântul Apostol Pavel îi lămurește pe ucenicii lui Hristos, scriind că Dumnezeu *ne-a scos de sub puterea întunericului și ne-a strămutat în împărăția Fiului iubirii Sale* (Col. 1, 13). Cu alte cuvinte, Iisus ne-a scos din întunericul din această lume și ne-a transportat în Împărăția lui Dumnezeu, unde am devenit cetățeni ai Împărăției Lui.

Obținem a doua cetățenie a cerurilor atunci când ne naștem din nou prin botezul cu apă și Duh Sfânt. Într-o discuție cu Nicodim, un conducător al evreilor, Iisus i-a spus că trebuie să se nască din nou. Iisus a spus: *Adevărat, adevărat zic ție: De nu se va naște cineva de Sus, nu va putea să vadă împărăția lui Dumnezeu* (In 3, 3). Nicodim nu înțelegea cum un om s-ar putea naște din nou la bătrânețe. Iisus i-a spus: *Adevărat, adevărat zic ție: De nu se va naște cineva din apă și din Duh, nu va putea să intre în împărăția lui Dumnezeu. Ce este născut din trup,*

trup este; și ce este născut din Duh, duh este. Nu te mira că ți-am zis: Trebuie să vă nașteți de Sus (In 3, 5-7).

Acest lucru înseamnă că trebuie să ne naștem de două ori: prima naștere ne dă viață omenească pe această lume pământească, iar cea de a doua ne dă viață duhovnicească într-o împărăție cerească. În prima noastră naștere, venim pe lume prin lichid amniotic (apă) și ne primim prima răsuflare de viață; în cea de a doua naștere ne naștem prin apa botezului și ne primim prima răsuflare de viață duhovnicească prin Duhul Sfânt. Iisus i-a spus lui Nicodim că trebuie să ne naștem a doua oară prin apă și Duh Sfânt dacă urmăm să fim cetățeni cerești.

Dubla cetățenie poate deveni o încercare pentru creștini. Cum funcționăm cu două cetățenii, una din această lume și una din ceruri? Fariseii au încercat să Îl păcălească pe Iisus să spună un lucru pentru care ar da de necaz fie cu guvernul roman, fie cu liderii evrei: *Învățătorule, știm că ești omul adevărului și întru adevăr înveți calea lui Dumnezeu și nu-Ți pasă de nimeni, pentru că nu cauți la fața oamenilor. Spune-ne deci nouă: Ce Ți se pare? Se cuvine să dăm dajdie Cezarului sau nu?* (Mt. 22, 16-17).

Iisus, dându-Și seama că nu erau sinceri și știind că Îi puneau această întrebare numai ca să Îl atragă într-o capcană, le-a răspuns: *„Ce Mă ispitiți, fățarnicilor? Arătați-Mi banul de dajdie." Ei I-au dat un dinar. Apoi, Iisus le-a spus: „Al cui e chipul acesta și inscripția de pe el?" Ei au răspuns că erau ale Cezarului. Atunci Iisus le-a spus: „Dați deci Cezarului cele ce sunt ale Cezarului și lui Dumnezeu cele ce sunt ale lui Dumnezeu"* (Mt. 22, 18-21).

Nu citim în Sfânta Scriptură că Iisus ar fi vorbit vreodată împotriva nedreptății și opresiunii fraților Lui iudei de către guvernul roman care îi conducea în această lume. Mustrările Lui nu se adresau guvernului roman, ci conducătorilor religioși ai propriului Său popor, evreii. De fapt, Sfântul Apostol Pavel îi scrie lui Timotei, fiul său duhovnicesc:

> „Vă îndemn deci, înainte de toate, să faceţi cereri, rugăciuni, mijlociri, mulţumiri, pentru toţi oamenii, pentru împăraţi şi pentru toţi care sunt în înalte dregătorii, ca să petrecem viaţă paşnică şi liniştită întru toată cuvioşia şi buna-cuviinţă, că acesta este lucru bun şi primit înaintea lui Dumnezeu, Mântuitorul nostru, Care voieşte ca toţi oamenii să se mântuiască şi la cunoştinţa adevărului să vină" (I Tim. 2, 1-4).

Așadar noi, creștinii, trebuie să respectăm legile care ne conduc în această lume, atâta timp cât nu ne cer să facem un lucru împotriva convingerilor noastre creștine, a credinței și a eticii. Trebuie să plătim taxe către guvernul nostru pământesc, să respectăm regulile de circulație și așa mai departe. Sfântul Apostol Petru scrie:

> „Supuneţi-vă, pentru Domnul, oricărei rânduiri omeneşti, fie împăratului, ca înalt stăpânitor, fie dregătorilor, ca unora ce sunt trimişi de el, spre pedepsirea făcătorilor de rele şi spre lauda făcătorilor de bine; căci aşa este voia lui Dumnezeu... Daţi tuturor cinste, iubiţi frăţia, temeţi-vă de Dumnezeu, cinstiţi pe împărat" (I Ptr. 2, 13-15, 17).

Dar ce se întâmplă atunci când există un conflict între guvernul nostru pământesc și Împărăția lui Dumnezeu? Către cine ar trebui să se îndrepte loialitatea noastră în primul rând? Un document numit „Declarația de la Manhattan", publicat pe 20 noiembrie 2009 și semnat de o parte dintre creștinii ortodocși din răsărit, romano-catolici și protestanți, face trimitere la „dați Cezarului cele ce sunt ale Cezarului", dar se încheie cu această afirmație: „Dar în nici un caz nu vom da Cezarului ce este al lui Dumnezeu."[1] Trebuie să fim în primul rând cetățeni ai Împărăției lui Dumnezeu, înainte de a fi cetățeni ai oricărei națiuni pământești. Noi, creștinii, trebuie să avem grijă să nu devenim atât de absorbiți în politica acestei lumi încât să ne compromitem principiile morale creștine.

Iisus nu a venit să conducă o mișcare pentru dreptate socială, așa cum unii oameni din vremea Lui credeau că va face, ca să lupte împotriva nedreptăților guvernului roman. Nu, El a venit ca să conducă o mișcare duhovnicească pentru toți oamenii, chiar și pentru romanii care Îi asupreau poporul, pe evrei. Dumnezeu este un Dumnezeu drept și nepărtinitor, iar noi trebuie să fim un popor drept și nepărtinitor; dar ne preocupăm în primul rând de sufletele veșnice ale omenirii.

Uneori, creștinii sunt atrași în activism social în această lume, dar trebuie să ne ferim de acest lucru. Nu înseamnă că nu ar trebui să ne implicăm în fapte bune: dimpotrivă, Bisericii i se cere să aibă grijă de săraci, bolnavi, orfani și văduve. Acestea sunt acțiuni voluntare de caritate făcute în numele lui Hristos și pentru alții, făcute mereu într-un mod liniștit și pașnic și din dragoste.

[1] www.manhattandeclaration.org/the-declaration/read.aspx.

Sfântul Apostol Iacov scrie: *Cucernicia curată și neîntinată înaintea lui Dumnezeu și Tatăl, aceasta este: să cercetăm pe orfani și pe văduve în necazurile lor, și să ne păzim pe noi fără de pată din partea lumii* (Iac. 1, 27). Apoi continuă: *Dacă un frate sau o soră sunt goi și lipsiți de hrana cea de toate zilele, și cineva dintre voi le-ar zice: Mergeți în pace! Încălziți-vă și vă săturați, dar nu le dați cele trebuincioase trupului, care ar fi folosul? Așa și cu credința: dacă nu are fapte, e moartă în ea însăși* (Iac. 2, 15-17).

Ne amintim că Domnul Însuși a spus: *Adevărat zic vouă, întrucât ați făcut unuia dintr-acești frați ai Mei, prea mici, Mie Mi-ați făcut* (Mt. 25, 40). Trebuie să îi prețuim pe toți oamenii pentru că au fost făcuți după chipul lui Dumnezeu. Acest lucru nu înseamnă că trebuie să prețuim tot ceea ce fac oamenii. Noi, cei care suntem cetățeni ai Împărăției lui Dumnezeu, trebuie să cugetăm dacă ne prețuim în mod activ aproapele satisfăcând nevoile săracilor, ale orfanilor, ale văduvelor și văduvilor și ale tuturor celor care sunt devalorizați în această lume. Cu toate că un guvern ar putea hotărî să își ajute nevoiașii, trebuie să ne amintim că, fiind cetățeni ai Împărăției lui Dumnezeu, chemarea și responsabilitatea noastră sunt să avem grijă de cei săraci și de cei aflați în nevoi.

Mi-am primit cetățenia pământească atunci când m-am născut în Statele Unite ale Americii. Cu toate că aceasta este o cetățenie pământească, cred că părinții fondatori ai țării mele s-au simțit inspirați să creeze o formă mai bună de guvernământ în vremea lor. Părinții fondatori nu au considerat niciodată că au creat o națiune perfectă. Voiau să creeze o națiune *mai* bună decât cea sub conducerea căreia trăiau, monarhia britanică. Fondatorii au recunoscut că Dumnezeu se află la conducerea treburilor oamenilor și ale guvernului. Citim în Declarația de Independență:

> „Noi considerăm aceste adevăruri evidente, că toți oamenii sunt egali, că ei sunt înzestrați de Creator cu anumite drepturi inalienabile, că printre acestea sunt viața, libertatea și căutarea fericirii."

Asemenea sintagme cum ar fi: „toți oamenii sunt egali", primind „de la Creator... anumite drepturi inalienabile", care includ „viața, libertatea și căutarea fericirii" (căutarea scopurilor personale în viață) reprezintă niște idealuri înalte pentru oricare națiune care le-ar adopta.

Unii cetățeni americani au ajuns să creadă că SUA este o națiune creștină. Și totuși trebuie să ne întrebăm dacă pe Dumnezeu Îl interesează în aceeași măsură dacă America este o „națiune creștină" cât Îl interesează ca americanii să fie, în primul rând, cetățeni ai Împărăției lui Dumnezeu. Acest lucru nu înseamnă că nu ar trebui să ne rugăm pentru națiunea noastră, oricare ar fi aceasta. Citim în Biblie: *Și se va smeri poporul Meu, care se numește cu numele Meu, și se vor ruga și vor căuta fața Mea, și se vor întoarce de la căile lor cele rele, atunci îi voi auzi din cer, le voi ierta păcatele lor și le voi tămădui țara* (II Paral. 7, 14). Iar psalmistul scrie: *Fericit este neamul căruia Domnul este Dumnezeul lui* (Ps. 33, 12).

Cu toate acestea, trebuie să continuăm să ne amintim că oricât de înalt ar fi nivelul credinței de care dă dovadă, America nu este Împărăția lui Dumnezeu și nici nu va fi vreodată. Iisus i-a spus lui Ponțiu Pilat, procuratorul roman al Iudeei: *Împărăția Mea nu este din lumea aceasta* (In 18, 36). Grija de căpătâi a lui Dumnezeu este să îi aducă pe toți oamenii din fiecare națiune, care vorbesc fiecare limbă, din fiecare rasă și cu fiecare origine în Împărăția lui Dumnezeu, ca să devină cetățeni ai cerurilor. Cum îi ajutăm sau îi convingem pe ceilalți să devină cetățeni ai Împărăției lui Dumnezeu?

Cum să prețuim toți oamenii

Noi, creștinii, nu ne rugăm numai ca să știm cât de valoroși suntem înaintea lui Dumnezeu, ci pentru ca toți cei de pe pământ să știe acest lucru. Din nefericire, devalorizarea și depersonalizarea nu se petrec doar între bărbați și femei, ci și între oameni de rase, niveluri socioeconomice, credințe religioase și origini naționale diferite, la fel ca și împotriva celor cu diferite dizabilități și alte caracteristici care tind să ne distragă de la adevărul că am fost creați cu toții după chipul lui Dumnezeu. Iubirea lui Hristos se adresează tuturor oamenilor, fără să țină seama dacă aceștia se întâmplă să fie la fel ca noi sau diferiți de noi. Toți cei care se căiesc de păcate și au credință în Iisus Hristos ca Fiu al lui Dumnezeu sunt bineveniți în Împărăția Lui.

Atunci când ne discutăm credința cu alții, nu ar trebui să le îndesăm mesajul Scripturii pe gât ca pe un hap pentru cai. Dacă facem acest lucru, s-ar putea ca interlocutorii noştri să ni-l scuipe în faţă. În schimb, ar trebui să le dezvăluim celorlalţi că Dumnezeu ne invită să Îi împărtăşim iubirea şi comuniunea. Trebuie să hotărâm singuri dacă Îi acceptăm sau nu invitaţia. Fiecare persoană, fie că s-a născut sau nu într-o familie creştină, încă mai trebuie să se convertească. Cu toţii trebuie să hotărâm singuri, la un moment dat în viaţă, dacă Îl vom iubi pe Dumnezeu-Tatăl şi pe Fiul Lui, Iisus Hristos, şi dacă îi permitem voii lui Dumnezeu, prin îndrumarea Sfântului Duh, să se împlinească în viaţa noastră.

Am menţionat în capitolul al şaselea că, în rolul nostru de părinţi, trebuie să fim oglindirea iubirii lui Dumnezeu pentru copiii noştri. De asemenea, trebuie să fim oglindirea iubirii lui Dumnezeu pentru toţi cei pe care îi întâlnim. În copilărie Îl cunoaştem pe Dumnezeu prin ochii iubitori ai părinţiilor credincioşi, iar cei fără de Hristos Îl întrevăd pentru prima oară pe Dumnezeu prin ochii iubitori ai creştinilor. Cred că mulţi dintre cei din această lume îşi doresc să Îl vadă pe Iisus cel adevărat în faptele şi în cuvintele adevăraţilor creştini. De aceea este deosebit de important ca vieţile noastre să exprime în lume roadele Duhului Sfânt pe care le-am amintit mai devreme: *dragostea, bucuria, pacea, îndelungă-răbdarea, bunătatea, facerea de bine, credinţa, blândeţea, înfrânarea* (Gal. 5, 22-23). Toţi cei pe care, de-a lungul vremii, i-am numit sfinţi posedau aceste trăsături. Lumea caută sfinţi chiar şi în ziua de astăzi. Îi va găsi oare în noi?

Am afirmat în capitolul precedent că trebuie să ne arătăm iubirea pentru fraţii noştri creştini rugându-ne pentru ei, ascultându-i în mod empatic și purtându-le de grijă prin faptele și prin sprijinul nostru. Iubirea față de cei din lume nu este, de fapt, diferită: trebuie să ne rugăm pentru ei ori de câte ori avem ocazia, să îi ascultăm profund, cu empatie, și să nu adoptăm o atitudine de apărare în ciuda cuvintelor pe care aceștia ni le adresează și să ne îngrijim de nevoile lor atât lumești, cât și duhovnicești, cât de bine ne stă în putință.

O modalitate prin care ne putem asigura că rămânem concentrați asupra acestor scopuri este să facem o listă cu persoanele din viața noastră despre care credem că s-ar putea să nu se afle în comuniune cu Iisus Hristos. Ar putea fi vecini, colegi de muncă sau simple cunoștințe. Să ne rugăm pentru cei care s-ar putea să nu știe cât de valoroși sunt înaintea Creatorului. Cu toate acestea, nu permiteți rugăciunii voastre să constea în scoaterea în evidență a defectelor lor înaintea lui Dumnezeu.

Îmi amintesc că am auzit povestea unei femei care obișnuia să se roage pentru cineva enumerând toate defectele și păcatele acestuia. Făcea acest lucru zi de zi, acuzând cealaltă persoană de tot felul de neajunsuri înaintea lui Dumnezeu. Într-o zi, Dumnezeu i-a spus: „De ce faci lucrarea diavolului?" Femeia a fost șocată și cutremurată de asemenea cuvinte. „Ce vrei să spui, Doamne?" a întrebat ea. Apoi Dumnezeu i-a amintit de un pasaj din Apocalipsa Sfântului Ioan Teologul:

> „Și a fost aruncat balaurul cel mare, șarpele de demult, care se cheamă diavol și satana, cel ce înșală pe toată lumea, aruncat a fost pe pământ și îngerii lui au fost aruncați cu el. Și am auzit glas mare, în cer, zicând: Acum s-a

făcut mântuirea și puterea și împărăția Dumnezeului nostru și stăpânirea Hristosului Său, căci aruncat a fost pârâșul fraților noștri, cel ce îi pâra pe ei înaintea Dumnezeului nostru, ziua și noaptea" (Apoc. 12, 9-10).

Femeia s-a rușinat și s-a căit deoarece a înțeles că făcea aceeași lucrare ca diavolul înaintea lui Dumnezeu. Și-a dat seama că îi aducea învinuiri celui pentru care se ruga. Este atât de ușor să ne transformăm rugăciunile într-o sesiune de plângeri împotriva celui pentru care ne rugăm – poate șeful nostru de la muncă sau un vecin care nu dă semne că ne-ar agrea sau un prieten cu care am avut o dispută! NU ar trebui să ne considerăm rugăciunile drept o ocazie de a îi acuza pe alții de păcate înaintea lui Dumnezeu: diavolul face acest lucru îndeajuns de bine. Dacă se întâmplă să acuzăm pe cineva, ar trebui să ne acuzăm pe noi înșine de păcatele și de neajunsurile noastre. Ar trebui să ne căim pentru că nu păstrăm rodul Sfântului Duh în viețile noastre spre folosul celorlalți.

Vă amintiți parabola vameșului și a fariseului pe care a povestit-o Iisus? Acești doi bărbați s-au dus la templu ca să se roage. Fariseul s-a rugat: *Dumnezeule, Îți mulțumesc că nu sunt ca ceilalți oameni, răpitori, nedrepți, adulteri, sau ca și acest vameș. Postesc de două ori pe săptămână, dau zeciuială din toate câte câștig.* În timp ce fariseul se ruga, *vameșul, departe stând, nu voia nici ochii să-și ridice către cer, ci-și bătea pieptul, zicând: Dumnezeule, fii milostiv mie, păcătosului!* (Lc. 18, 11-13). Evreii îi considerau pe vameșii iudei niște păcătoși pentru că lucrau pentru guvernul roman, care asuprea poporul evreu. Vameșii evrei erau considerați trădători ai propriului lor neam. Dar Iisus a declarat că vameșul a plecat acasă îndreptat, iar fariseul nu.

Putem vedea fățărnicia din rugăciunea fariseului în comparație cu smerenia vameșului. Nu ar trebui să ne rugăm pentru ceilalți asemenea fariseului: „Îți mulțumesc, Doamne, că nu sunt la fel ca alți oameni!" Fariseul era păcătos la fel ca toți ceilalți, dar prea arogant ca să își vadă propriile păcate. Nu putea să vadă nimic în afară de păcatul vameșului, cu atât mai puțin păcatul propriei mândrii. Ar trebui să ne rugăm cu smerenie: să pomenim numele și nevoile celuilalt și atât. Și să Îi cerem lui Dumnezeu ca acea persoană să înțeleagă și ea cât este de valoroasă înaintea Lui. Această descoperire a iubirii este lucrul care îi va atrage întotdeauna pe oameni către Hristos. Nu snobismul religios sau atitudinea mândră.

Atunci când ne rugăm sau le împărtășim altora iubirea lui Dumnezeu trebuie să fim în același timp buni ascultători. Cu toții avem de spus o poveste despre noi înșine: unele povești sunt înălțătoare, iar altele triste și tragice. Consiliind mulți oameni de-a lungul timpului, am observat că foarte puține persoane știu să asculte. Ne întrerupem interlocutorul înainte ca acesta să apuce să-și termine ideea sau propoziția. Adevărul poate fi că nu suntem cu adevărat interesați să înțelegem cum arată lumea interlocutorului nostru, și astfel îl depersonalizăm.

Ascultarea profundă începe atunci când îi invităm pe ceilalți să își împartă lumea cu noi pe cât le stă în puteri. Încercăm apoi să oglindim către ei ce credem că ne-au spus. Facem acest lucru până când ei pot să spună că înțelegem ce simt sau ce gândesc, până când ne pot spune: „Ai nimerit!" Numai după ce înțelegem ce ni se spune ne putem gândi să oferim sfaturi. Uneori oamenii ne împărtășesc suferințele lor. Să îi ajutăm pe ceilalți nu înseamnă că ar trebui să îi salvăm în mod automat de consecințele faptelor lor. Suferința poate fi un profesor de valoare care ne ajută să ne schimbăm comportamentul pe viitor. Factorul important este să ascultăm cu deosebită atenție.

Așadar, oferiți-le celorlalți ocazia de a vă spune povestea vieții lor. S-ar putea să nu le înțelegeți lumea în întregime sau să descoperiți că aveți un trecut asemănător. Oricum ar fi, le oferiți un dar minunat. Atunci când îi ascultați le trimiteți mesajul că sunt importanți pentru voi și pentru Dumnezeu. Lucrul cel mai important este că vă aflați acolo ca să îi ascultați cu blândețe și cu compasiune. Odată ce ei și-au împărtășit povestea, s-ar putea să vrea să o asculte pe a voastră. Dacă vă simțiți confortabil în prezența lor, descrieți felul în care ați ajuns să cunoașteți iubirea lui Dumnezeu în viața voastră. Aceasta poate să fie o experiență dătătoare de putere pentru voi amândoi.

Dumnezeu vrea să șteargă toate lacrimile din trecut și să ne curețe de toate păcatele cele vechi. Prorocul Isaia exprimă intenția lui Dumnezeu față de poporul Lui atunci când spune: *Veniți să ne judecăm, zice Domnul. De vor fi păcatele voastre cum e cârmâzul, ca zăpada le voi albi, și de vor fi ca purpura, ca lâna albă le voi face* (Is. 1, 18). Dumnezeu vrea să judecăm împreună și să ne arate un mod mai bun de viață. Nimeni nu este mai în măsură decât Dumnezeu să ne spună cum să ajungem la o viață împlinită. Această viață împlinită nu implică neapărat bogăție materială, ci sănătate pentru suflet și duh. Acesta este lucrul pe care Dumnezeu ni-l oferă nouă, tuturor. Dumnezeu e pregătit să ne asculte, iar noi suntem pregătiți să îi ascultăm pe ceilalți. Ascultarea ne ajută să înțelegem că nu suntem atât de diferiți unii față de ceilalți, că avem cu toții nevoie de iubirea lui Dumnezeu și că acest lucru ne ajută să ne descoperim adevărata valoare înaintea Lui.

Așa cum am discutat despre felul în care ne rugăm, ascultăm și ne oferim sprijinul plin de grijă celor din Biserică, la fel trebuie să procedăm față de cei din lume. Într-un fel, atât rugăciunea, cât și ascultarea și sprijinul plin de grijă pentru ceilalți pot face parte din categoria îngrijirilor. Atunci când îi îngrijim pe ceilalți ne arătăm dragostea pentru ei.

Sper că ați fost îngrijiți de către părinții voștri și că știți cât de minunat este sentimentul de a fi îngrijit. Se poate și să fi cunoscut lipsa de îngrijire și să știți cât de distrugător este acel sentiment. Atunci când suntem îngrijiți ne simțim prețuiți, în timp ce atunci când simțim că nu suntem îngrijiți ne simțim devalorizați. Unul dintre lucrurile despre care oamenii fără adăpost spun că îi rănesc mai mult decât lipsurile materiale este sentimentul de a fi invizibili pentru ceilalți și ignorați, neîngrijiți, nedoriți. Simt că nu sunt îngrijiți atunci când oamenii trec pe lângă ei fără să le ofere măcar o privire, cu atât mai mult o mână de ajutor.

Unii dintre noi i-ar putea considera pe cei fără adăpost drept leproșii zilelor noastre. Statisticile arată că aproximativ jumătate dintre oamenii fără adăpost din Statele Unite suferă fie de o formă gravă de afecțiune mintală, de dependență de droguri sau de alcool, fie de o combinație de tulburări mintale.[1] Începând cu anii '60, niște asistenți sociali bine intenționați au hotărât că este lipsit de omenie să îi încui pe cei bolnavi mintal în spitale. Au început procesul de externare. Agențiile guvernamentale au încercat să îi înscrie pe bolnavii mintal în cadrul unor programe de tratament pentru pacienți externi la clinicile de psihiatrie locale, înlocuind tratamentele interne de lungă durată. De asemenea, au considerat că reduceau costurile.

Problema este că, odată ce le dăm medicamente persoanelor cu boli mintale grave și îi lăsăm să se îngrijească singuri, aceștia nu se întorc întotdeauna după o lună ca să își reînnoiască rețetele. Probabil că se simt atât de bine după ce s-au aflat sub tratament, încât hotărăsc de capul lor că nu mai au nevoie de acel tratament. Oricare ar fi motivul pentru care și-au întrerupt tratamentul, fără să fie îngrijiți îndeaproape de un profesionist care să le vadă lipsa de cooperare, și-au pierdut acoperișul de deasupra capului. Bolnavii mintal din mijlocul nostru ar putea să fie cei care au cea mai mare nevoie de sprijinul nostru plin de grijă. Din nefericire, din ce în ce mai multe programe locale se închid din cauza lipsei de fon-

---

[1] *Almanac of Policy Issues: Homeless,* 2004, http://www.policyalmanac.org/social_welfare/homeless.shtml; *Facts and Figures: The Homeless,* PBS Now, www.pbs.org/now/shows/526/homeless-facts.html.

duri sau pur și simplu nu au destui angajați ca să îi ajute pe toți.

Desigur, unii oameni nu au adăpost pentru că nu își permit să își plătească ipoteca, poate din cauza crizei creditelor ipotecare sau pentru că și-au pierdut locurile de muncă. Îngrijirea pe care le-o oferim celor fără adăpost prin organizațiile filantropice creștine îi face pe aceștia să se simtă iubiți și prețuiți de către ceilalți și duc nădejdea că vor înțelege și că sunt îngrijiți de către Dumnezeu prin intermediul organizațiilor noastre creștine.

Grija față de cei nevoiași din mijlocul nostru ar trebui să îi includă și pe bătrâni. Bătrânii nu mai sunt atât de respectați și de onorați pe cât erau în generațiile trecute. Ei au avut grijă de noi atunci când eram copii, iar acum, la bătrânețe, s-ar putea să aibă nevoie de ajutorul nostru, dar să se rușineze să îl ceară. Îmi amintesc când grupul nostru de la biserică mergea la sanatorii în după-amiezele de duminică. Îi vizitam pe rezidenții în vârstă și cântam imnuri și cântări creștine împreună cu ei. Mulți rezidenți așteptau cu nerăbdare venirea noastră și se adunau chiar înainte ca noi să sosim. Se bucurau atât de mult de micile noastre vizite! Venirea noastră însemna atât de mult pentru ei! Era o binecuvântare doar să îi cunoaștem îndeaproape. Sanatoriile și azilele pot fi niște locuri extrem de singuratice pentru cei în vârstă.

O societate este judecată după cât de bine își îngrijește cei mai tineri, cei mai bătrâni și cei mai vulnerabili membri. Pentru cei în vârstă, unele locații sunt mai bune decât altele în ceea ce privește îngrijirea efectivă. Unii dintre ei se întreabă când vor veni să îi viziteze copiii și nepoții lor adulți sau dacă le vor da măcar un telefon.

Cu ani în urmă, părinții în vârstă se mutau deseori împreună cu copiii lor adulți. Înțeleg că astăzi, în gospodăriile noastre tipice cu două sau un singur venit și cu speranța de viață mai mare, poate fi o provocare copleșitoare pentru copiii adulți să își îngrijească părinții în vârstă în propriile lor case. Și totuși, există ceva frumos în imaginea celor trei generații trăind împreună într-o casă iubitoare. Nepoții pot avea acces zilnic la iubirea și la înțelepciunea bunicilor lor, iar cuplurile pot primi ajutorul bunicilor în casă și cu copiii.

Atunci când persoanele în vârstă trăiesc singure și nu mai beneficiază de independența de a conduce mașina, viața lor poate deveni extrem de izolată, plictisitoare și deprimantă. Așadar, vedem că nu numai cei lipsiți de adăpost sunt ignorați, ci și cei în vârstă. Avem cu toții nevoie să ne amintim că, dacă vrea Dumnezeu, vom îmbătrâni cu toții într-o zi. Cine ne va vizita și se va îngriji de noi?

Există atât de multă nevoie în jurul nostru, trebuie numai să ne hotărâm să o vedem. Există orfani, văduve și văduvi, cei bolnavi și cei neputincioși, cei în vârstă și cei invalizi și prizonierii. Uneori ne putem simți copleșiți de toată nevoia din lume. Grija fața de alții este o faptă de iubire dezinteresată: mâinile lui Dumnezeu lucrează prin fiecare dintre noi. Ceea ce facem celor mai neînsemnați dintre noi facem lui Iisus Însuși.

Așadar, de unde începem? Putem începe dându-i cuiva un telefon sau trimițând cuiva o scrisoare sau un email, arătându-le că ne pasă de ei. Lucrurile mărunte pot aduce mare bucurie unui om aflat în nevoi. Se știe că Maica Tereza obișnuia să spună: „Faceți lucruri mărunte cu multă iubire!” Ea nu avea nevoie să scrie o carte despre iubire: iubirea i se vedea în fapte oriunde s-ar fi dus. Așa recunoaștem sfinții.

Dumnezeu vrea să ne arate că îngrijește și prețuiește fiecare ființă umană de pe acest pământ și face acest lucru prin noi. Atunci când ne rugăm pentru cineva, când îl ascultăm, când ne îngrijim de nevoile cuiva, îl facem pe acel om să se simtă prețuit. Rugați-vă să transmiteți în fiecare zi iubirea celor pe care îi întâlniți. Trebuie să îi prețuiți pe cei din lume care s-ar putea simți devalorizați de către lume. Acest lucru Îl mulțumește pe Domnul: *Căci flămând am fost și Mi-ați dat să mănânc; însetat am fost și Mi-ați dat să beau; străin am fost și M-ați primit; gol am fost și M-ați îmbrăcat; bolnav am fost și M-ați cercetat; în temniță am fost și ați venit la Mine* (Mt. 25, 35-36).

CAPITOLUL AL NOUĂLEA

Cum să Îl prețuiești pe Dumnezeu

Un cerc complet

Am început această carte de la premisa că noi, ființele umane, suntem cu adevărat valoroase înaintea Creatorului nostru. Am vorbit despre importanța descoperirii și a cunoașterii prin lucrarea Sfântului Duh în lăuntrul inimii noastre, a cât de valoroși suntem cu adevărat înaintea lui Dumnezeu. Odată ce ajungem la această înțelegere profundă a valorii pe care ne-o atribuie Dumnezeu, suntem chemați să dăruim acea valoare (dragoste) partenerului nostru de viață, copiilor noștri, fraților și surorilor noastre întru Hristos și lumii întregi. Devenim niște instrumente pe care Sfântul Duh le poate folosi ca să îi ajute pe alții să afle cât sunt de valoroși cu adevărat înaintea lui Dumnezeu și pentru noi.

Dar mai există încă o Persoană către care ar trebui să se îndrepte sentimentul nostru de prețuire. Acest lucru ne aduce, într-un cerc complet, acolo de unde am plecat: Avem nevoie să Îi arătăm lui Dumnezeu cât de valoros *este El pentru noi!* Avem nevoie să Îi arătăm cât de mult Îl iubim și cât de recunoscători Îi suntem pentru că ni s-a permis să intrăm în comuniunea Tatălui și a Fiul și a Duhul Sfânt. Bucuria, recunoștința și aprecierea faptului că Dumnezeu S-a dezvăluit ființei noastre lăuntrice nu pot fi puse în cuvinte.

În Cartea Pildelor, Dumnezeu ne-a spus prin intermediul lui Solomon: *Eu iubesc pe cei ce Mă iubesc și cei ce Mă caută Mă găsesc* (Pilde 8, 17). Dacă înlocuim „a iubi" cu *a prețui,* versetul ar arăta astfel: „Eu *prețuiesc* pe cei care Mă *prețuiesc.*" Cu toate că Dumnezeu prețuiește întreaga omenire, se pare că îi iubește mai ales pe cei care Îl iubesc. Întrebarea pe care trebuie să ne-o punem cu toții este dacă Îl preţuim cu adevărat pe Dumnezeu în viața noastră.

Unii oameni ar putea crede că religia iudaică se baza numai pe ideea că Dumnezeu îi binecuvântează pe cei care se supun poruncilor Lui și îi blesteamă pe cei nesupuși. Trebuie numai să citim Deuteronomul 28 ca să vedem binecuvântările și blestemele pe care Dumnezeu le va trimite asupra poporului Său dacă Îi păzește sau nu poruncile și dacă Îi slujește sau nu singurului Dumnezeu adevărat. Ai putea rămâne cu impresia că Dumnezeul iudaic este un Dumnezeu al poruncilor însoțite de binecuvântări sau de blesteme, în timp ce Dumnezeul creștin este unul al iubirii. Acest lucru ar însemna că ai înțeles greșit.

În Cartea Deuteronomului, imediat după ce Moise le reamintește fiilor lui Israel despre cele zece porunci, scrie:

Ascultă, Israele, Domnul Dumnezeul nostru este singurul Domn. Să iubești pe Domnul Dumnezeul tău din toată inima ta, din tot sufletul tău și din toată puterea ta (Deut. 6, 4-5). Apoi, în Leviticul, citim din nou despre Dumnezeu vorbindu-le fiilor lui Israel prin intermediul lui Moise: *Să nu te răzbuni cu mâna ta și să nu ai ură asupra fiilor poporului tău, ci să iubești pe aproapele tău ca pe tine însuţi. Eu **sunt** Domnul Dumnezeul vostru* (Lev. 19, 18).

Dacă aceste două pasaje din Scriptură vi se par cunoscute este datorită faptului că și Hristos a citat din ele în învățăturile Sale. Citim în Evanghelii că unul dintre cărturari (o persoană care a studiat Legea lui Moise în cele mai mici detalii și i-a instruit pe alții) L-a întrebat pe Iisus care dintre poruncile lui Dumnezeu ar trebui considerată prima sau cea mai importantă. Iisus a răspuns:

> „Întâia este: «Ascultă Israele, Domnul Dumnezeul nostru este singurul Domn.» Și: «Să iubești pe Domnul Dumnezeul tău din toată inima ta, din tot sufletul tău, din tot cugetul tău și din toată puterea ta.» Aceasta este cea dintâi poruncă. Iar a doua e aceasta: «Să iubești pe aproapele tău ca pe tine însuţi.» Mai mare decât acestea nu este altă poruncă."

Aici vedem cum cuvântul lui Dumnezeu este constant de-a lungul istoriei fiilor lui Israel, incluzând învățăturile lui Hristos Însuși. După cum vedeți în versetele acestea, Dumnezeu ne vrea iubirea mai presus de orice altceva și vrea să ne iubim unul pe celălalt așa cum vrem să fim iubiți de către ceilalți. Iisus a spus că aceste două porunci se află în capul listei, mai presus de toate poruncile pe care Dumnezeu le-a dat poporului

Său prin intermediul lui Moise. De ce? Pentru că aceste două porunci împlinesc toate poruncile lui Dumnezeu de-a lungul istoriei. Aceste două porunci ne îndreaptă iubirea asupra lui Dumnezeu și asupra celor din jurul nostru. Prin urmare, toate poruncile lui Dumnezeu se împlinesc dacă le păzim cu adevărat pe acestea două.

Acesta este înțelesul cuvintelor lui Iisus: *Să nu socotiți că am venit să stric Legea sau prorocii; n-am venit să stric, ci să împlinesc* (Mt. 5, 17). Legea și prorocii se împlinesc atunci când Îl iubim pe singurul Dumnezeu adevărat și când ne iubim unii pe alții. Iubirea pentru Dumnezeu și pentru cei din jurul nostru împlinește scopul și duhul tuturor poruncilor lui Dumnezeu. Am văzut în această carte cât de mult ne prețuiește Dumnezeu și cum trebuie să ne prețuim aproapele. Acum a venit vremea să Îi arătăm lui Dumnezeu cât de mult Îl prețuim din toată inima noastră, din tot sufletul nostru, cu toată mintea și cu toată puterea noastră.

Ar trebui să subliniem faptul că Dumnezeu ne-a dat binecuvântarea Lui chiar înainte ca Legea să fie scrisă. De exemplu, El i-a eliberat pe evrei de sub stăpânirea egiptenilor înainte de a da Legea și l-a binecuvântat pe Avraam cu mult înainte de aceasta. Așadar, binecuvântările lui Dumnezeu nu se limitează și nu depind de Lege. Dumnezeu Își dă binecuvântările oricui dorește El, independent de Lege. De asemenea, felul în care Iisus a împlinit Legea poate fi văzut în felul în care El a împlinit scopul Legii prin iubire fundamentală și smerenie atunci când le-a spus celor care Îl răstigneau: *Părinte, iartă-le lor, că nu știu ce fac!* (Lc. 23, 34).

Ura de sine

La începutul acestei cărți am făcut referință la Părinții Bisericii care vorbeau despre conceptul de ură de sine. Vorbind despre iubirea pentru Dumnezeu și iubirea pentru aproapele ca pentru tine însuți, pare ciudat să citești că unii părinți duhovnicești ai Bisericii vorbesc despre importanța *urii de sine.* Cum se presupune că i-am putea iubi pe ceilalți ca pe noi înșine sau că ne-am simți prețuiți de către Dumnezeu dacă suntem plini de ură de sine? Ce voiau Părinții să spună atunci când vorbeau despre ura de sine?

Părintele Sofronie, de exemplu, vorbind despre învățăturile Sfântului Siluan, scrie: „Este nevoie de acea hotărâre neclintită pe care Domnul o cere de la ucenicii Săi – o hotărâre care ajunge până la *ura de sine.*"[1] Acest concept este inspirat dintr-un pasaj din Evanghelia după Luca: *Dacă vine cineva la Mine [Iisus] și nu urăște pe tatăl său și pe mamă și pe femeie și pe copii și pe frați și pe surori,* ***chiar și sufletul său însuși****, nu poate să fie ucenicul Meu. Și cel ce nu-și poartă crucea sa și nu vine după Mine nu poate să fie ucenicul Meu* (Lc. 14, 26-27, *subl. aut.*).

Arhimandritul Zaharia, scriind despre învățăturile părintelui Sofronie, explică: „Tensiunea creată de *ura sfântă de sine* îngăduie rugăciunii omului să se înalțe ca un strigăt disperat din prăpastia din lăuntrul lui către adâncul milei lui Dumnezeu, atunci când, după cum spune psalmistul, «adânc pe adânc cheamă» (v. Ps. 42, 7)."[2]

---

[1] Pr. Sofronie, *St. Silouan the Athonite*, St Vladimir's Seminary Press, Crestwood, NY, 1999, p. 76.

[2] Arhim. Zaharia, *Christ, Our Way and Our Life*, St Tikhon's Seminary Press, South Canaan, PA, 2000, p. 58.

Este ușor să înțelegi greșit ce voiau să spună acești părinți duhovnicești sau Iisus Însuși cu acest concept al urii față de tine însuți sau ura de sine. În primul rând, Iisus nu vrea să ne *urâm* tatăl, mama, copiii, fratele, sora sau chiar pe noi înșine în sensul de a le vrea (sau de a ne vrea nouă înșine) nenorociri și rău. La urma urmei, ni s-a poruncit: *Cinstește pe tatăl și pe mama ta* (Ieș. 20, 12) și să avem grijă de ei (v. Mc. 7, 10-13).

Porunca lui Dumnezeu să ne urâm familia și pe noi înșine înseamnă de fapt că noi, creștinii, trebuie să ne iubim membrii familiei și întreaga omenire, dar trebuie să *îi iubim mai puțin* decât Îl iubim pe Hristos și stăpânirea Lui asupra noastră. Trebuie să recunoaștem că dreptul lui Dumnezeu asupra noastră are prioritate față de orice alt drept al familiei noastre sau al propriei noastre voințe asupra vieții noastre. Trebuie să ne iubim aproapele, dar nu în asemenea măsură încât să îl iubim mai mult decât pe Dumnezeu sau să ne supunem lui mai degrabă decât lui Dumnezeu. Există lucruri pe care Biblia ne spune să le urâm cu adevărat, de pildă ar trebui să urâm răul (v. Ps. 97, 10; Sol. 8, 13). Sfântul Evagrie Pustnicul (345-399) a scris: „Ura față de demoni contribuie mult la mântuirea noastră și ne ajută să creștem în sfințenie."[1] Așadar, ar trebui să urâm răul și influența diavolului în viața noastră.

Ura de sine despre care vorbesc părintele Zaharia, părintele Sofronie și Sfântul Evagrie este ura pe care o nutrim pentru rău și pentru diavoli, care încă ne

[1] G.E.H. Palmer, ed., *The Philokalia: The Complete Text*, vol. 1, Faber and Faber, Londra, 1979, p. 44.

mai influențează gândurile împotriva voinței lui Dumnezeu. Răul ne împiedică să urmăm calea către *theosis* (îndumnezeire), drumul care ne va duce la unirea finală cu Dumnezeu. Răul și demonii încearcă să ne abată de la calea spre îndumnezeire. Vă amintiți povestea din capitolul al patrulea al acestei cărți despre argintar și purificarea argintului, în care argintul brut avea în el impurități sau zgură? Putem să comparăm această zgură cu gândurile care ne vin din influența răului și a diavolului. Ar trebui să urâm necurăţia și zgura păcatului din lăuntrul nostru. Nu urâm eul nostru adevărat făcut după chipul lui Dumnezeu.

Nu trebuie să urâm chipul lui Dumnezeu din lăuntrul nostru. Am petrecut atât de mult timp vorbind despre cunoașterea valorii pe care o avem înaintea Creatorului nostru pentru că ne este de folos să asimilăm această informație înainte să aflăm mai mult decât putem îndura despre starea noastră păcătoasă ca ființe umane căzute. Dacă ne începem călătoria creștină întrezărind cât de valoroși suntem pentru Dumnezeu, primim curajul și puterea necesare să înfruntăm mai bine întunericul pe care Dumnezeu ni-l dezvăluie atunci când privim în lăuntrul minții și al inimii noastre. Dacă nu ne cunoaștem valoarea înaintea lui Dumnezeu este foarte posibil să fim copleșiți de o disperare profundă atunci când devenim conștienți de păcatul din lăuntrul nostru. Avem nevoie de conștientizarea valorii noastre înaintea lui Dumnezeu astfel încât, oricât de grave ne-ar fi păcatele, să știm că și iubirea lui Dumnezeu pentru noi este cu atât mai puternică. Această descoperire ne dă nădejde pentru a ne continua călătoria de auto-cunoaștere și auto-explorare.

Atunci când ne apropiem de Sfântul Dumnezeu în viața noastră de rugăciune și începem să cunoaștem lumina slavei Lui, probabil că ne vom da înapoi îngroziți de adâncimea și de urâțenia păcatului pe care lumina Lui îl dezvăluie în lăuntrul nostru. Iisus i-a spus Sfântului Apostol Petru să-și arunce din nou plasele în lac, cu toate că Petru trudise toată noaptea fără să prindă nimic. Cu toate acestea, el L-a ascultat pe Iisus și a prins o cantitate mare de pește. Biblia ne spune: *Iar Simon Petru, văzând aceasta, a căzut la genunchii lui Iisus, zicând: „Ieși de la mine, Doamne, că sunt om păcătos!"* (Lc. 5, 8). Bunătatea lui Dumnezeu ilumina păcatele și neîncrederea lui Petru.

Dacă nu înțelegem cu adevărat cât ne iubește și cât ne prețuiește Dumnezeu, ne-ar putea părăsi curajul și puterea atunci când vedem urâțenia vieții noastre păcătoase și a necredinței noastre. În disperarea noastră, am putea să ne pierdem nădejdea. Această experiență poate foarte bine să se numească iadul pe pământ.

Am văzut că iadul a fost explicat drept experiența pe care o ai atunci când ieși din întunericul păcatului tău în lumina prezenței copleșitoare a unui Dumnezeu sfânt și iubitor. Închipuiți-vă un om care și-a trăit întreaga viață într-o temniță întunecoasă, fără nici o rază de lumină, o stare care poate de fapt să provoace orbirea fizică. Acest om orb este chemat apoi înaintea Împăratului la Judecata de Apoi. Atunci când prizonierul păcatului este scos la lumina zilei din existența lui întunecoasă și adus înaintea Împăratului, Împăratul îi atinge ochii și vindecă prizonierul de orbire. Prizonierul reacționează ferindu-se de lumina strălucitoare și copleșitoare a lui Dumnezeu, care îi provoacă atâta durere și suferință. Un astfel de om ar putea chiar să implore: „Lasă-mă în pace și trimite-mă înapoi în temnița cea întunecoasă, ca să pui capăt durerii pe care o simt în lumina prezenței Tale!"

Dacă nu ne vindecăm de orbirea noastră duhovnicească în această viață ca să ne vedem păcatele și să ne căim pentru ele, nu vom fi niciodată pregătiți pentru ceea ce vom vedea în lumina lui Dumnezeu în ziua Judecății de Apoi. Unii oameni ar putea chiar prefera să rămână orbi față de păcatele lor într-o încercare zadarnică de a-și evita durerea. Supus unui asemenea chin, prizonierul ar putea alege să se retragă în întuneric ca să scape de lumina și de iubirea copleșitoare a lui Dumnezeu.

Fie ne obișnuim cu lumina iubirii lui Dumnezeu în această viață prin pocăință și prin înțelegerea stării noastre de păcat (în comparaţie cu puritatea lui Dumnezeu), fie vom vrea să fugim de iubirea și de lumina Lui din cauza durerii pe care ne-o provoacă în ziua Judecății de Apoi. Iubirea lui Dumnezeu este o lumină arzătoare care îi provoacă suferință păcătosului nepocăit. Iadul poate fi văzut atunci drept absența iubirii și a luminii lui Dumnezeu, într-un întuneric profund. Este alegerea noastră dacă sfârșim pe vecie în întunericul iadului sau în lumina iubirii lui Dumnezeu.

Astfel, ura de sine despre care vorbesc unii părinți pustnici nu este ura pentru chipul lui Dumnezeu din lăuntrul nostru, pentru eul nostru adevărat, ci ura care vine din conștientizarea faptului că încă mai păcătuim și Îl supărăm pe Dumnezeu cu gândurile și cu faptele noastre. Urâm eul fals (eul trupesc) din lăuntrul nostru, zgura și necurăția mândriei și a păcatelor noastre care mai rămân încă în lăuntrul nostru. Atunci când vedem sfințenia lui Dumnezeu devenim mai conștienți de lipsa noastră de sfințenie în comparație cu slava lui Dumnezeu și ajungem să ne detestăm eul nostru fals și păcătos. Citim în Cartea lui Iov: *Din spusele unora și altora auzisem despre Tine, dar acum ochiul meu Te-a văzut. Pentru aceea, mă urgisesc eu pe mine însumi și mă pocăiesc în praf și în cenușă* (Iov 42, 5-6).

Nu urâm argintul, ci impuritățile și zgura din argint. Aceasta este ura de sine la care se referă părinții duhovnicești. Cerem cu smerenie să fim salvați în această viață din temnița noastră întunecată, ca să putem intra în lumina Domnului nostru Hristos și să îndepărtăm zgura păcatului. Îi cerem să îndepărteze toată zgura din lăuntrul nostru și să pună în locul ei iubirea și lumina Sa. Ne obișnuim mai mult cu iubirea și cu lumina Lui și le primim cu bucurie în viața noastră, făcându-ne mai potriviți pentru Rai în viața de apoi. Încă mai putem resimți un anumit nivel de durere lăuntrică, dar acesta va fi eclipsat de bucuria de a ne afla în prezența Lui. Suntem recunoscători pentru iubirea lui Dumnezeu față de noi. Sfântul Duh ne dă îndrăzneala și încrederea de a ne apropia de un Dumnezeu atât de minunat. Acesta este faptul pe care Sfântul Apostol Pavel încerca să îl transmită cititorilor săi în Epistola către Evrei:

„Drept aceea, având Arhiereu mare, Care a străbătut cerurile, pe Iisus, Fiul lui Dumnezeu, să ţinem cu tărie mărturisirea. Că nu avem Arhiereu care să nu poată suferi cu noi în slăbiciunile noastre, ci ispitit întru toate după asemănarea noastră, afară de păcat. Să ne apropiem, deci, cu încredere de tronul harului, ca să luăm milă şi să aflăm har, spre ajutor, la timp potrivit" (Evr. 4, 14-16).

Harul lui Dumnezeu ne dă puterea să devenim fiii şi fiicele lui Dumnezeu Însuşi. Acest har vine prin Duhul Sfânt atunci când suntem deschişi către El în viaţa noastră. Îndrăzneala noastră nu este aceea a aroganţei, a mândriei, a îndreptăţirii sau a îngâmfării. Îndrăzneala noastră se bazează pe invitaţia lui Dumnezeu de a intra în comuniune cu El, căreia îi răspundem cu bucurie şi cu recunoştinţă în toată smerenia inimii noastre.

Cum să Îl preţuim pe Dumnezeu prin recunoştinţă

Nu este uşor să vii înaintea lui Dumnezeu Cel atotputernic. Sfântul Apostol Pavel scrie către evrei: *Înfricoşător lucru este să cădem în mâinile Dumnezeului celui viu!* (Evr. 10, 31). Uneori devenim agitaţi atunci când ne întâlnim cu o persoană importantă sau cu o celebritate. Nu ştim ce să spunem şi ne este teamă să nu zicem ceva prostesc în faţa ei. Ne simţim cuprinşi de veneraţie şi avem nervi în stomac atunci când ne găsim în sfârşit faţă în faţă cu ea.

Dacă Persoana în faţa căreia stăm este Creatorul întregii lumi, ne simţim ruşinaţi pentru păcatele noastre. Acest lucru este de înțeles. Cine nu s-ar simți așa? Și totuși, atunci când ne venim în fire și începem să simțim etuziasmul de a ne afla în prezența Domnului, s-ar putea, de asemenea, să Îl preamărim pe Dumnezeu asemenea psalmistului: *Veniți să ne bucurăm de Domnul și să strigăm lui Dumnezeu, Mântuitorului nostru. Să întâmpinăm fața Lui întru laudă și în psalmi să-I strigăm Lui* (Ps. 94, 1-2).

În bisericile creștin-ortodoxe, Sfânta Împărtășanie este numită Euharistie, ceea ce înseamnă *recunoștință.* În această slujbă ne găsim față în față cu Dumnezeul înviat în prezența Trupului și a Sângelui Său. Stăm cuprinși de uimire, copleșiți de prezența Lui în mijlocul nostru și de jertfa pe care El a făcut-o pentru noi. După ce preotul aduce Trupul și Sângele lui Iisus Hristos în fața oamenilor și rostește: „Cu frică de Dumnezeu, cu credință și cu dragoste apropiați-vă!", ne apropiem să primim Trupul și Sângele Lui cu mulțumire și recunoștință, în ciuda nevredniciei noastre sau a urii față de păcatul nostru.

Uneori oamenii se abțin de la a primi Trupul și Sângele lui Hristos pentru că se simt nevrednici. Pot să le apreciez cucernicia, dar, pe de altă parte, nici unul dintre noi nu poate spune că este vrednic să primească Trupul și Sângele Lui. Uneori cucernicia nu este nimic mai mult decât falsă smerenie, ceea ce este doar o altă formă de mândrie. Trupul și Sângele lui Hristos sunt un *dar,* ceva ce nu vom putea niciodată câștiga doar prin propriile noastre eforturi sau prin propria cucernicie.

Sfânta Liturghie dă tonul apropierii noastre. Ne apropiem cu multă recunoștință față de Dumnezeu pentru toate darurile pe care El ni le-a dat. Îi mulțumim mai cu seamă pentru că ni L-a dăruit pe Fiul Său, pe Iisus Hristos. Sfânta Liturghie este răspunsul plin de recunoştinţă al Bisericii la darul dătător de viață al lui Dumnezeu pentru poporul Lui. În timpul acestei slujbe ne exprimăm recunoştinţa faţă de Dumnezeu pentru viaţa, jertfa, moartea, îngroparea, învierea și înălțarea lui Iisus, Fiul lui Dumnezeu. Îi mulțumim pentru că ne-a dat să ne împărtășim cu Trupul și Sângele Lui. Iisus le-a spus ucenicilor Săi: *Adevărat, adevărat zic vouă, dacă nu veţi mânca trupul Fiului Omului și nu veţi bea sângele Lui, nu veţi avea viaţă în voi. Cel ce mănâncă trupul Meu și bea sângele Meu are viaţă veșnică, și Eu îl voi învia în ziua cea de apoi. Trupul este adevărată mâncare și sângele Meu, adevărată băutură* (In 6, 53-55).

Mulți dintre ucenicii Lui nu au putut înțelege aceste cuvinte și chiar au încetat să Îl mai urmeze pe Hristos din acea clipă. Cum ar putea cineva să Îi mănânce carnea și să Îi bea sângele? Simplul gând părea de-a dreptul revoltător. Suntem oare canibali? Și totuși, Iisus ne-a arătat *cum* să Îi mâncăm Carnea și să Îi bem Sângele în timpul Cinei cele de Taină alături de cei doisprezece apostoli ai Lui. Biblia ne spune ce a făcut Iisus la această cină: *Și luând pâinea, mulţumind, a frânt și le-a dat lor, zicând: Acesta este Trupul Meu care se dă pentru voi; aceasta să faceţi întru pomenirea Mea. Asemenea și paharul, după ce au cinat, zicând: Acest pahar este Legea cea nouă, întru Sângele Meu, care se varsă pentru voi* (Lc. 22, 19-20).

Apostolii au mâncat apoi din pâine (Trupul Lui) și au băut din paharul cu vin (Sângele Lui). Ucenicii au continuat să Îl pomenească pe Hristos în acest fel, așa cum facem și noi în ziua de astăzi.

Sfântul Apostol Pavel scrie: *Paharul binecuvântării, pe care-l binecuvântăm, nu este, oare, împărtășirea cu sângele lui Hristos? Pâinea pe care o frângem nu este, oare, împărtășirea cu trupul lui Hristos?* (I Cor. 10, 16). Iisus a arătat cât se poate de clar că, dacă nu mâncăm Trupul Lui și nu bem Sângele Lui, nu avem viață în noi – nu avem viață veșnică (v. In 6, 53). De asemenea, aceasta este calea prin care a spus că ne putem face părtași la comuniunea cu El. De aceea Sfânta Euharistie mai este numită și Sfânta Împărtășanie. Este o cale foarte importantă prin care putem avea parte de comuniunea cu Hristos.

Prin urmare, primirea cu evlavie și cu recunoștință a Trupului și Sângelui Fiului lui Dumnezeu reprezintă o cale esențială prin care putem să arătăm cât de valoros este Dumnezeu pentru noi. Ne manifestăm recunoștința în fiecare duminică, atunci când ne adunăm în jurul mesei Lui (altarul) ca să Îl primim. Recunoștința noastră față de darul lui Hristos pentru noi devine mai puternică decât orice sentiment de teamă pe care l-am putea nutri atunci când ne apropiem de El. Dacă teama există, este o teamă izvorâtă din evlavie, nu din groază (din ceva de care fugim). Nu trebuie să fim neglijenți în recunoștința față de Dumnezeu atunci când ne împărtășim din Trupul și Sângele Fiului Lui. Aceasta este o cale foarte importantă prin care arătăm cât de mult Îl prețuim pe Dumnezeu.

Rugăciunea

O altă cale prin care arătăm cât de mult Îl prețuim pe Dumnezeu este să ne apropiem de El prin rugăciunea de zi cu zi, în comuniune personală cu El. Mă îndoiesc că v-ați simți foarte valoroși dacă oamenii v-ar ignora sau ar vorbi rareori cu voi. Probabil că v-ați simți prea puţin importanţi, poate chiar izolați. Cu toate că Dumnezeu nu Se simte nevrednic sau izolat așa cum ne simțim noi, oamenii, El Își dorește totuși o comuniune plină de iubire cu fiii Săi. Domnul ne invită, spunând: *Iată, stau la ușă și bat; de va auzi cineva glasul Meu și va deschide ușa, voi intra la el și voi cina cu el și el cu Mine* (Apoc. 3, 20). Într-o comuniune este nevoie de cel puțin două persoane. În Dumnezeu există cele trei Persoane: Tatăl, Fiul și Sfântul Duh, și totuși un singur Dumnezeu și Tată pentru noi toți. Apropierea de Dumnezeu în comuniunea rugăciunii este o cale minunată prin care Îi arătăm cât de valoros este pentru noi.

Oare Îl păstrăm pe Dumnezeu în inimă și în minte în fiecare clipă? Ne amintim de El de-a lungul zilei? Rugăciunea nu se limitează la un singur loc, cum ar fi interiorul bisericii. Ne putem ruga oriunde și peste tot. Ne înălțăm mâinile și rugăciunile către Dumnezeu, dorindu-ne comuniunea cu El. Psalmistul spune atât de frumos: *Doamne, strigat-am către Tine, auzi-mă; ia aminte la glasul rugăciunii mele, când strig către Tine. Să se îndrepteze rugăciunea mea ca tămâia înaintea Ta; ridicarea mâinilor mele, jertfă de seară* (Ps. 141, 1-2).

Sfântul Ioan vede rugăciunea înălțându-se spre cer în descoperirea ce i s-a dat a Liturghiei cerești:

„Și a venit un alt înger și a stat la altar, având cădelniță de aur, și i s-a dat lui tămâie multă, ca s-o aducă împreună cu rugăciunile tuturor sfinților, pe altarul de aur dinaintea tronului. Și fumul tămâiei s-a suit, din mâna îngerului, înaintea lui Dumnezeu, împreună cu rugăciunile sfinților" (Apoc. 8, 3-4).

Așa cum fumul miresmei dulci a tămâii se ridică spre cer înaintea lui Dumnezeu, la fel se ridică mireasma dulce a rugăciunilor noastre. Dumnezeu prețuiește vocea fiilor Săi înălțându-se în rugăciune smerită la fel cum orice părinte bun prețuiește vocea copilului său.

Dacă aveți copii sau cel puțin v-ați aflat în preajma lor, ați văzut părinții entuziasmându-se atunci când copilul lor spune acele prime două cuvinte: „mama" și „tata". Sfântul Apostol Pavel scrie: *Pentru că n-ați primit iarăși un duh al robiei, spre temere, ci ați primit Duhul înfierii, prin care strigăm: Avva! Părinte!* (Rom. 8, 15). Ca un prunc, și noi ne înălțăm mâinile către cer și strigăm primele cuvinte de rugăciune: „Avva! Părinte!"

Atunci când Iisus a fost întrebat de către apostolii Săi cum ar trebui ei să se roage, Domnul nu Și-a început din întâmplare rugăciunea cu: „*Tatăl* nostru Carele ești în ceruri". Ca fii smeriți, ne apropiem de Tatăl nostru ceresc cu un strigăt pentru iubirea Lui și Îi oferim iubirea noastră. Așa cum am citat mai devreme din Pildele lui Solomon 8, 7, Dumnezeu iubește să fie iubit de noi și ne promite că Îl vom găsi dacă Îl căutăm cu sârguință. La fel cum un copilaș aleargă căutându-și părinții și strigându-i cu mult entuziasm: „Mama! Tata!", și noi alergăm către Tatăl nostru ceresc în rugăciunile noastre, ca să Îl îmbrățișăm cu iubire. Aceasta este rugăciunea: o faptă de iubire. Strigăm către Dumnezeu și Îl preamărim pentru iubirea pe care ne-o poartă nouă, celor nevrednici.

Biblia ne spune povestirea celor zece leproși care au strigat către Iisus atunci când El trecea pe lângă ei: *Iisuse, Învățătorule, fie-Ți milă de noi!* Iisus le-a spus acestor zece oameni să meargă și să se arate preoților și, în timp ce erau pe drum, aceștia s-au vindecat de lepră în mod miraculos. Și totuși, atunci când unul dintre ei s-a întors ca să Îi mulțumească personal lui Hristos pentru ceea ce făcuse pentru el, Iisus a întrebat: *Au nu zece s-au curățit? Dar cei nouă unde sunt? Nu s-a găsit să se întoarcă să dea slavă lui Dumnezeu decât numai acesta, care este de alt neam?* (Lc. 17, 12-19).

Cu tot ceea ce Dumnezeu face pentru noi, suntem oare asemenea celui care s-a întors în recunoștință smerită sau asemenea celorlalți nouă care își duc pur și simplu viața mai departe? Îi oferim mulțumiri și recunoștință lui Dumnezeu în schimbul rugăciunilor îndeplinite? Îi arătăm cum Îi prețuim mila și harul din viețile noastre? Ne prosternăm la picioarele Lui din recunoștință pentru iubirea pe care ne-o poartă? Așa arătăm că Îl prețuim pe Dumnezeu în viața noastră.

Cum să Îl prețuim pe Dumnezeu prin iubirea față de aproapele

O altă cale prin care arătăm cât de mult Îl prețuim pe Dumnezeu este să ne iubim aproapele. Iisus a spus: *Adevă-*

rat zic vouă, întrucât ați făcut unuia dintr-acești frați ai Mei prea mici, Mie Mi-ați făcut (Mt. 25, 40). Există oameni care par să aibă atitudinea că Îl pot iubi pe Dumnezeu în felul lor, chiar dacă acest lucru înseamnă că nu își iubesc aproapele și nici măcar propria familie. Unii spun că se tem să iubească pentru că nu vor să se simtă îndatorați nimănui sau poate sunt doar timizi. Aceasta nu este calea unui creștin. Ascultați-l pe Sfântul Apostol Ioan:

> „În iubire nu este frică, ci iubirea desăvârșită alungă frica, pentru că frica are cu sine pedeapsa, iar cel ce se teme nu este desăvârșit în iubire. Noi iubim pe Dumnezeu, fiindcă El ne-a iubit cel dintâi. Dacă zice cineva: iubesc pe Dumnezeu, iar pe fratele său îl urăște, mincinos este! Pentru că cel ce nu iubește pe fratele său, pe care l-a văzut, pe Dumnezeu, pe Care nu L-a văzut, nu poate să-L iubească. Și această poruncă avem de la El: cine iubește pe Dumnezeu să iubească și pe fratele său" (I In 4, 18-21).

Ați putea susține că nu vă urâți cu adevărat fratele, ci aveți doar o aversiune foarte puternică față de el din cauza felului lui de a fi sau din cauza felului în care s-a purtat cu voi în trecut. Nu trebuie să avem mereu încredere în cei din jurul nostru, dar trebuie totuși să îi iubim. Citim în Pilde: *Ura aduce ceartă, iar dragostea acoperă toate cusururile* (Sol. 10, 12). Sfântul Apostol Petru citează această pildă atunci când spune: *Dar mai presus de toate, țineți din răsputeri la dragostea dintre voi, pentru că dragostea acoperă mulțime de păcate* (I Ptr. 4, 8). Sfântul Apostol Pavel ne dă o definiție a acestui fel de iubire: *Dragostea îndelung rabdă; dragostea este binevoi-*

toare, dragostea nu pizmuiește, nu se laudă, nu se trufește. Dragostea nu se poartă cu necuviință, nu caută ale sale, nu se aprinde de mânie, nu gândește răul. Nu se bucură de nedreptate, ci se bucură de adevăr. Toate le suferă, toate le crede, toate le nădăjduiește, toate le rabdă. Dragostea nu cade niciodată (I Cor. 13, 4-8).

Ne arătăm iubirea față de Dumnezeu prin cât de mult îi iubim pe cei din jurul nostru, chiar și pe cei pe care i-am putea considera dușmanii noștri. Creștinismul este unic în această privință pentru că ne învață în mod deosebit că ar trebui să ne iubim dușmanii și să ne rugăm pentru cei care ne asupresc și spun vorbe rele împotriva noastră. Cei care aparțin altor religii s-ar putea să se poarte bine cu tine atâta timp cât tu te porți bine cu ei, dar, dacă te porți rău cu ei, te atacă plini de mânie și ură, iar uneori ar putea chiar să încerce să se răzbune. Probabil că din această cauză unii oameni se gândesc bine înainte de a deveni creștini.

Creștinii nu ar trebui să ceară judecată sau răzbunare pentru dușmanii lor. S-ar putea să regăsim acest sentiment în unii dintre psalmi sau în alte pasaje din Vechiul Testament, dar nu în cuvintele lui Iisus. Și totuși, chiar și în Vechiul Testament găsim porunca să nu urâm, ci să ne iubim aproapele (v. Lev. 19, 17-18). Sfântul Apostol Pavel a scris către romani: *Nu te lăsa biruit de rău, ci biruiește răul cu binele* (Rom. 12, 21). Noi, creștinii, trebuie să le răspundem celor care ne fac rău cu bine și cu iubire iertătoare. Este adevărat că aceasta nu a fost întotdeauna reacția pe care au avut-o creștinii de-a lungul istoriei, dar ar trebui să fie scopul nostru și reprezintă chemarea noastră. Ar trebui să îi iubim pe toți cu iubirea lui Dumnezeu.

Acest lucru nu înseamnă că trebuie să ne lăsăm abuzați, nici măcar din punct de vedere duhovnicesc, de către conducătorii Bisericii. Iisus nu i-a lăsat pe evrei să Îl lovească cu pietre atunci când aceștia au vrut să o facă (v. In 10, 31). Din nefericire, o parte din cler și din credincioși au cunoscut ani de zile durerea însingurată a abuzului duhovnicesc din partea persoanelor aflate la putere. Aceștia acționează în propriul lor interes, și nu spre binele celor cărora ar trebui să le poarte de grijă. Iisus Însuși i-a mustrat pe conducătorii religioși din vremea Lui, spunând: *Că împovărați pe oameni cu sarcini anevoie de purtat, iar voi nu atingeți sarcinile nici cel puțin cu un deget* (Lc. 11, 46).

Cum să Îl prețuim pe Iisus

Am descris căile prin care putem să ne manifestăm prețuirea față de Dumnezeu. Am arătat că facem acest lucru atunci când venim înaintea Tatălui cu o inimă plină de recunoștință și de mulțumire, mai ales atunci când primim darul Trupului și Sângelui lui Hristos. Arătăm cât de mult Îl prețuim pe Dumnezeu atunci când venim înaintea Lui cu mâinile înălțate în rugăciunea care se ridică la Dumnezeu ca mireasma dulce a tămâiei. De asemenea, arătăm cât de mult Îl prețuim pe Dumnezeu iubindu-i pe toți cei pe care El i-a făcut, chiar și pe cei care ne asupresc și ne fac rău.

Să ne concentrăm acum asupra iubirii pentru Iisus Hristos Însuși, Fiul lui Dumnezeu. Iubindu-L pe Iisus ne arătăm iubirea pentru Dumnezeu-Tatăl și pentru Sfântul Duh. Iisus le-a spus învățăceilor Săi: *Aceasta este porunca Mea: să vă iubiți unul pe altul, precum v-am iubit Eu. Mai mare dragoste decât aceasta nimeni nu are, ca sufletul lui să și-l pună pentru prietenii săi* (In 15, 12-13). Pentru Iisus, totul se rezumă la aceasta: să Îl iubești pe Dumnezeul adevărat și pe aproapele tău, chiar dacă riști să suferi sau chiar să îți pierzi viața.

Pentru că Dumnezeu ne iubește, El vrea să fim părtași la bucuria Lui prețuindu-ne unul pe celălalt în același fel. Sfântul Apostol Pavel subliniază acest adevăr în Epistola către Romani: *Căci cu greu va muri cineva pentru un drept; dar pentru cel bun poate se hotărăște cineva să moară. Dar Dumnezeu Își arată dragostea Lui față de noi prin aceea că, pentru noi, Hristos a murit când noi eram încă păcătoși* (Rom. 5, 7-8). Domnul nostru ne-a prețuit atât de mult, încât Și-a dat de bunăvoie viața pentru noi, chiar și pentru cei care Îl voiau crucificat și mort. În timp ce Iisus murea pe cruce, S-a uitat în jos la călăii Săi și la conducătorii religioși care Îl batjocoreau și a spus: *Părinte, iartă-le lor, că nu știu ce fac!* (Lc. 23, 24).

Este greu de înțeles că această persoană nevinovată, Iisus, Fiul lui Dumnezeu, Care era executat pentru păcatele altora, L-ar ruga pe Dumnezeu-Tatăl să îi ierte pe acei oameni răi pentru ceea ce Îi făceau Lui, singurul Fiu al lui Dumnezeu. Oare noi i-am ierta pe cei care ne execută copilul lipsit de păcat? Este ca și cum Iisus, în mila Lui, ar fi spus: „Tată, iartă-i pentru ceea ce Îi fac Fiului Tău! Dacă ar înțelege cu adevărat ce fac și cui Îi fac acest lucru, nu s-ar mai purta cu Mine în acest fel și nici nu M-ar executa."

Vedem iubirea și iertarea lui Iisus față de păcătoși. De fapt, El ne iubește atât de mult, încât a învins moartea pentru noi. Moartea nu este un subiect despre care să ne placă să discutăm de obicei. Sfântul Apostol Pavel ne spune: *De aceea, precum printr-un om a intrat păcatul în lume și prin păcat moartea, așa și moartea a trecut la toți oamenii, pentru că toți au păcătuit în el* (Rom. 5, 12). Pentru că noi toți suntem păcătoși, vom cunoaște cu toții moartea trupească, dacă nu suntem cumva în viață la A Doua Venire a lui Hristos. Cu toate acestea, vom fi schimbați și ni se vor da trupuri noi, trupuri cerești potrivite pentru veșnicie.

Majoritatea oamenilor vor să trăiască veșnic. Nemurirea este un concept dorit, în timp ce toți ne temem la gândul morții veșnice. Cu toate acestea, credința noastră ne spune că iubirea este mai puternică decât moartea. „Boldul morții" este păcatul care a fost înfrânt prin biruința lui Hristos asupra morții (v. I Cor. 15, 56-57). Cu toții suntem păcătoși, *dar dreptatea lui Dumnezeu vine prin credința în Iisus Hristos, pentru toți și peste toți cei ce cred, căci nu este deosebire. Fiindcă toți au păcătuit și sunt lipsiți de slava lui Dumnezeu* (Rom. 3, 22-23). Iisus nu a făcut numai să Își dovedească dragostea pentru noi murind pe cruce pentru ca noi să putem intra în comuniune deplină cu Dumnezeu și să ni se ierte toate păcatele; El a învins moartea ridicându-Se din mormânt de Paşti. Dragostea reprezintă puterea Învierii. Moartea nu a putut să Îl ţină pe Iisus în mormânt. El S-a ridicat! Este rândul nostru să Îl iubim pe Iisus cu o dragoste care duce la moartea purtărilor noastre vechi şi a eului nostru fals şi păcătos. Pentru unii dintre noi ar putea să însemne să ne sacrificăm viaţa trupească, dacă suntem chemaţi să o facem, din iubire pentru Iisus Hristos.

Iisus a spus: *Eu am venit ca viaţă să aibă şi din belşug să aibă* (In 10, 10). Cum putem să răspundem unei astfel de promisiuni? Cum ar putea cuvintele să ne exprime mulţumirea aşa cum se cuvine, chiar şi prin lacrimi de recunoştinţă? Putem doar să strigăm: „Iisuse, Te iubesc! Pentru mine, Tu ai cea mai mare valoare!"

Să spui: „Îl preţuiesc nespus pe Iisus" pare mult prea neîndestulător. Există numai o durere în inima noastră care ridică spre Iisus cu un dor profund de a fi cu El. Vrem să fim cu Cel pe Care Îl iubim. (Nu e nevoie să punem capăt existenţei noastre fizice ca să atingem acest scop. O astfel de faptă ar fi un păcat de moarte şi o deformare a lucrului despre care vorbim.) Ne ridicăm astfel trupurile către Dumnezeu ca jertfă vie şi Îi urmăm poruncile. Scriind bisericii din Roma, Sfântul Apostol Pavel sfătuieşte: *Vă îndemn, deci, fraţilor, pentru îndurările lui Dumnezeu, să înfăţişaţi trupurile voastre ca pe o jertfă vie, sfântă, bineplăcută lui Dumnezeu, ca închinarea voastră cea duhovnicească* (Rom. 12, 1).

Sfântul Duh Se mişcă în lăuntrul duhului nostru, strigând în feluri negrăite, exprimând pe deplin iubirea noastră pentru Hristos şi recunoştinţa noastră pentru ceea ce a făcut El cu atâta renunțare la Sine pentru noi. Sfântul Apostol Pavel scrie:

> „De asemenea, și Duhul îi vine slăbiciunii noastre într-ajutor; că nu știm să ne rugăm cum trebuie, dar Duhul Însuși mijlocește pentru noi cu suspine de negrăit. Iar Cel Care cercetează inimile știe care este cugetul Duhului, că potrivit voii lui Dumnezeu mijlocește El pentru sfinți" (Rom. 8, 26-27).

Aici, Sfântul Apostol Pavel ne spune că Sfântul Duh Îi comunică lui Dumnezeu lucruri dincolo de cuvintele care pot fi înțelese, și totuși sunt adevărate pentru că vin de la Sfântul Duh Însuși. Sfântul Duh poate vorbi numai ceea ce vine din voința și din mintea lui Dumnezeu. Duhul Sfânt va comunica prin noi doar cuvintele iubirii profunde pentru Hristos, dincolo de cuvintele pe care le putem rosti.

Lucrarea Sfântului Duh în lăuntrul nostru este cea care ne poartă pe toți către adevăr. Iisus este Adevărul. Cuvântul lui Dumnezeu, Iisus, a fost Cel Care a făcut lumile și cerurile și toate câte s-au făcut (v. In 1, 1-3). Iisus este ușa care ne duce la mântuire. El este și Păstorul nostru, iar noi suntem oile Lui. Cei care intră pe pășunea cea bună prin ușa Păstorului vor fi apărați de cel rău, așa cum ne-a încredințat Iisus: *Adevărat, adevărat zic vouă: Eu sunt ușa oilor. Toți câți au venit mai înainte de Mine sunt furi și tâlhari, dar oile nu i-au ascultat. Eu sunt ușa: de va intra cineva prin Mine, se va mântui; și va intra și va ieși și pășune va afla. Furul nu vine decât ca să fure și să junghie și să piardă* (In 10, 7-10).

Furul este diavolul, iar Păstorul cel Bun este Iisus. El este ușa care duce la pășunea cea verde, locul în care ne găsim hrana cea dătătoare de viață. Păstorul cel bun Își cunoaște oile și le iubește (v. In 10, 14). Iubirea noastră ne duce către Păstorul cel Bun pentru că Îi cunoaștem glasul (v. In 10, 4). Știm cât de mult Îl prețuim pe Iisus pentru că Îl urmăm, la fel cum oile Îl urmează pe Păstorul cel Bun. El ne apără de furi chiar și cu viața Lui și ne hrănește cu pășunile cele verzi. Tot ce avem este al Lui și tot ce are El este al nostru.

Aceasta este iubirea pe care o împărtășim cu Iisus. Îi încredințăm Lui viețile noastre veșnice. Ne dăm sudoarea frunții pentru a sluji în Biserica Lui. Ne deschidem inimile pentru a ne face părtași patimilor lui Hristos.

Atunci când dăruim din noi duhovnicește, trupește și material ne dovedim iubirea pentru Hristos. Ne dăruim duhovnicește lui Hristos în rugăciune, iubindu-ne aproapele și cunoscând adevărul Lui în ființa noastră lăuntrică făcută după chipul lui Dumnezeu. Ne dăruim trupește lui Hristos prin faptele noastre de milostenie, prin închinarea noastră în comuniune cu alți credincioși și prin jertfirea vieții noastre pentru Evanghelie. Ne dăruim material lui Hristos prin ofranda banului nostru și prin milostenii, dăruind mâncare și îmbrăcăminte celor aflați în nevoi și construind pentru credincioși locașuri de închinăciune modeste, dar frumoase.

Orice am dărui din noi, fie duhovnicește, fie trupește sau materialicește, o facem cu bucurie, după cum scrie Sfântul Apostol Pavel: *Aceasta însă zic: Cel ce seamănă cu zgârcenie, cu zgârcenie va și secera, iar cel ce seamănă cu dărnicie, cu dărnicie va și secera. Fiecare să dea cum socotește cu inima sa, nu cu părere de rău sau de silă, căci Dumnezeu iubește pe cel care dă cu voie bună* (II Cor. 9, 6-7).

Orice am da trebuie dat cu voie bună, nu cu părere de rău sau pentru că ne simțim obligați, ci pentru că dorim în inimile noastre să dăm cu bucurie. Fie că îți propui în inima ta să pui de o parte timp pentru rugăciune sau să lucrezi alături de alții într-o activitate caritabilă ori să dai o anumită sumă de bani, trebuie să dai cu bucurie în inimă, nu dintr-o datorie impusă sau cu ranchiună. Altfel, darul s-ar otrăvi. Orice dăruim trebuie să izvorască din dragostea noastră liberă pentru Hristos și din cât de mult înseamnă El pentru noi. Apoi putem spune cu inimă sinceră: „Doamne, acestea sunt doar niște semne mici ale iubirii mele adevărate pentru Tine!”

Gânduri de încheiere

Cu toate că am mai putea da câteva exemple care arată prețuirea și iubirea noastră pentru Dumnezeu, nu există cuvinte sau fapte care să poată exprima așa cum se cuvine cât de mult trebuie să Îl iubim pe Domnul. Chiar și cuvintele „Te iubesc, Doamne!” nici măcar nu se apropie de ceea ce El înseamnă cu adevărat pentru cei care au fost atinși de harul și de mila Lui.

După cum v-am împărtășit la începutul acestei cărți, cei mai mulți oameni par să își câștige sentimentul valorii acumulând lucruri în această lume materială: case mari, mașini frumoase, bunuri materiale, succes în afaceri, putere personală asupra altora și așa mai departe. Facultățile trupului nostru (cele cinci simțuri) și ale sufletului (gândurile, emoțiile și dorințele noastre raționale) se concentrează asupra lucrurilor din această lume spre mulțumire de sine și plăcere. În același timp, duhul nostru omenesc este răsturnat, neglijat și scufundat în întuneric, lăsându-ne sufletul să fie atras de lucruri „sclipitoare" și efemere în locul Creatorului nostru veșnic.

Mila și harul lui Dumnezeu ne ajută să detronăm conducerea trupului și sufletului nostru în așa fel încât duhul nostru, locașul inimii noastre, să poată avea prioritate și să se concentreze asupra lui Dumnezeu și a adevărului Său. Prin harul lui Dumnezeu ne recunoaștem și ne acceptăm eul adevărat făcut după chipul Lui. Apoi rugăciunea va izvorî din inima noastră reînnoită, o inimă iluminată de Duhul Sfânt în lăuntrul duhului nostru. Dacă Îl lăsăm, Duhul Sfânt ne va conduce viața, călăuzindu-ne mai adânc în rațiunea lui Hristos și manifestându-ne ca niște fii adevărați ai lui Dumnezeu. Astfel putem începe să ne bucurăm și să ne facem părtași la comuniunea lăuntrică a Sfintei Treimi, a Tatălui și a Fiului și a Duhului Sfânt – atât cât îi stă în putință unei ființe umane. Cunoscând toate acestea, cuvinte ca „Îți mulțumesc, Doamne!" sau „Te iubesc, Doamne!" ori „Însemni foarte mult pentru mine!" de abia pot exprima cât de cât ceea ce simțim cu adevărat pentru Hristos.

Îmi amintesc istorisirea unui preot romano-catolic care a vizitat un centru de retragere catolic și și-a oferit serviciile persoanei care administra centrul. Persoana i-a spus preotului că simpla lui prezență era un dar suficient. Cu toate acestea, preotul a întrebat din nou cum ar putea să le fie de folos celor aflați în acest centru, și directorul i-a spus din nou că prezența lui era suficientă.

Apoi directorul l-a condus pe preot în capelă. Era liniște și era goală, cu excepția unui singur bărbat care ședea tăcut într-o strană. Bărbatul nu citea dintr-o carte de rugăciuni și nici nu se ruga cu rozariul, nici nu șoptea cuvinte pe care preotul să le fi putut auzi. Ședea doar nemișcat, fără să scoată un sunet.

Preotul nu a făcut decât să-l observe pe acel bărbat timp de câteva clipe. În cele din urmă, directorul centrului i-a spus preotului să îl întrebe ce face. Preotul s-a apropiat în liniște de bărbat și l-a atins pe umăr ca să îi atragă atenția. Apoi a întrebat:

– Scuză-mă. Te-am privit cum stai aici în tăcere. Ce faci?

Bărbatul s-a uitat în sus la preot și a răspuns:

– Ei bine, mă uit la El, iar El Se uită la mine și amândoi suntem fericiți.

Orice am face sau am spune în calitate de creștini, cred că aceasta ar putea fi esența felului în care Îl putem prețui pe Dumnezeu: simpla comuniune tăcută cu El, dincolo de cuvinte sau de concepte ori de limitările imaginației noastre. Ne aflăm pur și simplu în prezența Lui și suntem fericiți.

În Scripturi, Dumnezeu îl laudă pe ucenicul Său credincios: *Bine, slugă bună și credincioasă!* (Mt. 25, 21). Cu toții ne dorim să auzim aceste cuvinte atunci când murim și Îl vedem pe Domnul. Poate că nu ne dorim cu adevărat decât ca Dumnezeu să fie mulțumit de noi în ziua Judecății de Apoi, atunci când ne primește în deplinătatea Împărăției Lui cerești. *Fericit este poporul acela care are pe Domnul ca Dumnezeu al său!* (Ps. 144, 15).

Eu mă rog să intrăm cu toții în acea fericire alături de Dumnezeu.

Cuprins

DIFUZARE:
S.C. Supergraph S.R.L.
Str. Ion Minulescu nr. 36, sector 3,
031216, București
tel. 021-320.61.19, fax 021-319.10.84
e mail: editura@sophia.ro
www.sophia.ro

Tipar: ARTPRINT
Email:office@artprint.ro
Tel: 021.336.36.33